Budischewski · Kriens

SPSS für Einsteiger

Kai Budischewski · Katharina Kriens

SPSS für Einsteiger

Einführung in die Statistiksoftware
für die Psychologie

Anschrift der Autoren:
Prof. Dr. Kai Budischewski
Hochschule Fresenius – Medical School
Marienburgstr. 2
60528 Frankfurt am Main
E-Mail: kai.budischewski@hs-fresenius.de

Katharina Kriens, M.A.
München
E-Mail: katharina.kriens@gmx.de

1. Auflage 2015

© Beltz Verlag, Weinheim, Basel 2015
Programm PVU, Psychologie Verlags Union
http://www.beltz.de

Herstellung: Sonja Frank
Reihengestaltung: Federico Luci, Odenthal
Umschlagbild: © diego1012/fotolia.com
Satz: Reproduktionsfähige Vorlagen der Autoren
Druck und Bindung: Beltz Bad Langensalza GmbH & Co. KG, Bad Langensalza

Printed in Germany

ISBN 978-3-621-28183-6

Inhalt

Vorwort

Liebe Leserin, lieber Leser,

wir arbeiten seit vielen Jahren mit SPSS. Diese Erfahrung aus Vorlesungen, Abschlussarbeiten, Forschungsgruppen und der Beratung verzweifelter Studenten wollen wir dazu nutzen, Ihnen bedarfsgerecht das nötige Wissen für Ihre empirische Datenauswertung zu vermitteln.

Eine Einführung in die Verwendung eines Computerprogramms ist immer ein wenig seltsam: Man hat so viele Bilder – und man hat vergleichsweise so wenig Text! Wir hoffen, hier die richtige Balance von Text und Bild gefunden zu haben. Wir haben uns bemüht, jene Auswertungen in SPSS abzudecken, die nach unserer Erfahrung am häufigsten auftauchen. Auch das Thema SPSS-Syntax soll nicht zu kurz kommen.

SPSS ist mittlerweile so komplex und bietet so viele Möglichkeiten, dass wir notgedrungen eine Auswahl vornehmen mussten. Ob es die richtige Auswahl ist, müssen Sie uns irgendwann einmal sagen.

Viel Spaß beim Lesen dieses Buches und beim Auswerten Ihrer Daten!

Darmstadt & München, im Januar 2015

Kai Budischewski & Katharina Kriens

1   Einleitung

Statistik arbeitet mit Zahlen. Je mehr Zahlen, umso besser! Große Zahlen- bzw. Datenmengen sind mit der Hand praktisch nicht mehr zu verarbeiten. Dafür werden dann Computer und spezielle Programme benötigt. Eines der in den Sozialwissenschaften am häufigsten eingesetzten Statistikprogramme ist IBM® SPSS® Statistics software[1] (SPSS). Entwickelt wurde SPSS bereits in den 60er Jahren des 20. Jahrhunderts. Die Beispiele hier beziehen sich auf die Version 22.

Natürlich gibt es auch noch andere Statistikprogramme, wie zum Beispiel:

► SAS
► Systat
► R (freie Software)
► PSPP (freie Software)

Im Bereich der Psychologie ist unserer Erfahrung nach aber SPSS führend.

SPSS ist in gewisser Weise Fluch und Segen zugleich: Segen, weil man praktisch nichts mehr per Hand rechnen muss. Allein schon die Berechnung eines Mittelwertes kann zur Qual werden, wenn man viele Daten hat. SPSS ist aber auch Fluch: Die Bedienung ist relativ einfach, und mit ein paar Klicks hat man schon irgendwie ein statistisch bedeutsames (signifikantes) Ergebnis. Weil die Bedienung so einfach ist, ist aber auch die Versuchung sehr groß, »schnell mal ein paar Sachen« zu rechnen und erst hinterher zu überlegen, ob diese Berechnungen überhaupt sinnvoll bzw. den Daten und ihrer Qualität angemessen waren.

SPSS ist mittlerweile so komplex und bietet so viele Möglichkeiten, dass wir in einem Buch für Einsteiger nur einen Teil darstellen können. Es werden also nicht immer alle Optionen, Methoden, Auswahlfelder usw. beschrieben. Wir halten es für sinnvoller, in einem Buch für Einsteiger nur die unserer Erfahrung nach am häufigsten auftauchenden Möglichkeiten zu erläutern.

Letztlich wird der Einsatz von SPSS erst dann sinnvoll, wenn man die entsprechenden Kenntnisse in Statistik hat. Diese Statistikkenntnisse zu vermitteln, können wir in diesem Rahmen nicht leisten, dafür sei auf das Lehrbuch »Statistik und Forschungsmethoden« von Eid, Gollwitzer und Schmitt (2013) verwiesen.

Ein Wort noch zu den Datensätzen, die online zur Verfügung stehen: Es sind meistens echte Datensätze. Allerdings haben wir manchmal die zugrundeliegende Fragestellung verändert oder die soziobiografischen Angaben manipuliert.

---

[1] SPSS Inc. wurde im Oktober 2009 von IBM erworben.

2   Zum Aufbau von SPSS

Wer schon einmal ein wenig mit SPSS gearbeitet hat, kann diesen Abschnitt getrost überspringen. Wer hingegen zum ersten Mal IBM SPSS Statistics software startet, der kann gerne diesen Abschnitt überfliegen und später immer einmal wieder hier hineinschauen.

In SPSS können vier grundlegende Fenster bzw. Bereiche unterschieden werden:

- ▶ Die Datentabelle (Datenansicht)
- ▶ Die Datendefinitionen (Variablenansicht)
- ▶ Das Ausgabefenster
- ▶ Das Syntaxfenster

Zuerst werden hier Datentabelle und Datendefinitionen vorgestellt; erst später Ausgabefenster und Syntax. In diesem Abschnitt wird Grundlegendes zu SPSS erläutert, die eigentlichen Anwendungen und Menübefehle dann jeweils, wenn das Verfahren im Text behandelt wird.

Noch eine Bemerkung vorneweg: SPSS ist ein »geschwätziges« Programm. SPSS liefert sehr viele Ausgaben, von denen man häufig nur einige wenige tatsächlich benötigt. Manchmal besteht die Hauptaufgabe darin, die richtige bzw. die relevante Ausgabe zu finden.

Für die Beispiele und Berechnungen in diesem Buch stellen wir verschiedene Datensätze als Online-Materialien zur Verfügung. Die Datensätze beziehen sich unter anderem auf folgende Fragebögen:

- ▶ Das State-Trait-Ärgerausdrucks-Inventar (State-Trait-Anger-eXpression-Inventory, STAXI) von Schwenkmezger et al. (1982)
- ▶ Das NEO Fünf-Faktoren Inventar nach Costa und McCrae in der Kurzform (NEO-FFI) von Borkenau und Ostendorf (2008)
- ▶ Das Psychopathic Personality Inventory-Revised (PPI-R) in der deutschen Version von Alpers und Eisenbarth (2008)
- ▶ Der Fragebogen zum Kohärenzgefühl (SOC; vgl. BZgA, 2001)
- ▶ Der Fragebogen irrationaler Einstellungen (FIE) von Klages (1989)
- ▶ Die deutsche Version des Fragebogens zur Lebensqualität der Weltgesundheitsorganisation (WHOQOL-BREF) von Angermeyer et al. (2000)

Eine kurze Beschreibung der Datensätze finden Sie im Anhang »Hinweise zum Online-Material«. Für Muster dieser Fragebögen wenden Sie sich bitte an Ihre zuständige Testbibliothek.

Nun denn, starten Sie SPSS.

Wenn Sie SPSS starten, taucht in der Regel das in Abbildung 2.1 dargestellte Fenster auf. Klicken Sie bitte auf ABBRECHEN.

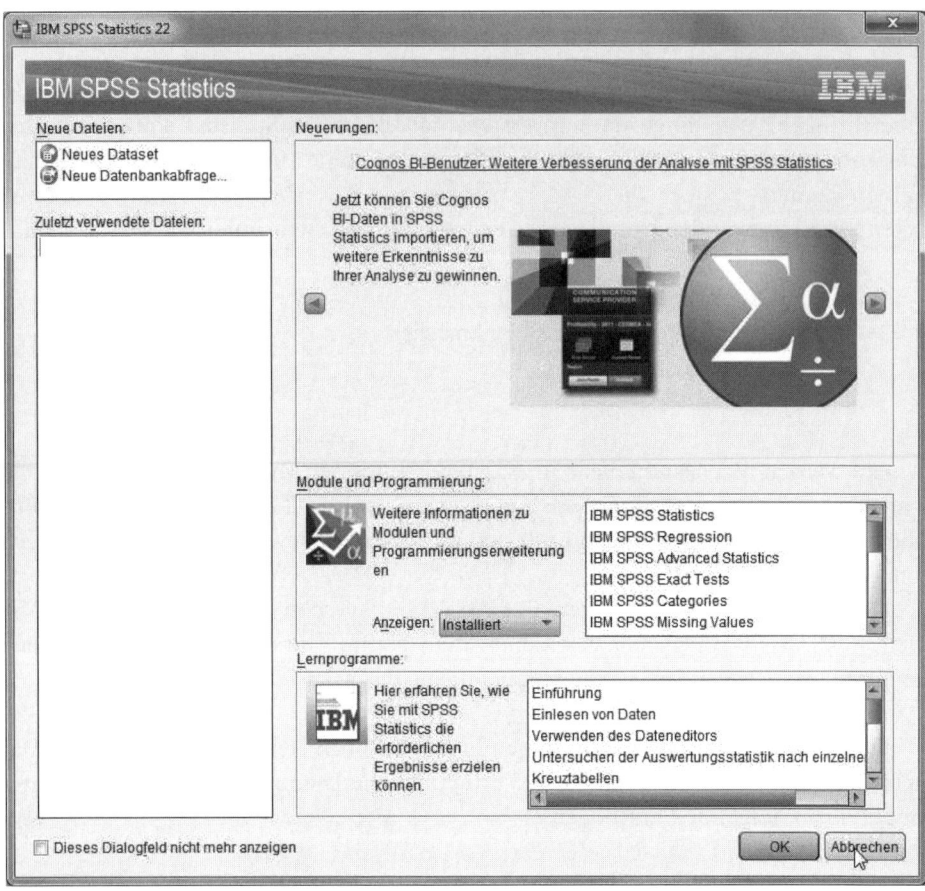

Abbildung 2.1 SPSS Startdialog

Nun sollte die Datentabelle erscheinen.

2.1 Die Datentabelle

Die Datentabelle (Abb. 2.2) sieht aus wie man es von typischen Tabellenkalkulationsprogrammen gewohnt ist. In diese Tabelle werden die Daten eingetragen. Bevor man in SPSS Daten eingibt, sollte man dem Programm zuerst mitteilen, was für Daten eingegeben werden sollen. Klicken Sie dazu bitte links unten auf VARIABLEN-ANSICHT. Die Ansicht wechselt dann.

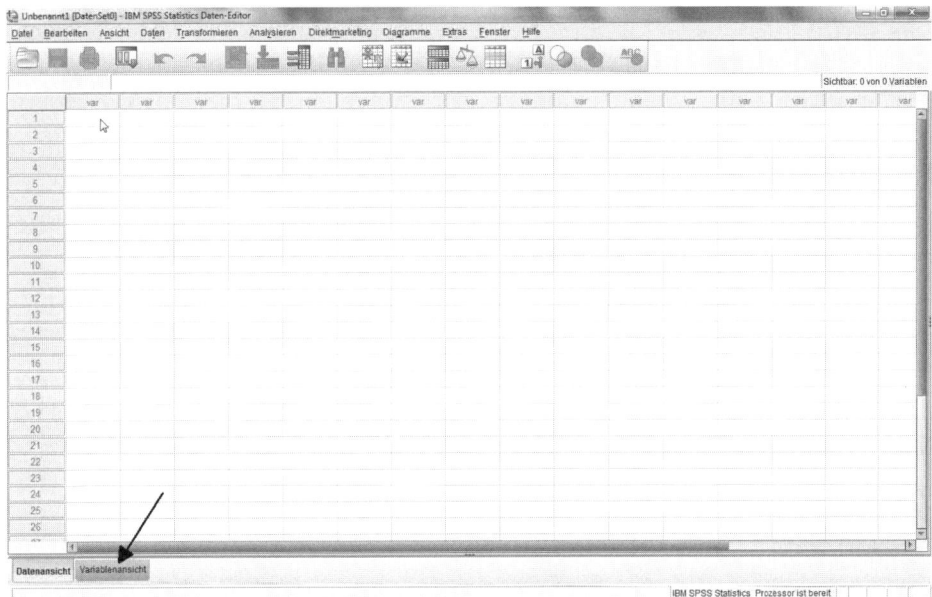

Abbildung 2.2 SPSS-Datentabelle

2.2 Die Datendefinitionen (Variablenansicht)

In die Tabelle der Datendefinitionen (Abb. 2.3) werden die Variablen eingetragen, d. h. der Name der Variable (z. B. Alter), sowie der Typ der Variable (numerisch, Text oder Datum). Immer wenn bei einer Variablen nur Zahlen eingegeben werden sollen, dann setzen Sie den Typ auf »numerisch«. Wollen Sie Text eingeben, dann entsprechend auf »Text«, wollen Sie z. B. Geburtsdaten oder Ähnliches eingeben, dann bitte auf »Datum«. Des Weiteren kann angegeben werden, wie viele Zeichen eine Variable belegt, wenn der Datensatz als Textdatei im Format »Festes ASCII (*.dat)« abgespeichert werden soll (Spaltenformat)[2].

Bei numerischen Variablen kann zusätzlich angegeben werden, wie viele Nachkommastellen eingegeben werden sollen (Dezimalstellen). Wie gesagt, es ist immer empfehlenswert, *vor* der Dateneingabe SPSS mitzuteilen, was für Daten eingegeben werden sollen. Genau dazu dient diese Ansicht. Nutzen Sie sie!

---

[2] Wenn Sie jetzt gar nicht wissen, was mit diesem Satz gemeint ist, können Sie diese Angabe auch getrost ignorieren! Wenn Sie es unbedingt wissen wollen, fragen Sie bitte einen Informatiker Ihres Vertrauens!

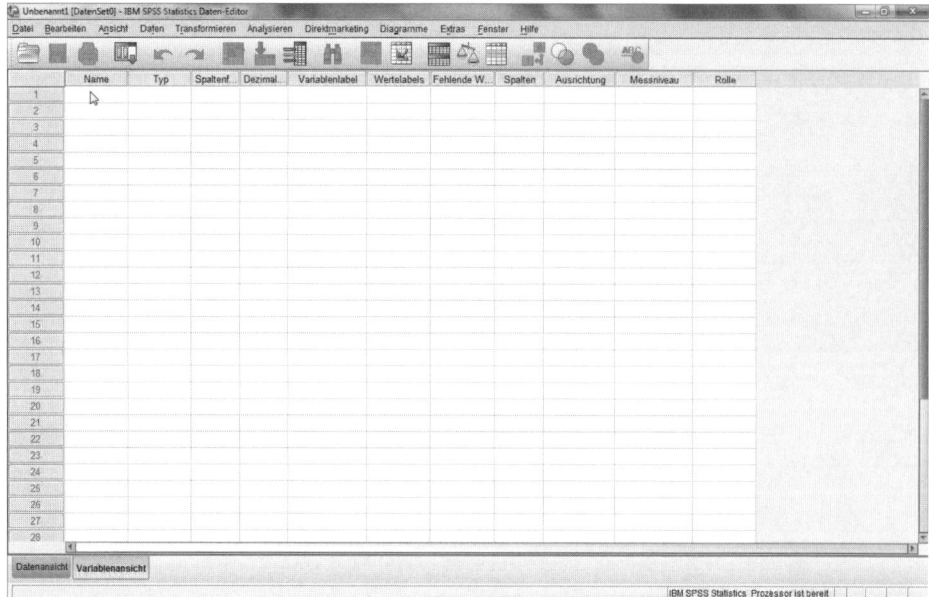

Abbildung 2.3 SPSS Variablenansicht

2.2.1 Lange Variablenbezeichnungen (Variablenlabel)

Wenn man mit ausgedruckten Fragebögen arbeitet (und nicht mit Online-Fragebögen), hat es sich bewährt, die Fragebögen zuerst durchzunummerieren und als erste Variable in SPSS »FBNR« für Fragebogennummer (oder VPNR für Versuchspersonennummer) anzulegen. Als Typ wäre »numerisch« zu wählen und für Dezimalstellen »0«. Eine solche Fragebogennummer kann bei der Suche nach Eingabefehlern äußerst nützlich werden!

Geben Sie nach Möglichkeit bei den Namen kurze Bezeichnungen ein. Wenn Sie die Daten eines Fragebogens eingeben wollen, empfiehlt es sich, als Namen das Kürzel des Fragebogens sowie die Nummer des Items anzugeben. Haben Sie in Ihrer Untersuchung z. B. mit dem Mainzer Stimmungsfragebogen (MStF, Huppmann & Fischbeck, 2002) gearbeitet, könnten Sie als Namen für die Items MSTF01 bis MSTF15 anlegen. Wie die einzelnen Items konkret heißen, kann in der Spalte VARI-ABLENLABEL eingegeben werden.

> **!** Wenn Sie einen Fragebogen häufiger in Untersuchungen verwenden, kann es sich lohnen, z. B. die Variablenbenennungen (Variablenlabel) mittels der SPSS-Syntax zu automatisieren (vgl. Kap. 9).

2.2.2 Wertelabels

Neben den Variablenlabels gibt es auch noch die Möglichkeit, sogenannte Werte-labels anzugeben. Hat man sich beispielsweise dafür entschieden, bei »Geschlecht« für »weiblich« eine »1« einzutragen und für »männlich« eine »2«, so erleichtert das die Dateneingabe. In einer späteren Auswertung der Daten ist es aber günstiger, wenn dort nicht steht, wie häufig der Wert »1« oder »2« angekreuzt wurde, sondern wie das Geschlechterverhältnis aussieht. Das ist einfach besser lesbar. Dazu dienen die Wertelabels. Um diesen Dialog aufzurufen, klicken Sie bitte in der entsprechen-den Zeile auf das Feld in der Spalte »Wertelabels«. Mit den Wertelabels teilen Sie SPSS mit, welche Bedeutung eine Zahl hat.

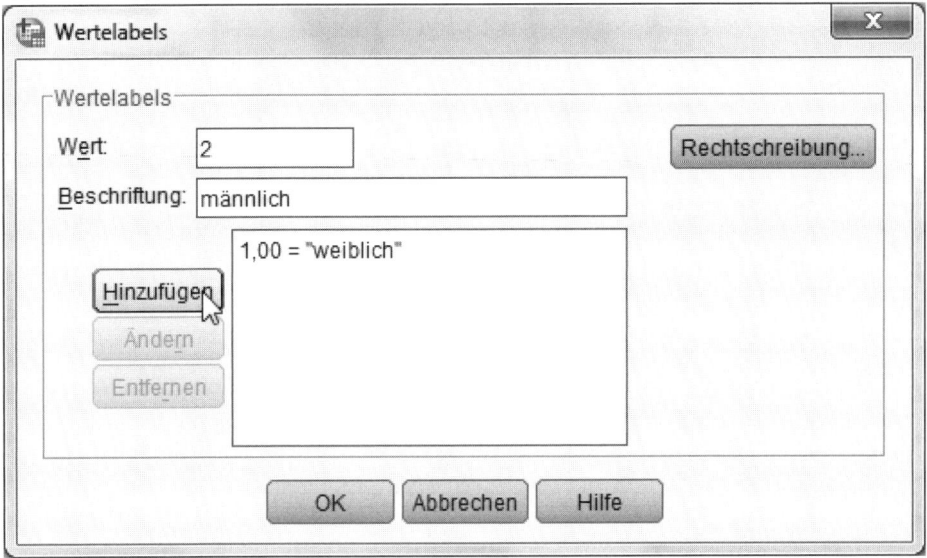

Abbildung 2.4 Eingabe Wertelabels

> **!** Wenn Sie einen Fragebogen häufiger in Untersuchungen verwenden, kann es sich lohnen, die Wertebezeichnungen (Wertelabels) mittels der SPSS-Syntax zu automatisieren (vgl. Kap. 9).

2.2.3 Fehlende Werte

In der darauffolgenden Spalte der Variablenansicht kann angegeben werden, wel-cher Wert als ein fehlender Wert betrachtet werden soll. Hat z. B. eine Versuchsper-son kein Geschlecht angegeben, könnte man das entsprechende Datenfeld leer lassen

– also gar nichts eintragen – oder man definiert z. B. »0« als fehlenden Wert und trägt dementsprechend bei Geschlecht eine »0« ein.

Abbildung 2.5 Definieren fehlender Werte

> ! Wenn Sie einen Fragebogen häufiger in Untersuchungen verwenden, kann es sich lohnen, die Zuweisung fehlender Werte (missing values) mittels der SPSS-Syntax zu automatisieren (vgl. Kap. 9).

Auf den ersten Blick sieht dies nach Mehrarbeit aus, schließlich muss man etwas eintragen. Im späteren Verlauf zahlt sich eine geschlossene Datenmatrix mit definierten fehlenden Werten jedoch aus. Wenn Sie SPSS soweit vorbereitet haben, d. h. alle Variablen deklariert, Wertelabels vergeben und fehlende Werte definiert haben, kann es losgehen.

2.3 Dateneingabe und erste Analysen

An dieser Stelle möchten wir Sie noch einmal darauf hinweisen, die Original-Fragebögen durchzunummerieren. So wird verhindert, dass Fragebögen mehrfach in Ihren Datensatz aufgenommen werden und die Ergebnisse verfälscht werden.

Es führt nun nichts mehr daran vorbei: Wechseln Sie in die DATENANSICHT und geben Sie Ihre Daten ein.

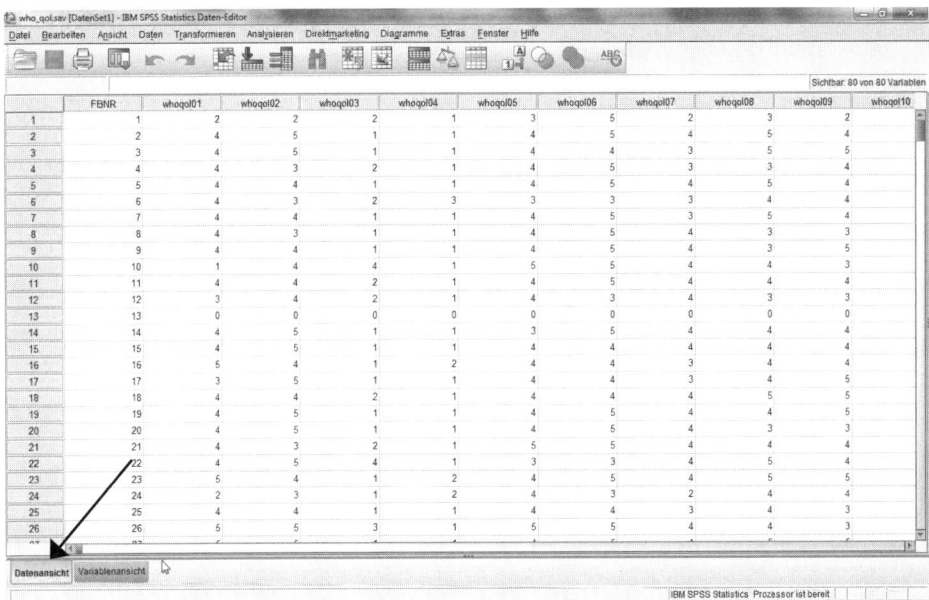

Abbildung 2.6 Datenansicht

Sind die Daten eingegeben, können Sie mit dem Auswerten beginnen. Aber speichern Sie Ihren Datensatz zuerst ab: DATEI → SPEICHERN. Eine SPSS-Datendatei bekommt in der Regel die Endung ».sav«.

Der wichtigste Menüpunkt in SPSS ist für Sie der Punkt ANALYSIEREN. Unter diesem Menüpunkt finden Sie alle weiteren deskriptiv- und inferenzstatistischen Testverfahren, Berechnungsarten usw.

Um aus dieser Einführung jedoch kein »Bilderbuch« zu machen, werden nach und nach keine Bilder (Screenshots) mehr präsentiert, sondern die anzuwählenden Menüpunkte als Text dargestellt. Statt eines Bildes, bei welchem z. B. der Menüpunkt Häufigkeiten angewählt wird, wird nach und nach eine Textanweisung wie ANALYSIEREN → DESKRIPTIVE STATISTIKEN → HÄUFIGKEITEN eingeführt.

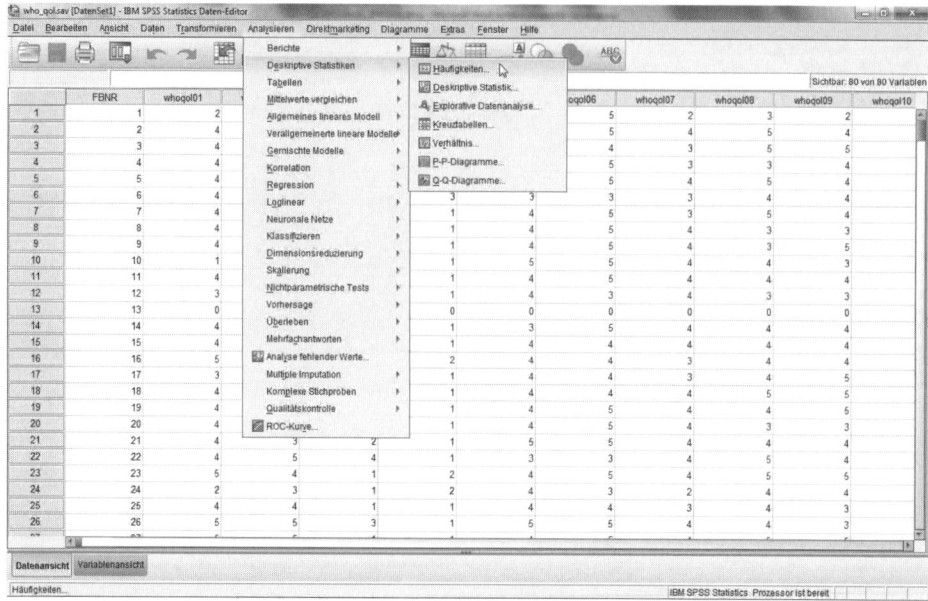

Abbildung 2.7 Menü Analysieren → Deskriptive Statistiken → Häufigkeiten

Wenn Sie den Menüpunkt HÄUFIGKEITEN anwählen, öffnet sich folgendes Fenster:

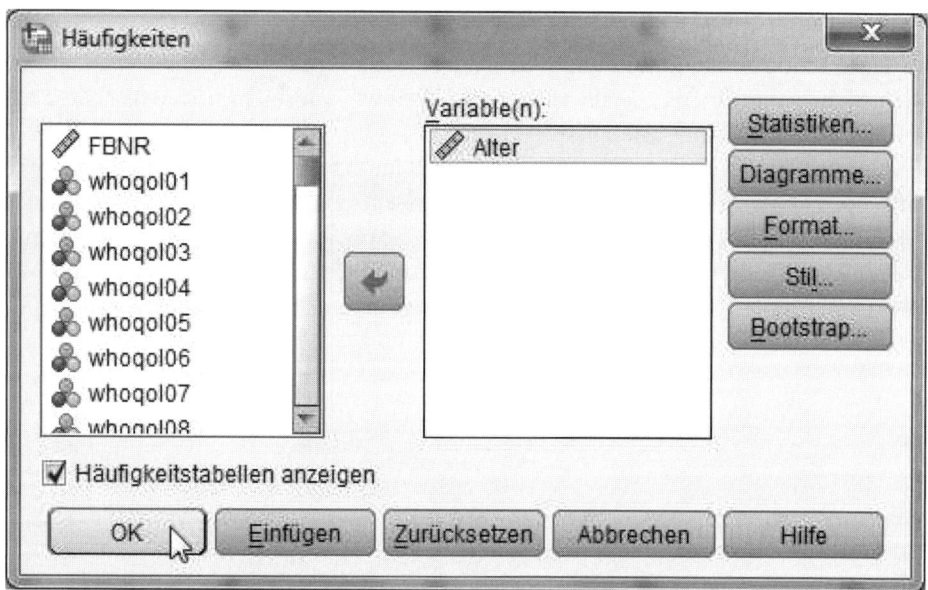

Abbildung 2.8 Fenster Häufigkeiten

Klicken Sie in der linken Liste auf die Variable »Alter« und anschließend auf den Button mit dem Pfeil. Die Variable »Alter« erscheint im rechten Fenster und ist damit für die kommenden Auswertungen ausgewählt. Wenn Sie eine Variable wieder abwählen wollen, dann klicken Sie im rechten Fenster auf die Variable. Der Pfeil auf dem Button zwischen den Fenstern wechselt die Richtung. Wenn Sie nun darauf klicken, wird die Variable wieder aus dem rechten Fenster entfernt.

Klicken Sie dann bitte auf den Button STATISTIK. Es öffnet sich ein weiteres Fenster. Hier wählen Sie durch Klicken in die entsprechenden Kästchen »Mittelwert«, »Median«, »Modalwert«, »Standardabweichung«, »Minimum« und »Maximum« aus.

Abbildung 2.9 Fenster Häufigkeiten: Statistik

Haben Sie diese deskriptivstatistischen Maße ausgewählt, klicken Sie bitte auf WEITER. Das Fenster wird geschlossen. Klicken Sie dann auf OK. SPSS führt nun die entsprechenden Berechnungen durch und schreibt Ihnen die Ergebnisse in das »Ausgabefenster«.

2.4 Das Ausgabefenster

Das Ausgabefenster ist in der Regel zweigeteilt. Auf der linken Seite haben Sie ein Navigationsfenster, in welchem Sie einzelne Ausgaben direkt ansteuern können. Die eigentlichen Auswertungen befinden sich im rechten Fenster.

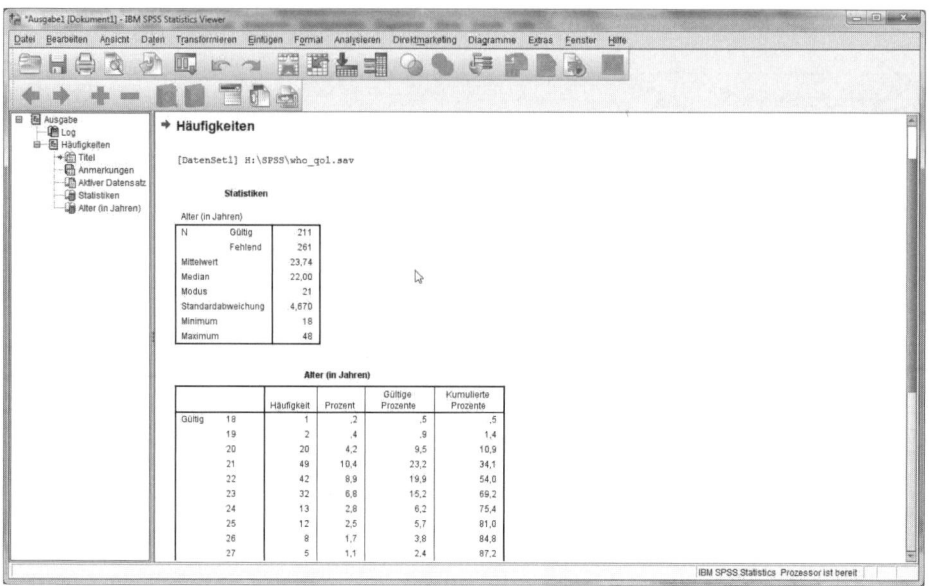

Abbildung 2.10 Ausgabe Häufigkeiten

Die Ausgaben können (und sollten am besten) gespeichert werden. Klicken Sie dazu auf DATEI → SPEICHERN. SPSS speichert dann die Ausgabe mit der Endung (dem Suffix) »spo« (bzw. »spv« in früheren Versionen). Zum Vergleich: MS Word®-Dokumente werden üblicherweise mit dem Suffix »doc« oder »docx« gespeichert, MS Excel®-Tabellen mit dem Suffix »xls« oder »xlsx«.

Eine SPSS-Ausgabe können Sie normalerweise auch nur mit SPSS öffnen. Für Dokumentationszwecke ist das in Ordnung; einen Bericht schreibt man jedoch üblicherweise mit einem Textverarbeitungsprogramm. Wie bekommt man nun die Ausgabe in ein Textverarbeitungsprogramm?

Ein Weg besteht darin, auf die entsprechenden Tabellen oder Grafiken in der rechten Spalte des Ausgabefensters einen Rechtsklick zu machen und im sich öffnenden Kontextmenü KOPIEREN auszuwählen. Dann wechselt man in sein Textverarbeitungsmenü und fügt die kopierten Tabellen oder Grafiken ein. Sehr oft haben wir jedoch sehr viele Ausgaben, sodass das Kopieren einzelner Tabellen zu zeitaufwändig wäre. Stattdessen lassen wir die Ausgabe insgesamt exportieren.

2.5 Ausgabe exportieren

Klicken Sie bitte auf DATEI → EXPORTIEREN. Es öffnet sich ein kleines Fenster, in welchem Sie mehrere Einstellungen vornehmen können (Abb. 2.11).

Die wichtigste Einstellung ist die des Dateityps. Im Regelfall wird man als Dateityp »Word/RTF-Datei (*.doc)« wählen. SPSS speichert die Ausgabe dann im Rich-Text-Format (RTF), welches von allen gängigen Textverarbeitungsprogrammen gelesen werden kann.

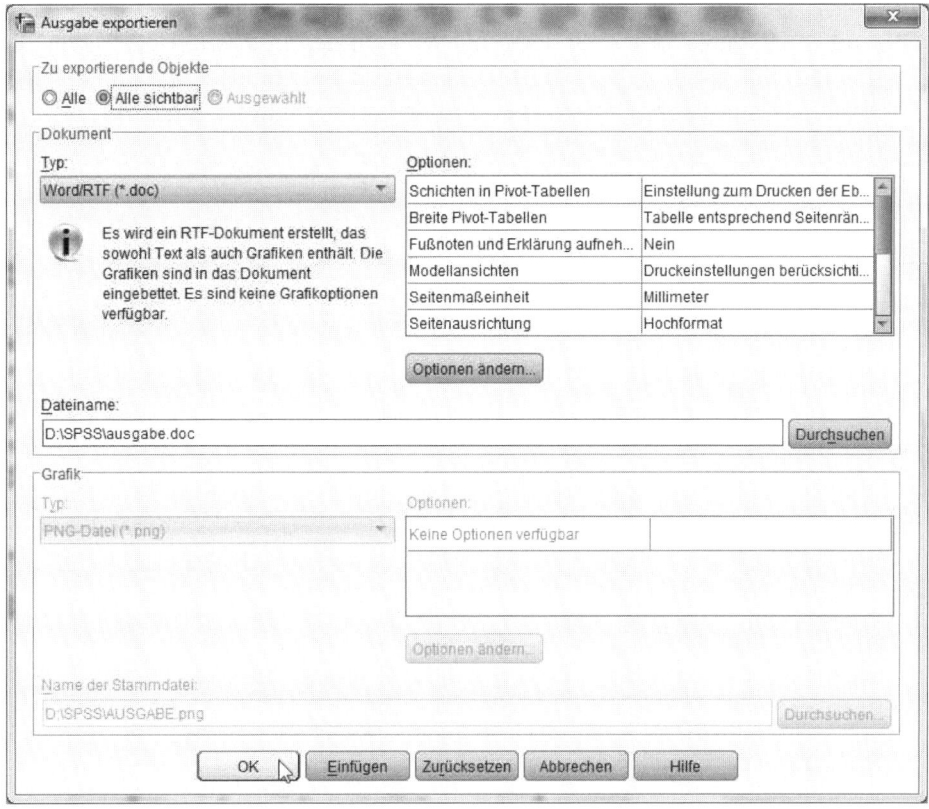

Abbildung 2.11 Fenster Ausgabe exportieren

Über den Button DURCHSUCHEN können Sie auswählen, in welchem Verzeichnis und unter welchem Namen die Ausgabe gespeichert werden soll. Des Weiteren können Sie noch auswählen, welche Teile der Ausgabe gespeichert werden sollen. Nach unserer Erfahrung empfiehlt es sich, hier den Punkt »Alle sichtbaren Objekte« auszuwählen. Haben Sie diese Einstellungen alle abgeschlossen, klicken Sie auf OK. Anders als z. B. bei einer PDF-Erstellung öffnet sich die neu generierte Datei nicht von selbst. Sie finden die exportierte Datei nichtsdestotrotz unter dem von Ihnen angegebenen Pfad.

2.6   Das Syntaxfenster

Es bleibt noch ein wichtiger Bereich für SPSS, nämlich das sogenannte Syntaxfenster. Im Syntaxfenster können SPSS-Befehle zur Datentransformation (z. B. das Berechnen von Skalenwerten aus mehreren Variablen) oder solche zur Datenanalyse (z. B. das Berechnen von Häufigkeiten) eingegeben werden. Wir widmen der Syntax das gesamte Kapitel 9, wollen Ihnen aber trotzdem schon hier einen ersten kleinen Eindruck vermitteln.

Klicken Sie bitte ANALYSIEREN → DESKRIPTIVE STATISTIKEN → HÄUFIGKEITEN. Es öffnet sich das bereits aus Abschnitt 2.3 bekannte Fenster. Klicken Sie in der linken Liste auf die Variable »Alter« und anschließend auf den Button mit dem Pfeil. Die Variable »Alter« erscheint im rechten Fenster und ist damit für die kommenden Auswertungen ausgewählt. Bitte klicken Sie nun auf den Button EINFÜGEN.

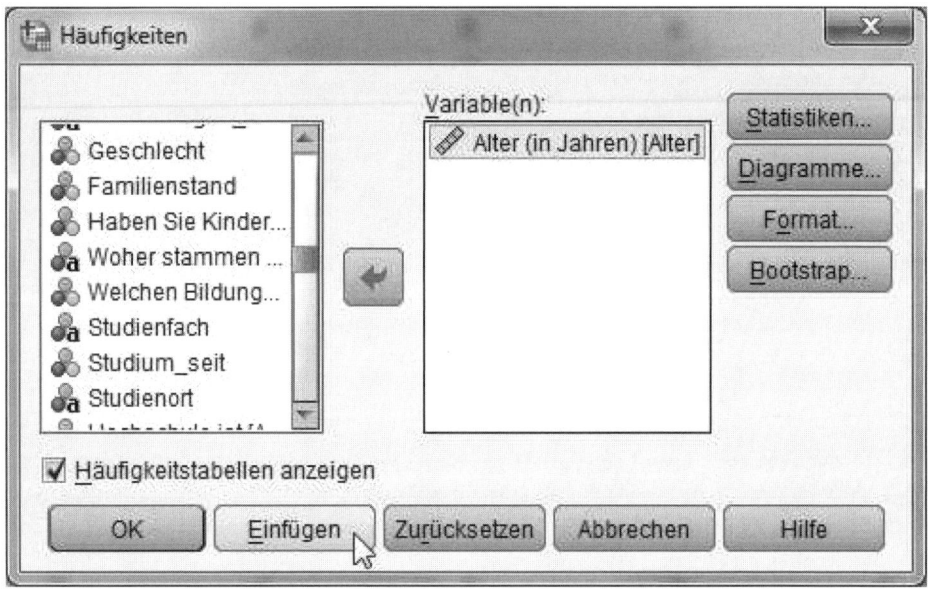

Abbildung 2.12 Syntax einfügen

Im Hintergrund wurde nun ein neues Fenster geöffnet. Wenn Sie dieses Fenster auswählen, sollten Sie etwas sehen wie in Abbildung 2.13 (Ausschnitt).

Wenn man den Button EINFÜGEN auswählt, fügt SPSS automatisch die entsprechende Syntax in das Syntaxfenster ein. Anders als bei Auswahl des Buttons OK wird die Analyse aber nicht durchgeführt. Es wird lediglich der entsprechende Befehl bereitgestellt.

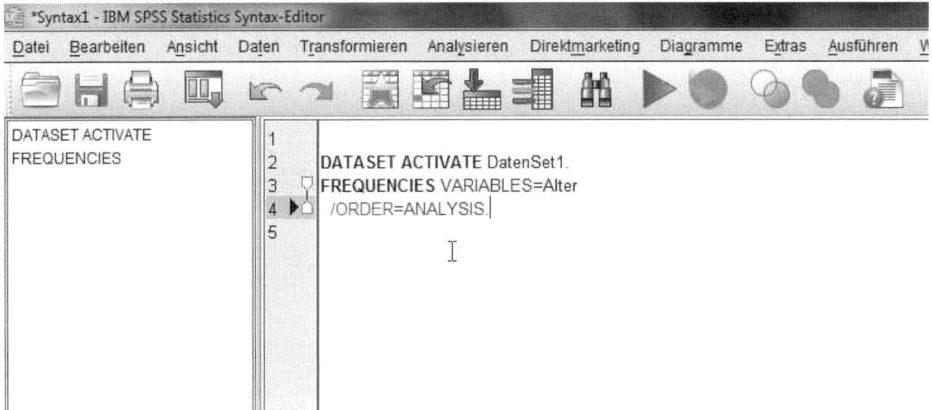

Abbildung 2.13 Syntaxfenster (Ausschnitt)

Damit die entsprechende Analyse auch gerechnet wird, muss die Syntax zuerst markiert werden, danach muss der Befehl durch einen Klick auf den großen grünen Pfeil (vgl. Abb. 2.14) angestoßen werden.

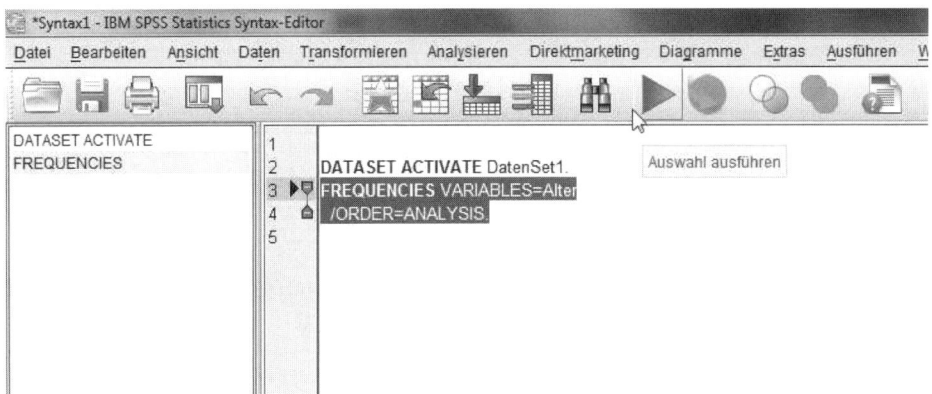

Abbildung 2.14 Syntaxfenster (Ausschnitt), Syntax ausführen

Jetzt wird die Analyse durchgeführt und es erscheint eine entsprechende Ausgabe im Ausgabefenster (vgl. Abb. 2.10).

2.7 Einstellungen und Optionen

Wie andere Computerprogramme auch bietet SPSS verschiedene Möglichkeiten für Einstellungen und Optionen an. Einen Zugriff darauf bekommen Sie über BEARBEI-TEN → OPTIONEN. Bitte nehmen Sie sich die Zeit und richten Sie sich das Programm nach Ihren Vorstellungen ein. Ein Programm ist in gewisser Weise wie ein Arbeitsplatz: Am besten kann man arbeiten, wenn der Arbeitsplatz den eigenen Vorstellungen entspricht.

Es sollte sich das Dialogfenster für die Optionen öffnen (Abb. 2.15). Hier stehen nun mehrere Reiter zur Auswahl.

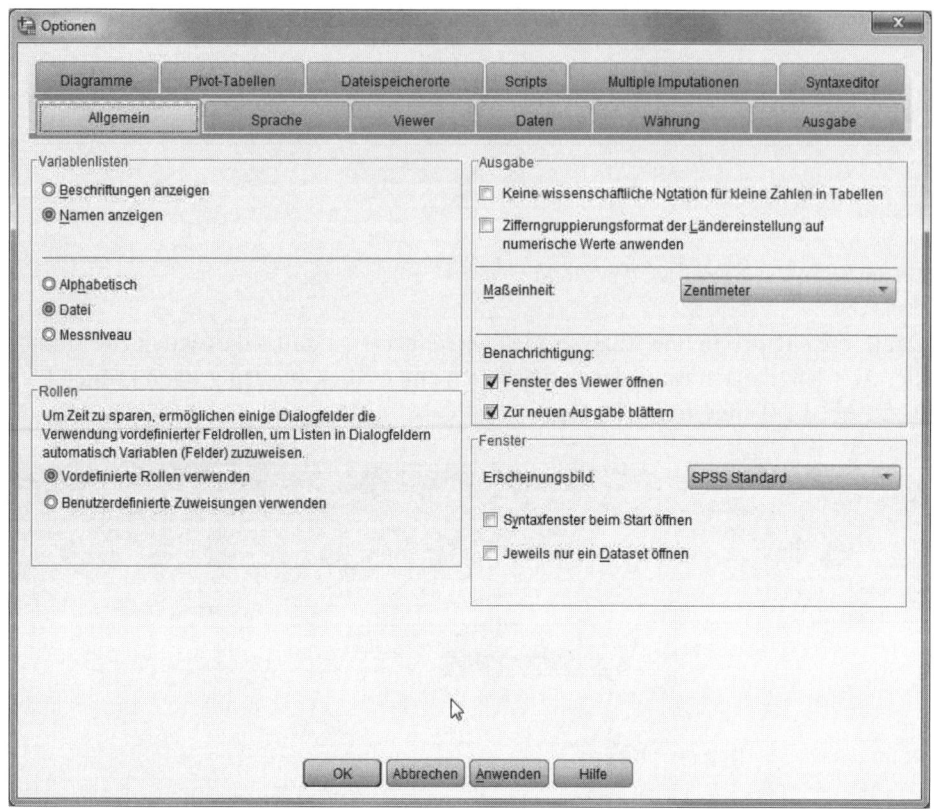

Abbildung 2.15 Optionen Allgemein

In dem Reiter ALLGEMEIN können Sie festlegen, wie Variablenlisten in den Dialogmenüs dargestellt werden sollen, entweder mit dem Variablennamen (Namen) oder mit dem Variablenlabel (Beschriftungen).

Wenn es Ihnen wie uns geht und Sie mit einer netzwerkbasierten Version von SPSS an einer Hochschule arbeiten, dann tauchen beim ersten Start des Öfteren fremdsprachige Dialoge und Menüführungen auf. Um die Sprache einzustellen, mit der Sie am liebsten arbeiten, klicken Sie bitte auf den Reiter SPRACHE (Abb. 2.16). Stellen Sie bitte auf jeden Fall für die Benutzerschnittstelle die für Sie passende Sprache ein! In der Regel empfiehlt es sich, auch für die Ausgabe die passende Sprache einzustellen.

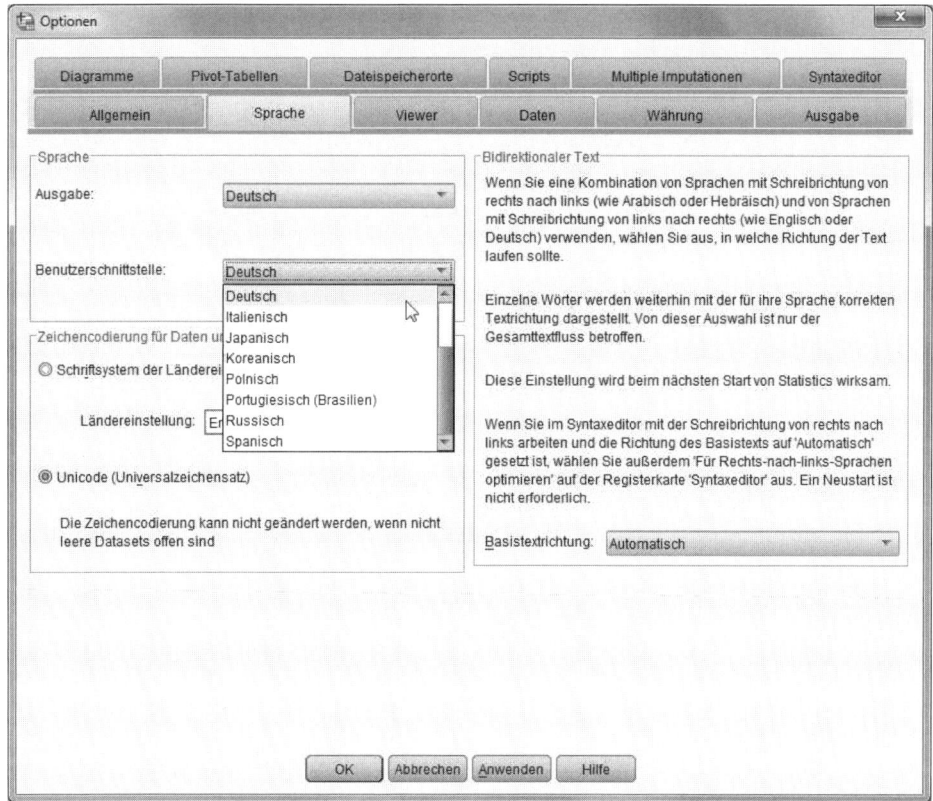

Abbildung 2.16 Optionen Sprache

Ein weiterer wichtiger Reiter ist AUSGABE (Abb. 2.17), da hier ein paar kleine, aber feine Einstellungen vorgenommen werden können, welche die Gestaltung der Ausgabe betreffen. Legen Sie hier fest, ob in Ihrer Ausgabe die Namen der Variablen oder die Beschriftungen (Variablenlabel) oder beides erscheinen soll. Gleichermaßen kann auch eine Einstellung für die Variablenwerte bzw. -beschriftungen (Wertelabels) vorgenommen werden.

Es bleibt noch ein letzter, wichtiger Reiter: DATEISPEICHERORTE (vgl. Abb. 2.18). Hier können Sie die Standardverzeichnisse für die Daten- sowie Ausgabe- oder Syntaxdateien einstellen, auf die SPSS zuerst zugreift. Nach unserer Erfahrung lohnt es sich, ein eigenes Verzeichnis \SPSS anzulegen.

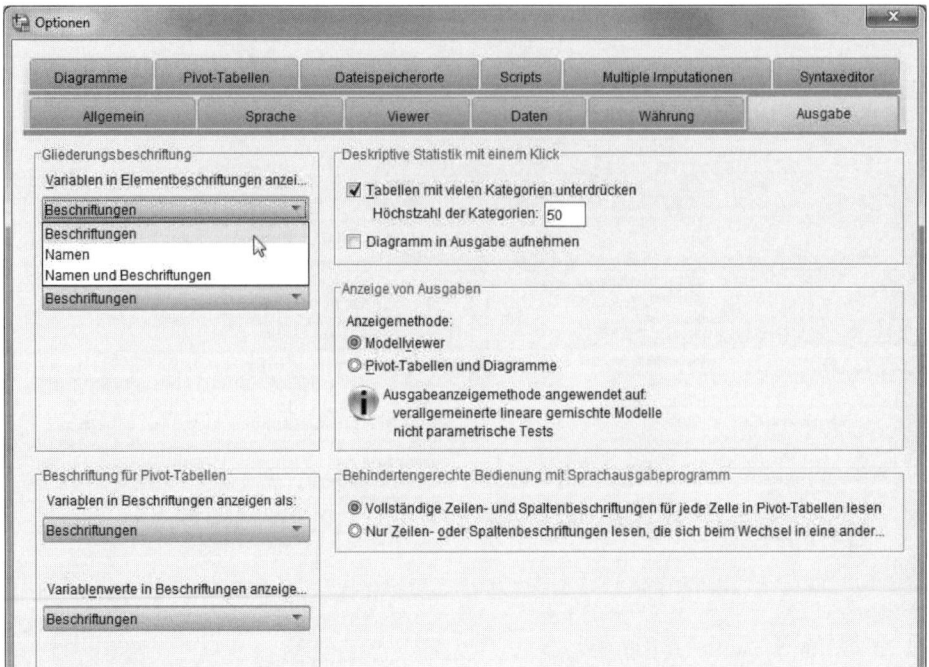

Abbildung 2.17 Optionen Ausgabe

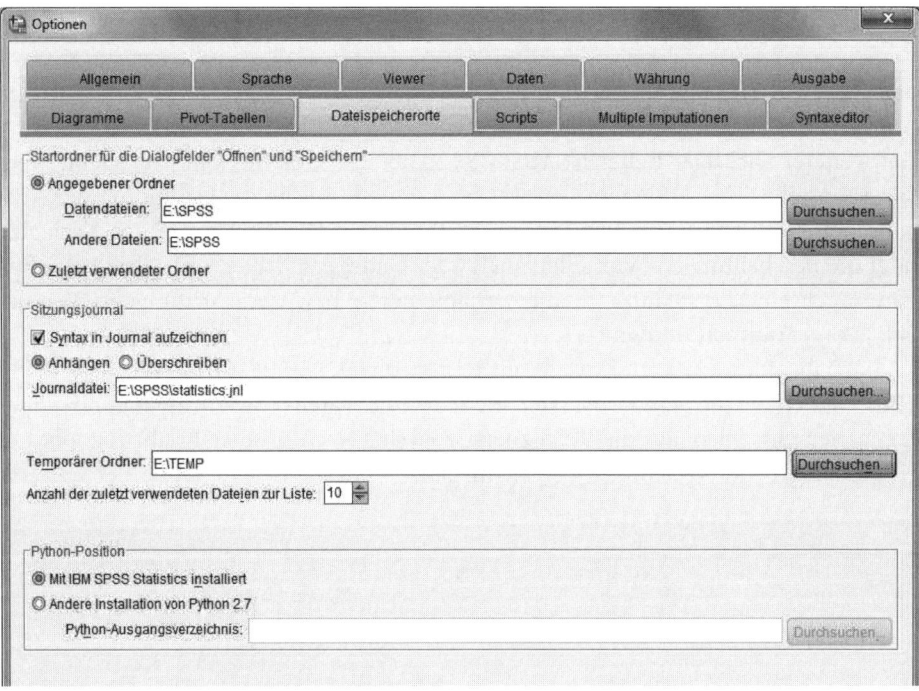

Abbildung 2.18 Optionen Dateispeicherorte

3 Ich weiß gar nicht, wie ich anfangen soll

Unserer Meinung nach reicht es nicht aus, in einem Buch wie diesem einfach nur verschiedene Verfahren wie beispielsweise die Varianzanalyse abzuhandeln. Mindestens genauso wichtig sind vermutlich die Schritte davor. Wenn man beginnt, mit IBM SPSS Statistics software zu arbeiten, hat man schon einen weiten Weg hinter sich: Untersuchungsfrage konkretisieren, Fragebogen auswählen oder erstellen, Versuchsdesign darlegen usw. Aus diesen Überlegungen sind die folgenden drei Unterkapitel entstanden:

▶ Vom Fragebogen zu SPSS
▶ Vom Experiment zu SPSS
▶ Vom Interview zu SPSS

Unsere Hoffnung ist, damit einen Anstoß für den Anfang geben zu können. Lassen wir uns überraschen!

Nun ist es häufig so, dass das eigene Versuchsdesign sich nicht unbedingt nur einer dieser drei Kategorien zuordnen lässt. Möglicherweise haben Sie ein Experiment durchgeführt und zusätzlich Ihre Probanden noch einen kleinen Fragebogen ausfüllen lassen. Tabelle 3.1 soll Ihnen dabei helfen, sich einen Überblick zu verschaffen, welche Arbeitsschritte hinter welchem Untersuchungsdesign stecken. Es ist gut möglich, dass auch ein Arbeitsschritt aus einem anderen Untersuchungsdesign für Sie interessant ist.

Tabelle 3.1 Typische Arbeitsschritte je nach Untersuchungsdesign

Vom Fragebogen zu SPSS
Eingabe der Daten vom Fragebogen (Paper-Pencil-Verfahren)
Items benennen
Antwortmöglichkeiten kodieren
Umgang mit fehlenden Werten (Missing Values)
Dateneingabe bzw. Datenimport in SPSS
Vergeben von langen Variablennamen (Variablenlabels)
Vergeben von Wertebezeichnungen (Wertelabels/Value Labels)
Umkodieren von Werten
Skalenbildungen

Tabelle 3.1 Typische Arbeitsschritte je nach Untersuchungsdesign (Fortsetzung)

Vom Experiment zu SPSS
Unabhängige Variable (UV) & abhängige Variable (AV) definieren Versuchsplan anfertigen Experiment an Probanden durchführen Dateneingabe Vom Fragebogen (Paper-Pencil-Verfahren) Weiterer Verlauf wie bei »Vom Fragebogen zu SPSS«
Vom Interview zu SPSS
SPSS eignet sich nur äußerst bedingt für die Auswertung eines Interviews, z. B. für eine umfangreiche Auswertung der soziodemografischen Daten.

3.1 Vom Fragebogen zu SPSS

Der Titel »Vom Fragebogen zu SPSS« spannt einen sehr weiten Rahmen. Wir haben uns daher dazu entschlossen, diesen Abschnitt noch einmal zu unterteilen, nämlich in »Vom bestehenden Fragebogen zu SPSS« und »Vom eigenen Fragebogen zu SPSS«. Natürlich gibt es große Überschneidungen, speziell in der deskriptiv- und inferenzstatistischen Auswertung. Aber es gibt auch große Unterschiede dahingehend, dass teststatistischen Auswertungen bei einem eigenen Fragebogen ein deutlich höherer Stellenwert zukommt.

3.1.1 Vom bestehenden Fragebogen zu SPSS

Peter, leicht panischer Psychologiestudent im letzten Studienabschnitt, möchte als Bachelorthesis eine Fragebogenuntersuchung durchführen mit dem Thema: »Persönlichkeitsstruktur und Führungsebene unter Berücksichtigung des Geschlechts«. Zur Erfassung der Persönlichkeitsstruktur will er den NEO-FFI (Borkenau & Ostendorf, 2008) durchführen. Als Versuchspersonen kann er auf die Mitarbeiterinnen und Mitarbeiter jener Firma zurückgreifen, bei welcher er sein studienintegriertes Praktikum absolviert hat.

Außer dem NEO-FFI benötigt er noch weitere Angaben, um seinem Thema gerecht zu werden: Alter, Geschlecht, Führungsebene, Schulabschluss sowie noch Berufserfahrung in Jahren. Abbildung 3.1 zeigt den Fragebogenbereich mit diesen soziobiografischen Items.

Bitte machen Sie noch folgende Angaben:

Alter: __________ Geschlecht: ❑ weiblich ❑ männlich

Position: ❑ Angestellte(r)
❑ untere Führungsebene
❑ mittlere Führungsebene
❑ höhere Führungsebene
❑ Sonstiges: ____________________________

Schulabschluss: ❑ kein Schulabschluss
❑ Hauptschulabschluss
❑ Realschulabschluss (Mittlere Reife)
❑ Fachhochschulreife (Fachabitur)
❑ Allgemeine Hochschulreife (Abitur)
❑ Akademischer Abschluss (Universität, Fachhochschule)
❑ Sonstiges: ___________________________________

Wie viel Berufserfahrung in Jahren haben Sie? ________ Jahre

Abbildung 3.1 Soziobiografische Angaben von Peters Fragebogen

Was sollte er jetzt nach Erhalt der Fragebögen tun?

Zuallererst sollte er die Fragebögen einfach durchnummerieren. Diese Fragebogennummer wird später helfen, fehlerhafte Eingaben schnell zu korrigieren.

Insgesamt hat Peter 85 Fragebögen zurückbekommen. Da sich die Fragebögen nicht selbst eingeben, liegt jetzt die Dateneingabe an.

Aber: Wie sollten die Angaben eingegeben werden?

3.1.2 Vorüberlegungen

Für alle Anfänger in computergestützter Datenauswertung: Bitte investieren Sie ein wenig Zeit in diese Vorüberlegungen! Vorüberlegungen zahlen sich später vielfach wieder aus!

> **!** **Vorüberlegung 1**
>
> In welchem Programm sollen die Daten eingegeben werden?
> Hier bietet sich entweder SPSS selbst an oder ein Tabellenkalkulationsprogramm wie bspw. Microsoft Excel oder OpenOffice Calc.

Da Peter nicht immer Zugriff auf SPSS hat, entschließt er sich, die Daten mit OpenOffice Calc einzugeben.

! **Vorüberlegung 2**
Wie sollen die Items benannt werden?
Generell gilt hierfür: Kurze Namen sind besser! Und: In einem Namen sollten keine Umlaute, Sonder- oder Leerzeichen auftauchen.
Je nach Version kann SPSS zwar mit solchen Zeichen umgehen, aber warum Probleme schaffen, wenn sie sich doch einfach vermeiden lassen?

Peter entschließt sich dazu, die Items des NEO-FFI jeweils mit »neoffi« und der Nummer des Items abzukürzen. Bei einstelligen Zahlen setzt er auch noch eine Null davor, also: neoffi01, neoffi02, neoffi03 usw. bis neoffi60.

Die soziobiografischen Angaben benennt er mit »Alter«, »Geschlecht«, »Position«, »Schule« (für Schulabschluss), »Beruferf« (für »Wie viel Berufserfahrung in Jahren haben Sie?«).

! **Vorüberlegung 3**
Wie sollen die Daten eingegeben bzw. kodiert werden?
Statistik funktioniert weitgehend mit Zahlen. Daher gilt: Was immer als Zahl kodiert werden kann, sollte auch als Zahl kodiert werden! Außerdem lassen sich Zahlen in der Regel über den Nummernblock einer Computertastatur besser und vor allen Dingen schneller eingeben als Text.

So entschließt Peter sich dazu, bei der Geschlechtsangabe immer dann eine »1« einzugeben, wenn »weiblich« angekreuzt wurde, und eine »2«, wenn »männlich« angekreuzt wurde.

Bei der Angabe zur Position nummeriert er die Kästchen von oben nach unten mit 1 bis 5 durch. Hier taucht jetzt aber ein erstes Problem auf: Was macht man, wenn jemand »Sonstiges« ankreuzt und dazu noch etwas schreibt? Auch das könnte ja wichtig sein. Zahlen und Text lassen sich nur schlecht miteinander mischen, besser wäre es, eine Variable für die Zahlen und eine zusätzliche Variable für den Text zu haben. Peter kreiert eine weitere Variable mit dem Namen »Position_Text«, die dann für Texteingaben reserviert ist. In gleicher Weise verfährt er mit der Variable »Schule«. Für die Angaben zu »Alter« und »Beruferf« sollten sowieso Zahlen vorhanden sein.

Bleibt noch der NEO-FFI. Peter legt fest, dass er die Kästchen von links nach rechts mit den Zahlen 1 bis 5 kodiert, d. h. immer wenn jemand »Starke Ablehnung« angekreuzt hat, wird er eine »1« eingeben, bei »Ablehnung« eine »2« usw. bis »Starke Zustimmung«, die er mit einer »5« kodiert.

Vorüberlegung 4
Was tun, wenn Angaben fehlen?
Prinzipiell kann man fehlende Angaben einfach weglassen. SPSS erkennt, dass eine Angabe fehlt und kodiert selbständig diese Angabe als fehlend (missing). Manchmal ist es für die Dateneingabe jedoch praktikabler, wenn man bei einer fehlenden Angabe einen Wert einträgt, und zwar einfach aus dem Grund, da man dann den Rhythmus »Zahl« – »nächstes Feld« – »Zahl« – »nächstes Feld« besser einhalten kann.

Peter entscheidet sich dafür, sämtliche fehlenden Angaben durch die Zahl »9«, bei »Alter« und »Beruferf« durch die Zahl »99« zu kennzeichnen.

Damit sind die wichtigsten Vorüberlegungen schon abgeschlossen! Peter dokumentiert die Vorüberlegungen 2 bis 4 in einem leeren Fragebogen, schreibt »Codeplan« darauf und legt ihn griffbereit auf seinen Schreibtisch.

Bitte machen Sie noch folgende Angaben:

missing (99) missing (9)

Alter: Alter ______ Geschlecht: ❒ weiblich ❒ männlich

Geschlecht 1 2

Position: 1 ❒ Angestellte(r) Codeplan

2 ❒ untere Führungsebene missing (9)

Position 3 ❒ mittlere Führungsebene

4 ❒ höhere Führungsebene

5 ❒ Sonstiges: Position_Text ______

Schulabschluss: ❒ kein Schulabschluss 1

❒ Hauptschulabschluss 2 missing (9)

❒ Realschulabschluss (Mittlere Reife) 3

Schule ❒ Fachhochschulreife (Fachabitur) 4

❒ Allgemeine Hochschulreife (Abitur) 5

❒ Akademischer Abschluss (Universität, Fachhochschule) 6

7 ❒ Sonstiges: Schule_Text ______

Wie viel Berufserfahrung in Jahren haben Sie? ______ Jahre missing (99)

Beruferf

Abbildung 3.2 Ausschnitt des Codeplans mit handschriftlichen Ergänzungen

3.1.3 Dateneingabe

Peter startet OpenOffice Calc und schreibt in die erste Zeile jeweils in einer eigenen Spalte die festgelegten Variablennamen, wobei er als Erstes noch »fbnr« für »Fragebogennummer« einträgt. Dann kommen die Items des NEO-FFI, also »neoffi01«, »neoffi02«, »neoffi03« usw. Dahinter kommen dann die soziobiografischen Items: »Alter«, »Geschlecht«, »Position«, »Position_text«, »Schule«, »Schule_text« und »Beruferf«.

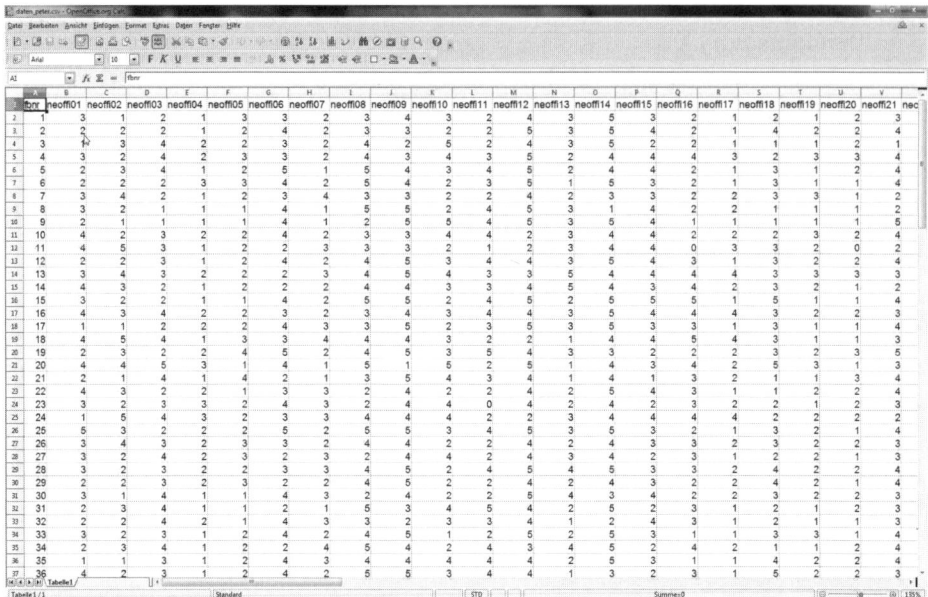

Abbildung 3.3 Datentabelle

So, und jetzt kann er endlich damit beginnen, tatsächlich die Daten der Fragebögen einzugeben. Zu Beginn benötigt Peter noch circa drei Minuten, um einen Fragebogen einzutippen, mit ein wenig Übung schafft er einen Fragebogen dann bereits in circa zwei Minuten. Mit Pausen (irgendwann schwirrt ihm der Kopf vor lauter Zahlen) ist er nach circa vier Stunden mit der Dateneingabe fertig.

> **❗ Regelmäßiges Speichern**
> Bitte speichern Sie Ihre Datendatei des Öfteren!
> Und vielleicht speichern Sie die Datendatei auch an mehreren Orten (z. B. einmal auf der Festplatte des Computers und einmal auf einem USB-Stick). Es passiert leider immer einmal wieder, dass ein PC abstürzt, ein USB-Stick kaputt geht oder eine Datei einfach nicht mehr lesbar ist. In einem solchen Fall sollte man immer auf eine vergleichsweise aktuelle Sicherungsdatei zurückgreifen können! Und wenn die Fragebögen durchnummeriert sind, weiß man auch genau, welche Fragebögen nachgetragen werden müssen.

3.1.4 Datenimport in SPSS

Der Datenimport funktioniert über das Menü: DATEI → ÖFFNEN → DATEN.

SPSS kann viele verschiedene Datenformate importieren, unter anderem MS Excel, dBase oder auch das Format »Comma Separated Values, CSV«. Nach persönlichen Erfahrungen verwenden wir gerne das Format CSV, da die meisten Tabellen-kalkulationsprogramme Daten in diesem Format abspeichern können und dadurch die wenigsten Probleme auftauchen.

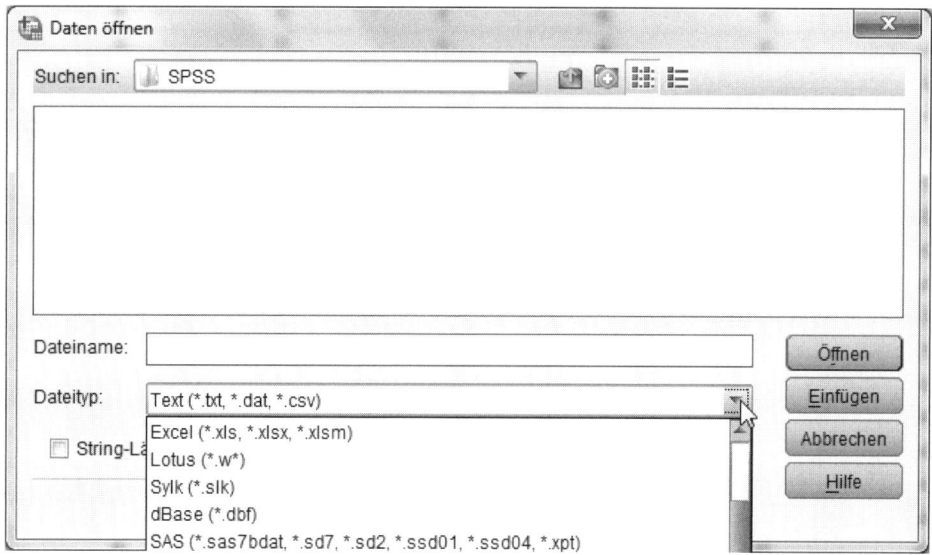

Abbildung 3.4 Daten öffnen

Dieses Format kann über »Dateityp« ausgewählt werden.

Wenn nun eine Datei in diesem Format CSV ausgewählt wird, startet SPSS einen Assistenten für Textimport mit insgesamt sechs Fenstern (Abb. 3.5 bis Abb. 3.10).

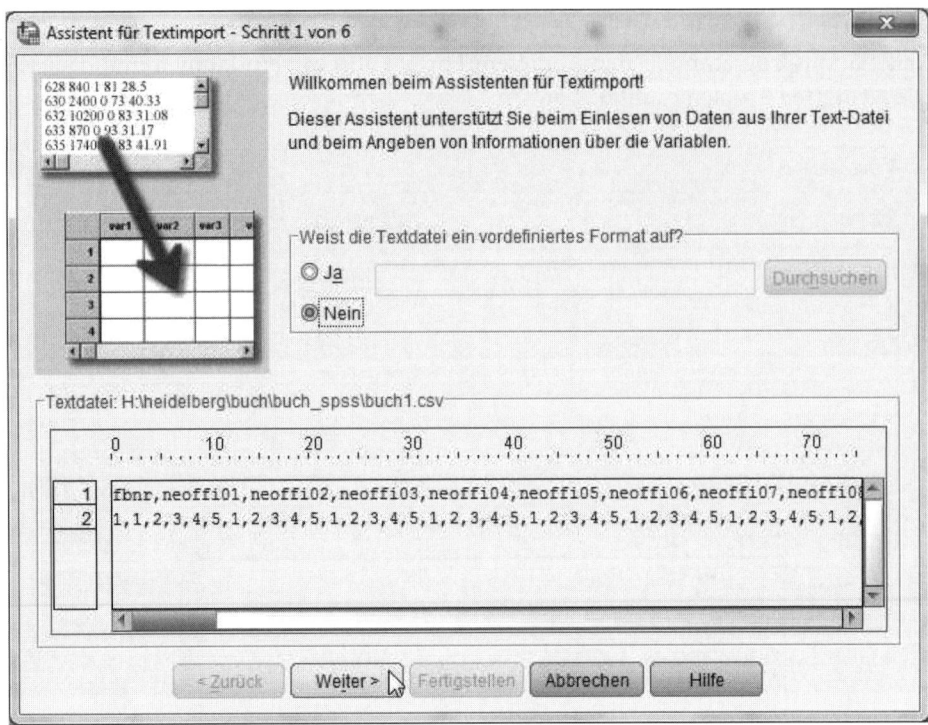

Within the figure:

Assistent für Textimport - Schritt 1 von 6

628 840 1 8] 28.5
630 2400 0 73 40.33
632 10200 0 83 31:08
633 870 0 93 31.17
635 1740 83 41.91

var1 var2 var3

Willkommen beim Assistenten für Textimport!

Dieser Assistent unterstützt Sie beim Einlesen von Daten aus Ihrer Text-Datei und beim Angeben von Informationen über die Variablen.

Weist die Textdatei ein vordefiniertes Format auf?

○ Ja   Durchsuchen

◉ Nein

Textdatei: H:\heidelberg\buch\buch_spss\buch1.csv

0 . . . 10 . . . 20 . . . 30 . . . 40 . . . 50 . . . 60 . . . 70 . . .

1 | fbnr,neoffi01,neoffi02,neoffi03,neoffi04,neoffi05,neoffi06,neoffi07,neoffi08
2 | 1,1,2,3,4,5,1,2,3,4,5,1,2,3,4,5,1,2,3,4,5,1,2,3,4,5,1,2,3,4,5,1,2,3,4,5,1,2,

< Zurück   Weiter >   Fertigstellen   Abbrechen   Hilfe

Abbildung 3.5 Assistent für Textimport, Schritt 1

Das erste Fenster (Abb. 3.5) fragt lediglich ab, ob die Datendatei ein vordefiniertes Format aufweist. Wenn man häufiger Daten aus der gleichen Quelle einliest, kann es sich lohnen, das zugrundeliegende Format einmal zu erstellen und dann abzuspeichern. Bei einem erneuten Einlesen der Daten muss nicht mehr der gesamte Assistent durchlaufen werden, sondern in diesem ersten Schritt kann auf das abgespeicherte Format zurückgegriffen werden.

Im zweiten Schritt (Abb. 3.6) wird abgefragt, wie die Daten vorliegen: Sind die Daten durch ein bestimmtes Zeichen voneinander abgetrennt (Komma, Semikolon, Tabulator etc.) oder stehen die Daten immer an einer bestimmten Position (die Zeichen 1–3 enthalten beispielsweise die Werte für eine dreistellige Variable 1, das Zeichen 4 den Wert für eine einstellige Variable 2 usw.)? Eine solche Vorgehensweise mit fester Spaltenbreite ist zwar extrem platzsparend (man spart ja immer die Trennzeichen), taucht mittlerweile aber vergleichsweise selten auf.

Das Format CSV trennt einzelne Daten durch ein Komma voneinander ab.

Wichtig im zweiten Schritt (Abb. 3.6) ist auch die Angabe darüber, ob in der ersten Zeile der Datendatei die Variablennamen stehen. Wenn dies in der Datendatei der Fall ist, muss hier unbedingt die Auswahl JA gewählt werden! Ansonsten wird SPSS die Daten falsch einlesen.

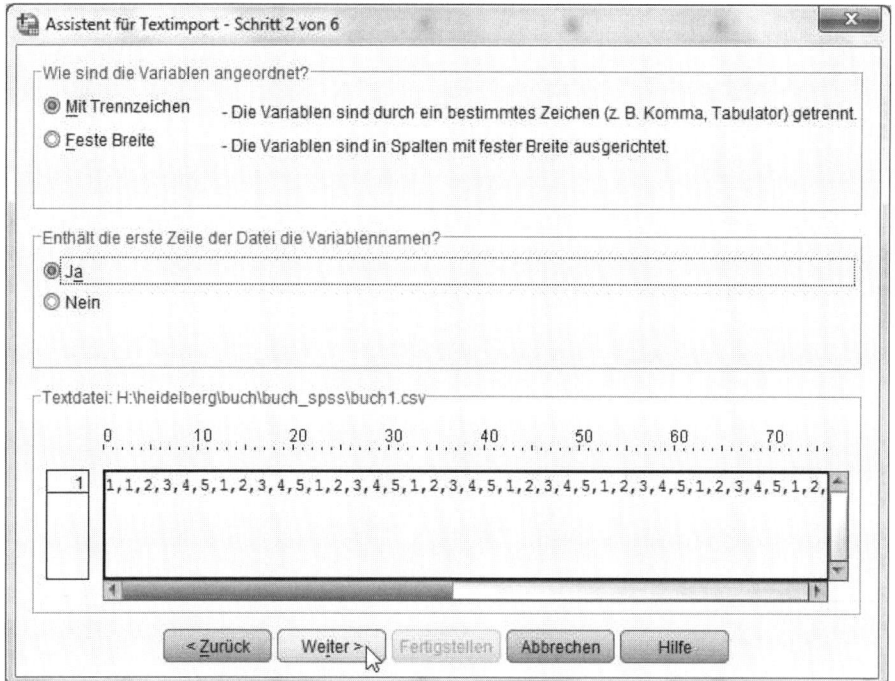

Abbildung 3.6 Assistent für Textimport, Schritt 2

> **!** **Sehr große Datensätze (N › 250.000)**
>
> In den letzten Jahren sind wir des Öfteren mit sehr großen Datensätzen konfrontiert worden. Und mit »sehr groß« meinen wir auch sehr groß! Ein Datensatz enthielt die Werte von 1.2 Millionen Personen, ein anderer Datensatz Kauftransaktionen von circa 750.000 Personen. Die Daten lagen in einem Textformat vor. Zum Testen der Datenstruktur haben wir aus Zeitgründen bei diesem dritten Schritt des Assistenten für Textimport natürlich nicht alle, sondern erst einmal lediglich tausend Datensätze einlesen lassen. Erst als wir uns über die Datenstruktur vollständig im Klaren waren, haben wir alle Datensätze eingelesen.
> Übrigens, SPSS hat alles schön gerechnet, sogar in einer akzeptablen Zeit. Bei so großen Datensätzen sind jedoch alle Signifikanztests mehr oder minder sinnlos, da die Stichprobengröße immer in die Berechnungen einfließt. Und je größer die Stichproben, desto kleinere Unterschiede können statistisch bedeutsam, d. h. signifikant werden. Letztlich wurde nur Deskriptivstatistik mit SPSS berechnet.

Der dritte Schritt (Abb. 3.7) bietet als wichtige Auswahlmöglichkeit, ob jede Zeile einen Fall darstellt. In der Regel ist dies so. Des Weiteren kann ausgewählt werden, wie viele Datensätze eingelesen werden sollen. In der Regel wird man alle Daten einlesen.

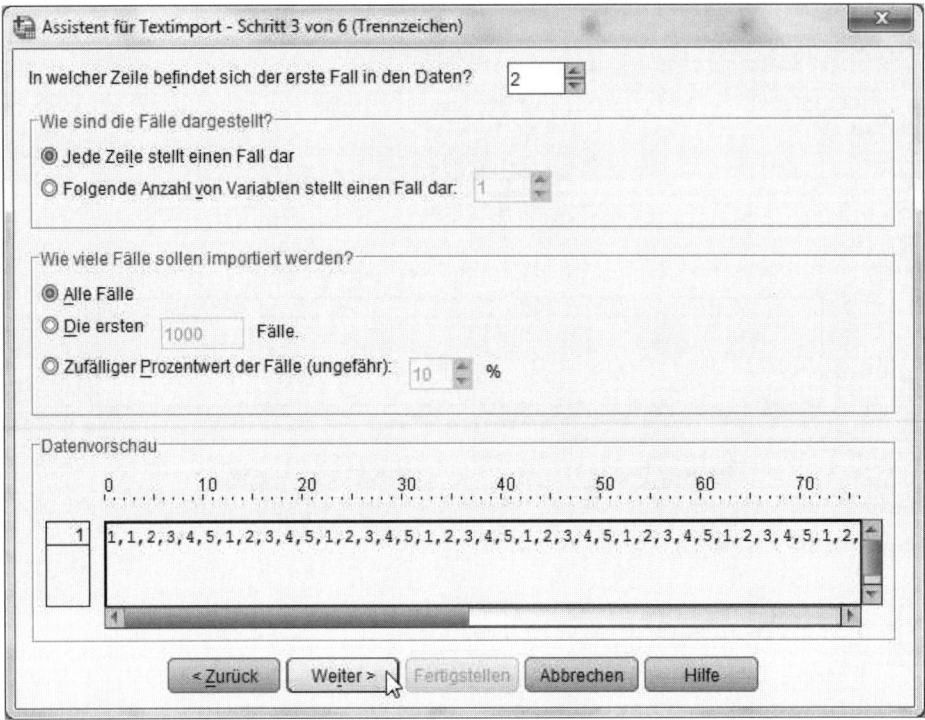

Abbildung 3.7 Assistent für Textimport, Schritt 3

Der vierte Schritt (Abb. 3.8) fragt nun explizit ab, mit welchem Zeichen die einzelnen Daten voneinander getrennt sind. Bei einem CSV-Format ist dies in der Regel ein Komma. In der Vorschau im unteren Drittel des Fensters kann überprüft werden, ob man das richtige Trennzeichen angegeben hat.

Als weitere wichtige Angabe kann hier ausgewählt werden, durch welche Zeichen Textdaten (z. B. Berufsangaben, Ortsangaben oder Ähnliches) gekennzeichnet sind. Zur Auswahl stehen »Keine«, »Hochkommata«, »Anführungszeichen« oder »Anderes«. Prüfen Sie mit der Vorschau, ob Textteile in einem Datensatz richtig erkannt werden.

Abbildung 3.8 Assistent für Textimport, Schritt 4

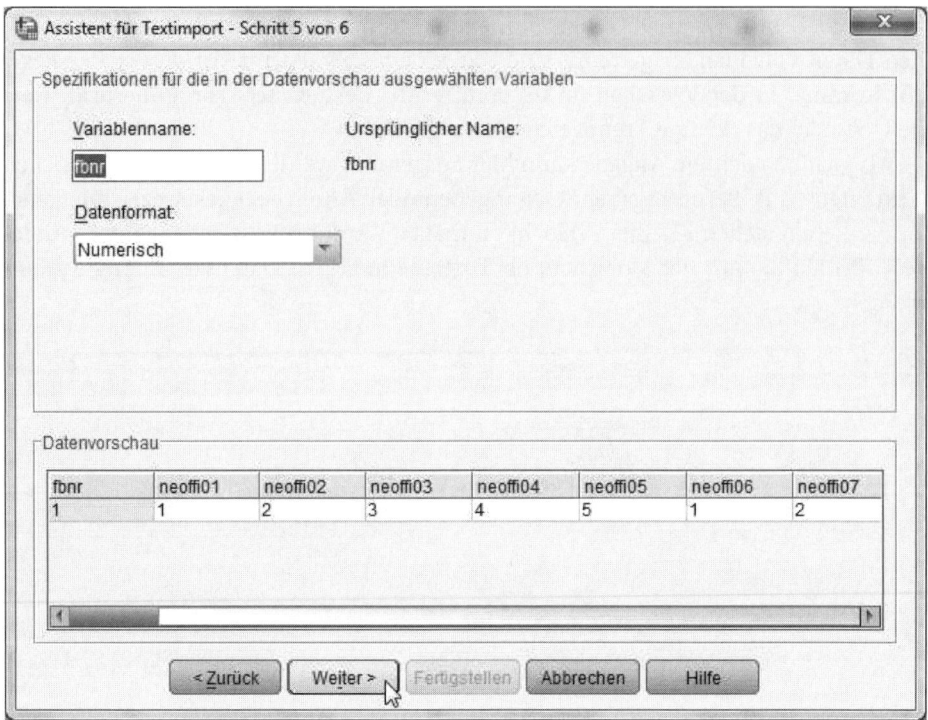

Abbildung 3.9 Assistent für Textimport, Schritt 5

Der fünfte Schritt (Abb. 3.9) dient dazu, das Datenformat der einzelnen Variablen zu überprüfen und gegebenenfalls abzuändern. In der Regel erkennt SPSS die Datenformate (numerisch, Text etc.) selbständig. Im Zweifelsfall kann man hier jedoch noch einmal alles durchgehen.

Im letzten Schritt (Abb. 3.10) kann das jetzt festgelegte Format auf Wunsch abgespeichert werden. Ebenso kann die zugrundeliegende Befehlssyntax eingefügt werden (zur Syntax vgl. Kap. 9).

Nach dem Klick auf FERTIGSTELLEN importiert SPSS die Daten und zeigt in der Regel das Fenster »Variablenansicht« an.

Jetzt sind die Daten in SPSS und es könnte mit der Auswertung losgehen.

Abbildung 3.10 Assistent für Textimport, Schritt 6

Ein Tipp: Wenden Sie auch jetzt noch einmal ein wenig Zeit auf und vergeben Sie in der VARIABLENANSICHT
a) lange Variablennamen (Variablenlabels) und
b) Wertebezeichnungen (Wertelabels) und
c) teilen Sie SPSS mit, welche Werte eine fehlende Angabe kennzeichnen (Fehlende Werte/missing values).
Diese Angaben machen die Ausgabe später sehr viel lesbarer.

3.1.5 Datenbereinigung und Datenüberprüfung

Da Peter, den wir in Abschnitt 3.1.1 kennengelernt haben, weiß, dass es immer einmal zu fehlerhaften Eingaben kommen kann, macht er sich als Nächstes an eine Datenbereinigung.

In einem ersten Schritt lässt er sich für die Items des NEO-FFI jeweils das Minimum und Maximum anzeigen. Relativ einfach funktioniert dies über ANALYSIE-REN → DESKRIPTIVE STATISTIKEN → HÄUFIGKEITEN, Auswahl »Minimum« und »Maximum«.

Eigentlich sollten die Zahlen bei jedem Item zwischen 1 (theoretisches Minimum) und 5 (theoretisches Maximum) liegen.

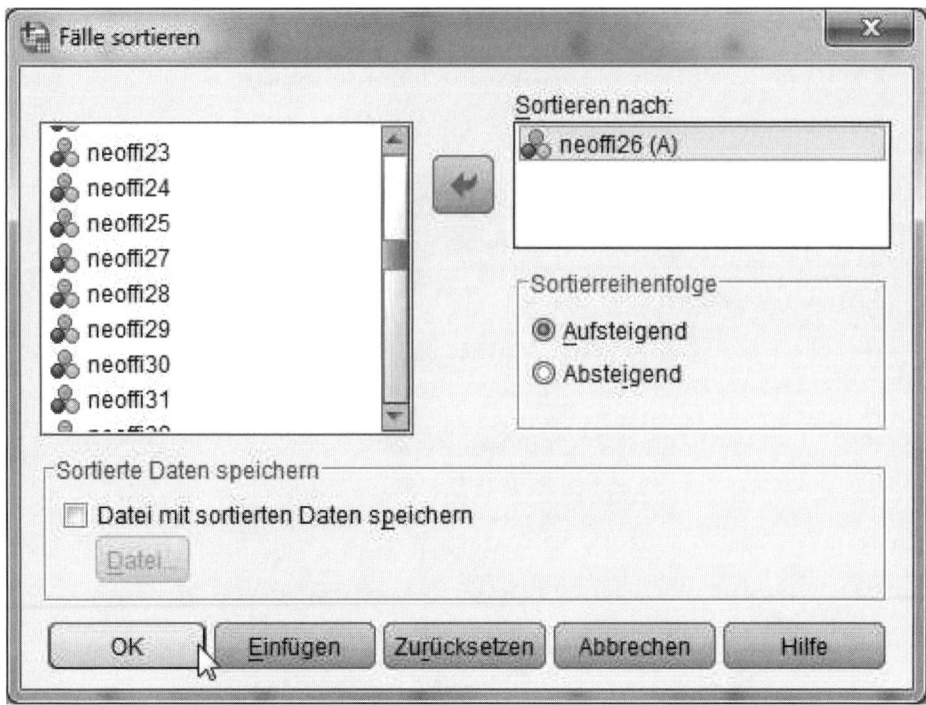

Abbildung 3.11 Fälle sortieren

Über die Ausgabe entdeckt Peter sehr schnell, dass er anscheinend bei dem Item neoffi26 aus Versehen einmal eine »22« eingegeben hat. Wahrscheinlich sollte es nur eine »2« sein, aber sicher ist sicher und Peter schaut in der Datenansicht, bei welchem Fragebogen (fbnr) er sich vertippt hat. Um nicht lange suchen zu müssen, lässt er über das Menü DATEN → FÄLLE SORTIEREN die Daten sortieren (Abb. 3.11).

Aha, bei Fragebogen Nr. 16. Er schlägt in Fragebogen 16 nach, was die betreffende Person bei dem Item neoffi26 angekreuzt hat, und tatsächlich, eigentlich hätte es im Datensatz eine »2« sein müssen. In der DATENANSICHT ist das schnell korrigiert und auch gleich abgespeichert.

In ähnlicher Weise überprüft er die anderen Items. Dieses Überprüfen hat ihn jetzt zwar rund 60 Minuten gekostet, andererseits kann er seinen Daten jetzt vertrauen. Zumindest offensichtliche Falscheingaben sind bereinigt. Handelt es sich um sehr wichtige Daten, empfiehlt es sich, die Daten doppelt, eventuell sogar von unterschiedlichen Personen eingeben zu lassen und auf Abweichungen zwischen den beiden Datensätzen zu prüfen.

3.1.6 Bildung der Skalenwerte

Nun möchte Peter von SPSS die Skalenwerte für *Neurotizismus*, *Extraversion*, *Offenheit*, *Verträglichkeit* und *Gewissenhaftigkeit* berechnen lassen.

Ein Blick in das Testmanual des NEO-FFI lässt ihn erschaudern! Er hätte für die Kästchen der Items nicht die Zahlen 1 bis 5, sondern die Zahlen 0 bis 4 eingeben müssen. Und außerdem gibt es noch sogenannte invertierte Items, d. h. Items, die eine entgegengesetzte Richtung haben, für die also die Zahlen 4 bis 0 hätten eingegeben werden müssen! Was nun? Haare raufen und alles neu eingeben? Nein! Es muss einen anderen Weg geben und – zum Glück – es gibt ihn auch. Die Daten können in SPSS umkodiert werden.

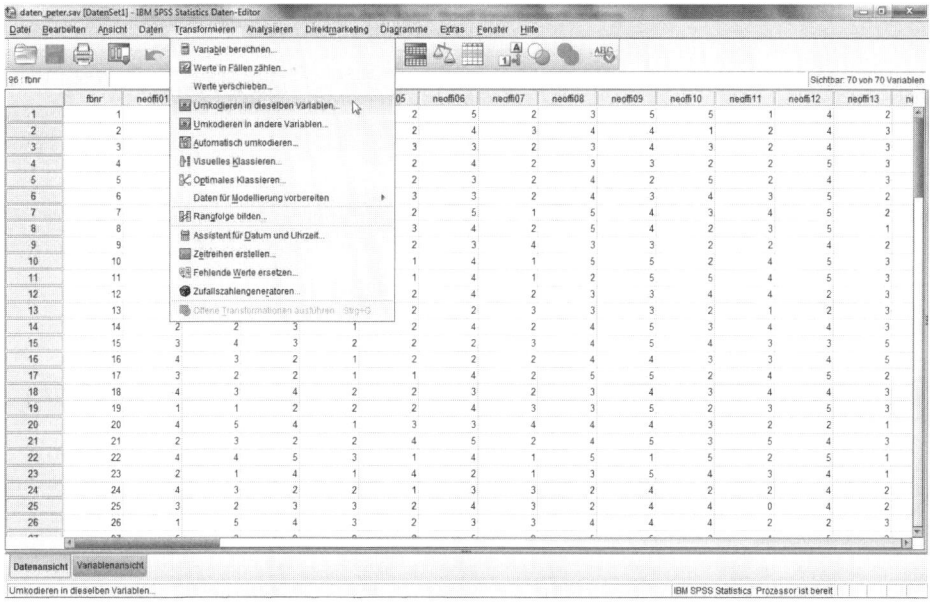

Abbildung 3.12 Menü Transformieren, Umkodieren in dieselben Variablen

Über das Menü TRANSFORMIEREN → UMKODIEREN IN DIESELBEN VARIABLEN kann er SPSS anweisen, für welche Variablen welche alten Werte in welche neuen Werte umgesetzt werden sollen. Zuerst ersetzt er für alle Items des NEO-FFI die alten Werte 1 bis 5 durch die neuen Werte 0 bis 4 (Abb. 3.12 bis 3.14).

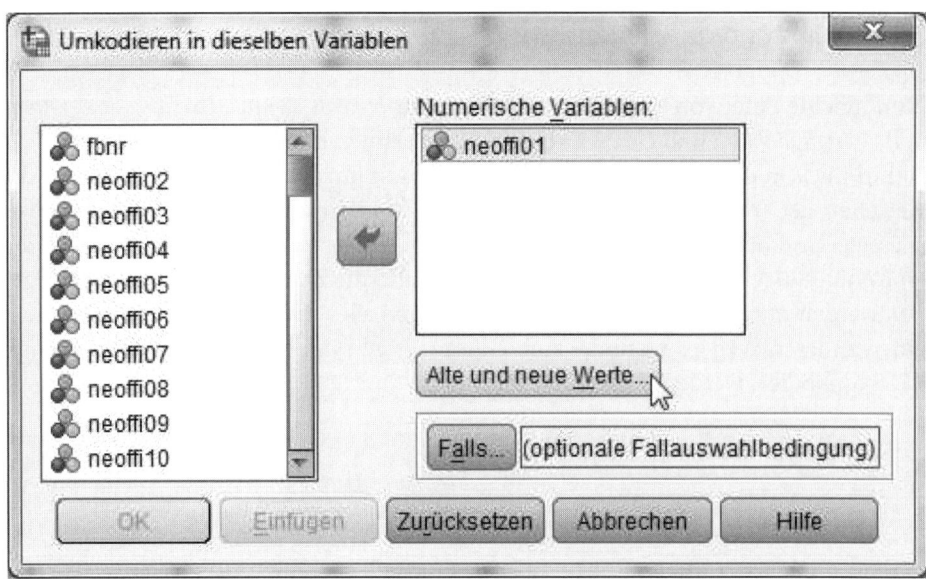

Abbildung 3.13 Dialogfenster Umkodieren in dieselben Variablen

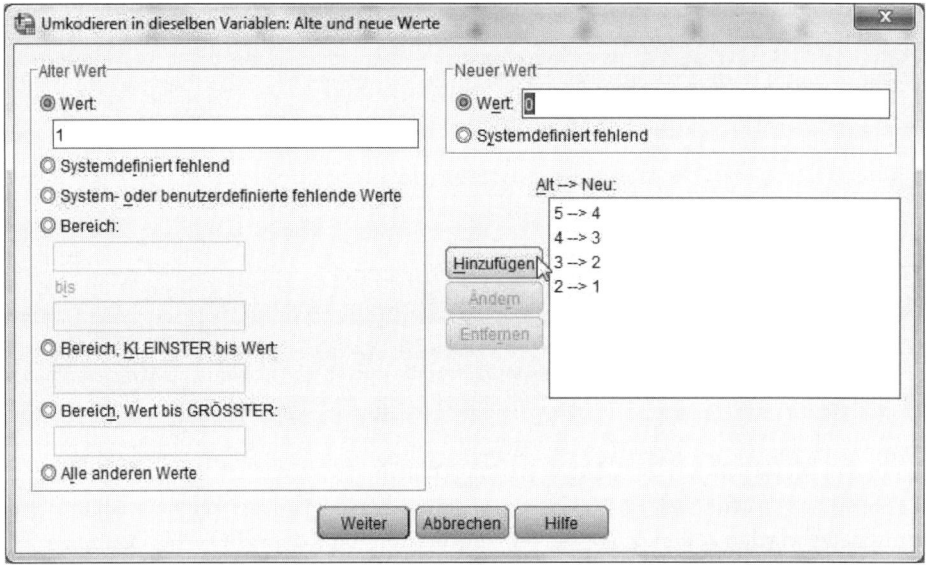

Abbildung 3.14 Dialogfenster Umkodieren in dieselben Variablen: Alte und neue Werte

Dann sucht sich Peter aus dem Testmanual heraus, welche Items invertiert werden müssen.

Wieder klickt er das Menü TRANSFORMIEREN → UMKODIEREN IN DIESELBEN VARIABLEN an, wählt die invertierten Items aus und gibt nun als alte Werte 0 bis 4 und als neue Werte 4 bis 0 an.

Damit sind die Vorbereitungen abgeschlossen, jetzt – endlich! – die Skalenwerte berechnen zu lassen.

Dazu klickt Peter im Menü auf TRANSFORMIEREN → VARIABLE BERECHNEN. Es öffnet sich ein kleines Fenster (Abb. 3.15).

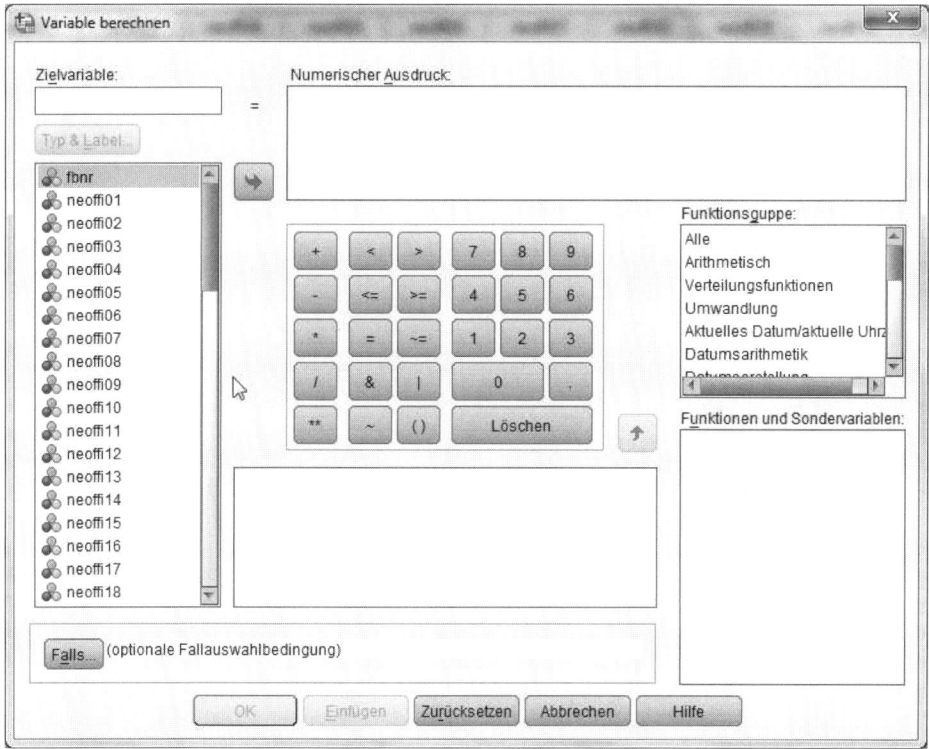

Abbildung 3.15 Dialogfenster Transformieren, Variable berechnen

Um den Skalenwert *Neurotizismus* berechnen zu lassen, trägt er in das Feld »Zielvariable:« erst einmal den Begriff »Neurotizismus« ein. In das Feld »Numerischer Ausdruck:« kann nun die Berechnungsvorschrift eingetragen werden.
Dieses Berechnen kann auf verschiedene Arten und Weisen durchgeführt werden:
   a) über das + Zeichen
   b) über die Summenfunktion (SUM)
   c) über die Mittelwertefunktion (MEAN).
Peter versucht es erst einmal über das einfache + Zeichen (vgl. Abb. 3.16).

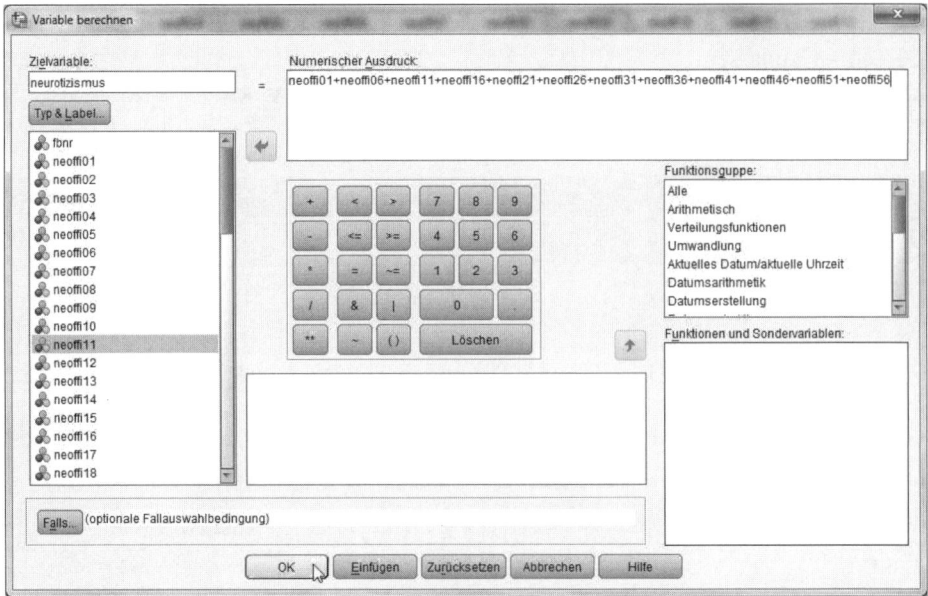

Abbildung 3.16 Berechnung des Skalenwertes durch Addition

Nachdem er eingetragen hat, aus welchen Items sich der Skalenwert *Neurotizismus* zusammensetzt, klickt er auf OK.

Hmm, scheint zu funktionieren! Aber: Warum wird der Wert für einige Personen nicht gebildet? Bei vier Personen steht unter *Neurotizismus* ein leeres Feld.

Die Erklärung ist eigentlich ganz einfach: Wie es leider immer einmal wieder passiert, haben einige Personen verschiedene Items nicht beantwortet, d. h. bei diesen Items gab es fehlende Werte. Wird nun versucht, eine Summe zu bilden, obwohl ein Wert fehlt, bricht SPSS die Berechnung für diese Person ab, was in einem fehlenden Wert für die entsprechende Skala resultiert. Gleiches gilt jedoch nicht für die oben angesprochenen Funktionen SUM und MEAN. Um diese Funktionen auszuwählen, klickt Peter zuerst in dem Feld »Funktionsgruppe:« auf die Option »Statistisch«. Im Feld »Funktionen und Sondervariablen:« tauchen nun verschiedene Funktionen auf. Bei einem Klick auf eine der Funktionen wird automatisch eine kleine Hilfe in dem mittleren Feld angezeigt (vgl. Abb. 3.17).

Die Funktion SUM berechnet die Summe aller nicht fehlender Werte. Die Funktion MEAN berechnet den Mittelwert aller nicht fehlender Werte.

Um es kurz zu machen: Lassen Sie die Funktion SUM weg! Verwenden Sie die Funktion MEAN!

Diese Funktion kann um eine wichtige Angabe erweitert werden, nämlich eine Angabe darüber, wie viele der Items tatsächlich vorhanden sein müssen, damit der Mittelwert berechnet wird.

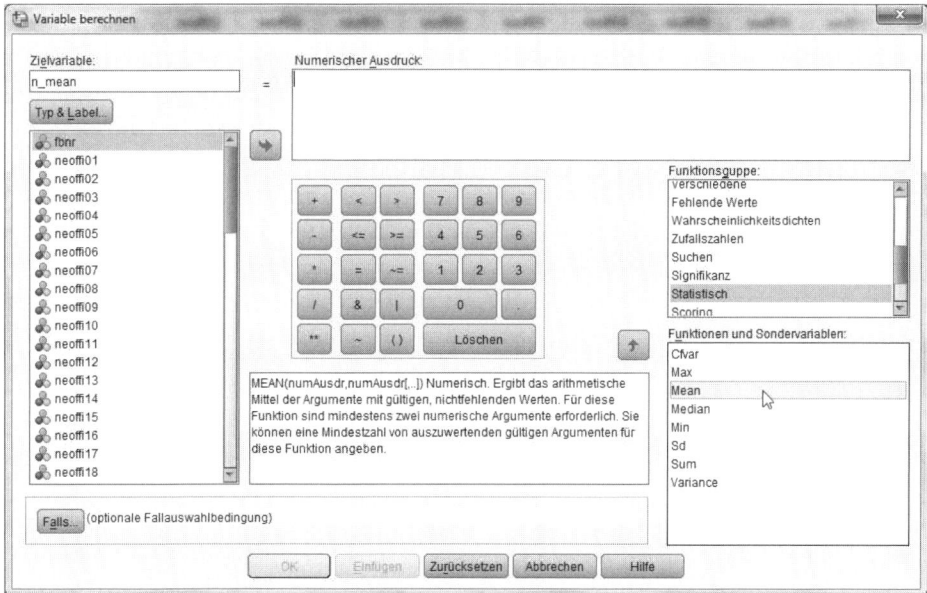

Abbildung 3.17 Berechnung des Skalenwertes, Funktion MEAN

Die Skala *Neurotizismus* des NEO-FFI setzt sich aus insgesamt zwölf Items zusammen. Theoretisch würde SPSS auch dann den Mittelwert berechnen, wenn nur eines oder zwei dieser Items beantwortet wären, und zehn oder elf Items nicht.

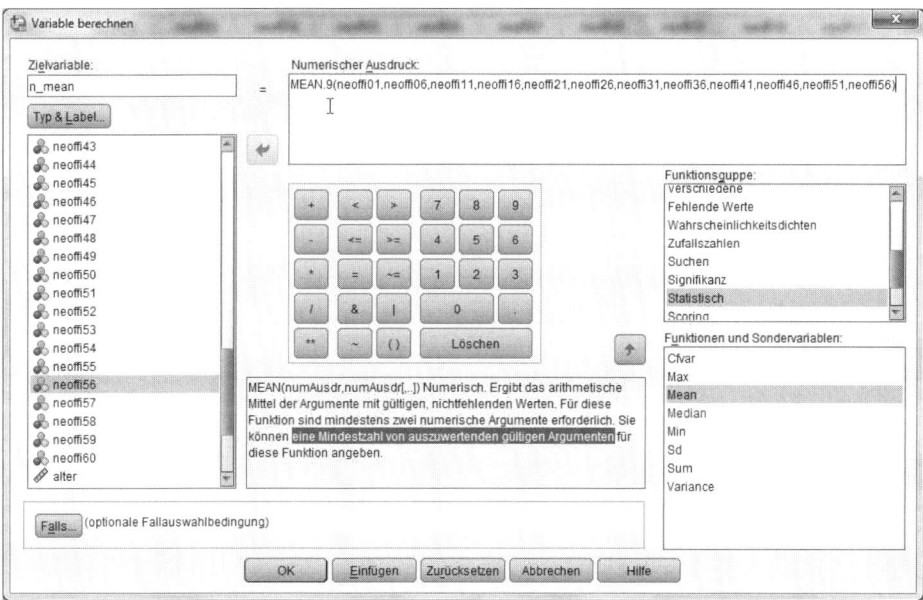

Abbildung 3.18 Berechnung des Skalenwertes, Funktion MEAN, Mindestanzahl auszuwertender Items

Hier ist ein bisschen Vorsicht angebracht. Nach unserer Erfahrung sollten mindestens circa drei Viertel der Items auch beantwortet worden sein. Mehr fehlende Werte deuten auf einen Fragebogen hin, den man besser komplett aus dem Datensatz entfernen sollte. Bezogen auf die Skala *Neurotizismus* hieße dies, dass mindestens neun der zwölf Items instruktionsgemäß bearbeitet worden sein sollten. Diese Angabe, dass eben mindestens neun Items beantwortet sein sollen, lässt sich in SPSS umsetzen, indem hinter die Funktion MEAN ein Punkt gefolgt von der Zahl 9 eingefügt wird (vgl. Abb. 3.18).

Peter verwendet die Funktion MEAN zur Berechnung der Skalenwerte. Jetzt funktioniert alles so, wie es sollte. Einen kleinen Nachteil hat das Ganze aber noch: Die Skalenwerte *Neurotizismus*, *Extraversion*, *Offenheit*, *Verträglichkeit* und *Gewissenhaftigkeit* liegen jetzt alle im Bereich 0 bis 4. In vielen anderen Studien wurden aber jeweils die Summen gebildet, d. h. die Skalenwerte liegen im Bereich 0 bis 48.

Auch dieses Problem lässt sich relativ schnell lösen, indem Peter die Skalenwerte jeweils mit 12 multipliziert, da jede Skala aus 12 Items (vgl. Abb. 3.19) besteht.

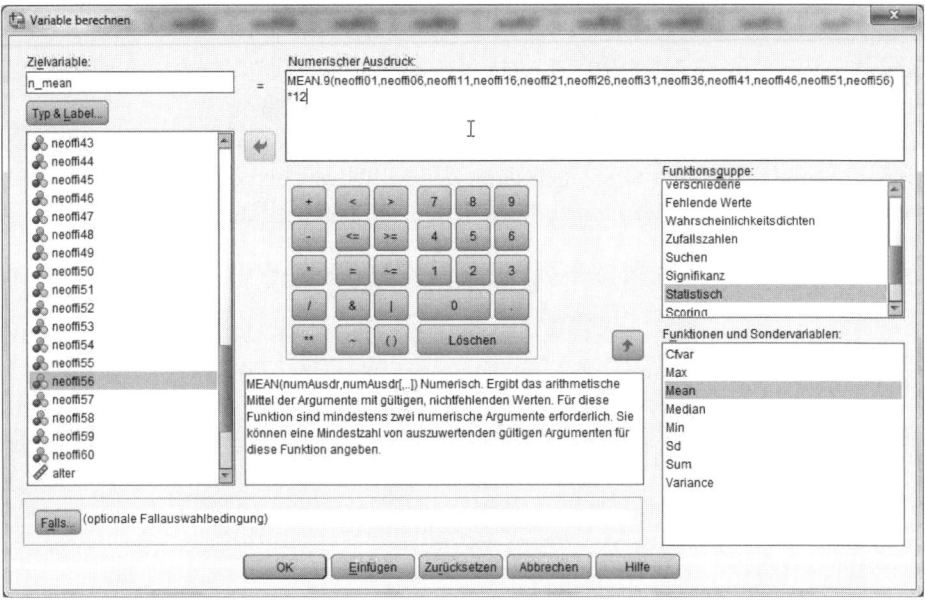

Abbildung 3.19 Berechnung des Skalenwerte mittels Funktion MEAN, Anpassung auf Summe

Jetzt sind aber wirklich *alle* Vorbereitungen abgeschlossen, um endlich, endlich mit den eigentlichen Analysen zu beginnen!

3.1.7 Vom eigenen Fragebogen zu SPSS

Ann-Kathrin und Stefanie, zwei hoffnungsvolle Studentinnen der Kindheitspädagogik, stellten sich eines Tages die Frage, ob Personen, die mit kleinen Kindern arbeiten wollen – wie z. B. Kindheitspädagogen –, eigentlich »kinderlieber« sind als Personen, die eben nicht mit kleinen Kindern arbeiten. Aber was heißt eigentlich »kinderlieb sein«?

Da gängige Lexika ihnen dazu keine eindeutige Definition geben konnten, entschieden sie sich für eine operationale Definition. Das heißt, sie entwickelten Aussagen/Items, welche hoffentlich auf eine eher positive oder eher negative Einstellung gegenüber Kindern und den Umgang mit ihnen schließen lassen.

Beispielitems hierfür wären: »Ich kann gut auf Kinder eingehen.« und »Ich bin genervt, wenn sich Kinder nicht an die Regeln halten.«

Insgesamt entwickelten sie 48 Items, von denen einige auch invertiert waren, um Antworttendenzen vorzubeugen und die Motivation und Konzentration bei der Bearbeitung des Fragebogens aufrecht zu erhalten. Jedes Item wurde mit einer vierstufigen Antwortskala von 1 = *trifft gar nicht zu* bis 4 = *trifft sehr zu* verbunden.

Diese erste Fragebogenversion (Kinderlieb-sein-Fragebogen, KLF) wollten sie nun bei Studierenden unterschiedlicher Fächer einsetzen. An soziobiografischen Angaben erhoben sie noch Daten zum Geschlecht, Alter, Studiengang, Familienstand, ob eine Person ein Einzelkind war oder nicht, und letztlich auch, ob jemand bereits eigene Kinder hat.

Zur Beantwortung ihrer Fragestellung: »Sind Studierende der Kindheitspädagogik kinderlieber als Studierende anderer Fachrichtungen?« legen sie sich nun folgendes Vorgehen zurecht:
1) Entwicklung einer ersten Fragebogenversion zur Erfassung des Konstrukts »Kinderlieb sein« und Ausgabe an Studierende verschiedener Fachrichtungen
2) Vorbereitungen in SPSS für die Dateneingabe
3) Eingabe der Daten in SPSS und Datenbereinigung
4) Teststatistische Überprüfung des Fragebogens mit eventueller Revision
   4a) Bestimmung der Itemschwierigkeiten
   4b) Prüfung der Dimensionalität des Konstrukts mittels explorativer Faktorenanalyse
   4c) Trennschärfenbestimmung der Items der Dimension(en) des Konstrukts
   4d) Bestimmung der internen Konsistenz (Cronbachs Alpha) der Dimension(en) des Konstrukts
   4e) Skalenbildung für die Dimension(en) des Konstrukts
   4f) Prüfung auf Normalverteilung der Dimension(en) des Konstrukts
5) Inferenzstatistische Überprüfung der Fragestellung mittels Varianzanalyse (falls Normalverteilung vorliegt) oder Kruskal-Wallis-H-Test (falls keine Normalverteilung vorliegt)
6) Beantwortung der Fragestellung

zu 1) Entwicklung einer ersten Fragebogenversion und Ausgabe an Probanden

Ihre erste Fragebogenversion mit 48 Items haben Ann-Kathrin und Stefanie an insgesamt N = 64 Studierende verteilt und auch schon zurückbekommen. Damit stehen die Vorbereitungen in SPSS an.

zu 2) Vorbereitungen in SPSS für die Dateneingabe

Alle Fragebögen wurden fortlaufend durchnummeriert und in SPSS als Erstes die Variable »fbnr« (Fragebogennummer) angelegt.

Den Items ihres Fragebogens geben sie die Namen klf01 bis klf48. Als Typ stellen sie jeweils »numerisch« ein. Als Variablenlabel (lange Variablennamen) kopieren sie die Items in die entsprechende Zeile in SPSS. Als Wertelabel vergeben sie jeweils 1 = *trifft gar nicht zu* bis 4 = *trifft sehr zu*. Als Nächstes legen sie die soziobiografischen Variablen »Alter«, »Geschlecht« (*1 = männlich, 2 = weiblich*), »Familienstand« (*1 = verheiratet, 2 = ledig*), »Kinder« (*1 = ja, 2 = nein*), »Geschwister« (*1 = ja, 2 = nein*) und »Studium« (*1 = Kindheitspädagogik, 2 = Soziale Arbeit, 3 = Wirtschaftsrecht*) an.

Des Weiteren legen sie für alle Variablen als fehlenden Wert eine »0« an.

zu 3) Eingabe der Daten in SPSS und Datenbereinigung

Dann erfolgt die Dateneingabe. Aber halt! Was ist mit den invertierten Items? Müssen die nicht eigentlich anders herum eingegeben werden? Hmm.

> **! Eingabe invertierter Items**
>
> Bitte verwenden Sie für die Dateneingabe ein einheitliches Schema. Lassen Sie erst zum Schluss SPSS die Invertierung bzw. Rekodierung der betreffenden Items vornehmen. Das verringert die Eingabefehler drastisch!

Für die Eingabe der Daten benötigen die Studentinnen (mit Pausen) circa zwei Stunden. Da sich immer einmal Eingabefehler einschleichen können, lassen sie sich für jedes Item das Minimum und das Maximum anzeigen (ANALYSIE-REN → DESKRIPTIVE STATISTIKEN → HÄUFIGKEITEN; Statistiken: Minimum, Maximum, Mittelwert).

Da sich hierbei keine auffälligen Werte (wie zum Beispiel 34, 11 oder etwas Ähnliches) zeigen, gehen die beiden erst einmal davon aus, dass sie ihre Daten richtig eingegeben haben.

Damit sind sie auf ihrer Liste bei Punkt 4) Teststatistische Prüfung angelangt.

zu 4a) Bestimmung der Itemschwierigkeiten

Soweit wir wissen, bietet SPSS leider nicht die Möglichkeit, sich Itemschwierigkeiten berechnen zu lassen. Der Begriff der Itemschwierigkeit entstammt eigentlich der Leistungsdiagnostik und meint ursprünglich den Prozentsatz an Personen, die eine Aufgabe richtig lösen. Bei dem vorliegenden Fragebogen gibt es eigentlich keine richtigen oder falschen Lösungen. Stattdessen wird geschaut, wie viele Personen ein Item in Richtung des zu erfassenden Konstrukts beantworten. Was heißt das? Der Fragebogen soll erfassen, wie kinderlieb eine Person ist. Betrachten wir nun das Beispielitem »Ich kann gut auf Kinder eingehen«. Eine sehr kinderliebe Person sollte hier vermutlich 4 = *trifft sehr zu* ankreuzen, eine Person, die gar nicht kinderlieb ist, vermutlich 1 = *trifft gar nicht zu*.

Mit Hilfe von drei Kennwerten lässt sich nun die Schwierigkeit P bestimmen. Die drei Kennwerte sind: Minimalwert des Items (hier 1 für *trifft gar nicht zu*), Maximalwert des Items (hier 4 für *trifft sehr zu*) und Mittelwert des Items.

Die Formel zur Bestimmung der Schwierigkeit lautet:

$$Schwierigkeit \; P = \frac{\left(Mittelwert - Minimalwert\right)}{\left(Maximalwert - Minimalwert\right)}$$

$$hier: \qquad P = \frac{\left(Mittelwert - 1\right)}{\left(4 - 1\right)} = \frac{\left(Mittelwert - 1\right)}{3}$$

Ann-Kathrin und Stefanie haben sich im Zuge der Datenbereinigung bereits die Mittelwerte jedes Items anzeigen lassen. Sie schnappen sich einen Taschenrechner und los geht's.

Moment! Was ist wieder mit den invertierten Items? Stimmt, die invertierten Items müssen jetzt entweder zuerst rekodiert werden oder die per Taschenrechner ermittelte Schwierigkeit der invertierten Items muss noch dahingehend weiterverarbeitet werden, dass der ermittelte Wert von 100 abgezogen wird. Die beiden entschließen sich dazu, hier erst einmal den zweiten Weg zu beschreiten, d. h. für die invertierten Items wird die ermittelte Schwierigkeit von 100 abgezogen.

Da alle Itemschwierigkeiten in einem für sie akzeptablen Bereich liegen ($10 \leq P \leq 90$), gehen die beiden zum nächsten Schritt ihrer teststatistischen Prüfung weiter.

zu 4b) Prüfung der Dimensionalität des Konstrukts mittels explorativer Faktorenanalyse

Hinter diesem Punkt steht die Überlegung, ob sich innerhalb ihres Konstrukts »Kinderlieb sein« – basierend auf den Antworten der Versuchspersonen – deutlich abgrenzbare Teilaspekte (Faktoren/Komponenten/Dimensionen) identifizieren lassen.

Die explorative Faktorenanalyse wird in Abschnitt 7.1 genauer dargestellt. Daher kommen hier nur ein paar einzelne Angaben und Ergebnisse.

Als Methode entscheiden die beiden sich für eine Hauptkomponentenanalyse mit anschließender Varimax-Rotation. Als Kriterium für die Anzahl zu bildender (zu extrahierender) Faktoren wählen sie das Kaiser-Kriterium, lassen sich aber trotzdem einen Scree-Plot (eine grafische Darstellung des Verlaufs der Eigenwerte der möglichen Faktoren) anzeigen.

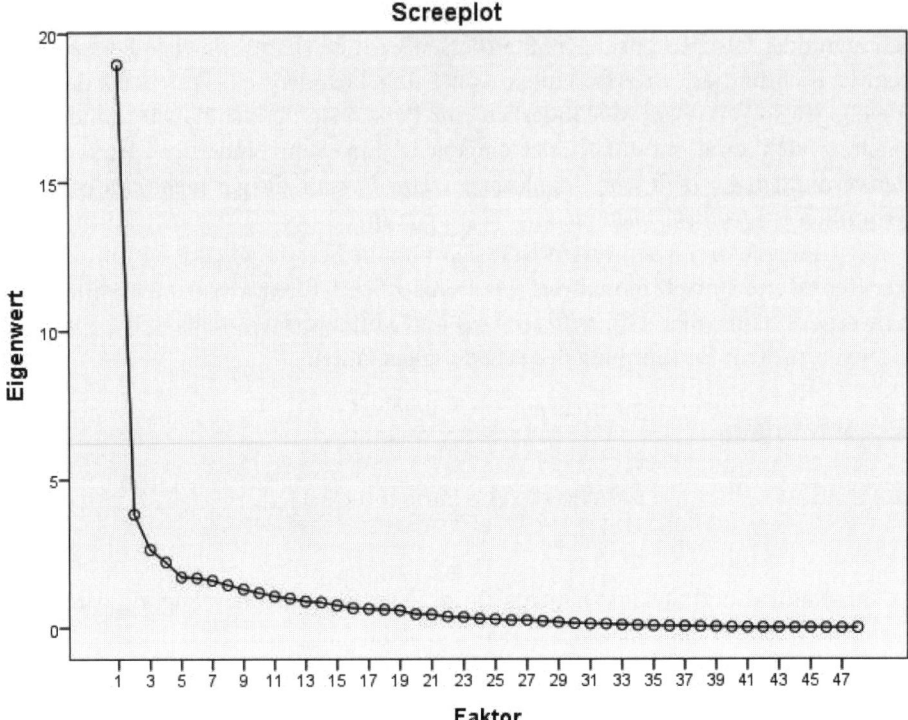

Abbildung 3.20 Screeplot der Items des KLF

Hier sind nun mehrere Lösungen denkbar.

Folgt man dem Kaiserkriterium, wären alle Faktoren mit einem Eigenwert > 1 relevant. Im vorliegenden Fall wären dies 12 Faktoren bzw. Unteraspekte des Konstrukts »Kinderlieb sein«.

Folgt man dem Scree-Kriterium, wären jene Faktoren relevant, die im Eigenwerteverlauf vor dem Übergang in eine Gerade liegen. Hier wären dies vier Faktoren.

Andererseits kann aus dem Eigenwerteverlauf auch vermutet werden, dass eine einfaktorielle Lösung angemessen wäre, da der Eigenwert des ersten Faktors deutlich größer ist als die Eigenwerte der folgenden Faktoren.

Ann-Kathrin und Stefanie wollen zuerst überprüfen, ob sie eine am Scree-Kriterium orientierte vierfaktorielle Lösung inhaltlich sinnvoll interpretieren können. Dazu lassen sie die Faktorenanalyse erneut durchlaufen, wählen diesmal aber die Option, dass vier Faktoren gebildet (extrahiert) werden sollen.

Anhand der rotierten Komponentenmatrix ordnen sie die Items dem jeweiligen Faktor zu und versuchen eine inhaltliche Interpretation der Komponenten 1 bis 4.

Da sie hierbei keine inhaltlich sinnvolle Interpretation finden können, entscheiden sie sich doch für eine einfaktorielle Lösung. Das heißt, sie differenzieren ihr Konstrukt »Kinderlieb sein« nicht weiter in verschiedene Teilaspekte auf.

zu 4c) Trennschärfenbestimmung der Items

Die Trennschärfe beschreibt prinzipiell den Zusammenhang zwischen einem Item und dem Gesamtwert aus allen Items der betreffenden Skala. Da das Item selbst in den Gesamtwert mit einfließt, basiert die Korrelation zumindest zum Teil auf der Korrelation des Items mit sich selbst. Da die Korrelation eines Items mit sich selbst immer gleich dem Maximalwert $r = 1$ ist, würde dies die Trennschärfe nach oben hin verzerren. Deswegen wird für die Berechnung der Trennschärfe in der Regel der Gesamtwert um das jeweilige Item reduziert; es wird also eine korrigierte Trennschärfe, eine korrigierte Item-Skala-Korrelation berechnet. Trennschärfen sollten möglichst hoch sein; in der Praxis kann man grob sagen, dass eine Trennschärfe $r_{it} \geq 0.30$ sein sollte.

Für die Berechnung der Trennschärfe müssen invertierte Items erst entsprechend umkodiert werden.

Dieses Umkodieren der invertierten Items erledigen Ann-Kathrin und Stefanie über das Menü TRANSFORMIEREN → UMKODIEREN IN DIESELBEN VARIABLEN. Sie wählen im Dialogfenster die invertierten Items aus und geben nacheinander an, welcher alte Wert durch welchen neuen Wert ersetzt werden soll (vgl. Abschn. 3.1.6).

Im Anschluss wählen sie das Menü ANALYSIEREN → SKALIERUNG → RELIABILITÄTSANALYSE aus. Im Dialogfenster wählen sie alle ihre Items aus, klicken noch auf den Button STATISTIKEN, setzen in dem neuen Fenster ein Häkchen bei »Deskriptive Statistiken anzeigen für:« SKALA, WENN ITEM GELÖSCHT. Danach starten sie die Reliabilitätsanalyse. Die SPSS-Ausgabe besteht aus drei Tabellen. Die Trennschärfen (korrigierte Item-Skala-Korrelation) stehen in der dritten, mit »Item-Skala-Statistiken« betitelten Tabelle.

Tabelle 3.2 Gekürzte Ausgabe der Reliabilitätsanalyse, Item-Skala-Statistiken

Item-Skala-Statistiken

	Skalenmittelwert, wenn Item weggelassen	Skalenvarianz, wenn Item weggelassen	Korrigierte Item-Skala-Korrelation	Cronbachs Alpha, wenn Item weggelassen
klf01	154,1522	317,776	,617	,958
(…)				
klf13	153,8913	327,610	,151	,960
(…)				
klf18	154,0870	325,548	,277	,959
(…)				
klf24	154,9783	323,400	,234	,960
(…)				
klf27	155,4565	330,654	-,002	,961
(…)				
klf44	154,1957	327,628	,206	,959
klf48	154,3261	322,136	,415	,959

Fünf ihrer Items (klf13, klf18, klf24, klf27 und klf44) zeigen Trennschärfen $r_{it} < 0.30$. Diese fünf Items werden für die weiteren Analysen aus dem Fragebogen entfernt. Damit umfasst ihr Fragebogen noch 43 Items.

zu 4d) Bestimmung der internen Konsistenz (Cronbachs Alpha)

Cronbachs Alpha beschreibt eine Methode zur Bestimmung der internen Konsistenz, einem Aspekt der Reliabilität (Zuverlässigkeit) eines Fragebogens.

Auch dieser Wert wird über das Menü ANALYSIEREN → SKALIERUNG → RELIABILITÄTSANALYSE angefordert. Ann-Kathrin und Stefanie reduzieren die Liste der ausgewählten Items um jene, welche aufgrund zu geringer Trennschärfe aus dem Fragebogen entfernt wurden, und starten wieder die Reliabilitätsanalyse.

Cronbachs Alpha wird in der zweiten Tabelle der Ausgabe angezeigt:

Tabelle 3.3 Reliabilitätsstatistiken

Reliabilitätsstatistiken

Cronbachs Alpha	Anzahl der Items
,964	43

Je größer der Wert für Cronbachs Alpha ist, desto besser ist die interne Konsistenz. Da Cronbachs Alpha maximal den Wert 1 erreichen kann, ist der hier errechnete Wert von $r_{tt} = 0{,}96$ als sehr hoch zu bezeichnen!

zu 4e) Skalenbildung

Da sich die beiden auf Basis der Ergebnisse der explorativen Faktorenanalyse für ein eindimensionales Konstrukt entschieden haben, möchten sie nun aus ihren Items einen Gesamtwert bilden.

Dazu verwenden Sie das Menü TRANSFORMIEREN → VARIABLE BERECHNEN. (vgl. Abb. 3.15). In das Dialogfenster tragen sie als Namen »klfgesamt« ein, dann wählen sie aus der Funktionsgruppe »Statistisch« die MEAN-Funktion, fügen in das Variablenfenster – durch Kommata getrennt – ihre Variablen ein, erweitern die MEAN-Funktion noch durch ein ».39«, da mindestens 39 der 43 Items beantwortet sein sollen, und multiplizieren das Ganze noch mit 43 (da 43 Items in die Berechnung einfließen). Statt auf OK klicken sie dann auf den Button EINFÜGEN. Es öffnet sich ein Syntaxfenster, in welchem der gewählte Befehl entsprechend der Angaben, die sie im Menü gemacht haben, dargestellt ist:

```
COMPUTE klfgesamt=MEAN.39(klf01, (…),klf12,
    klf14, (…) ,klf31,
    klf32, (…),klf47,
    klf48)*43.
EXECUTE.
```

Diese Syntax wird markiert und dann über den großen grünen Pfeil (»Play«) gestartet. SPSS berechnet nun einen Skalenwert »klfgesamt« für alle Versuchspersonen aus den angegebenen Items.

zu 4f) Prüfung auf Normalverteilung

Als Nächstes machen sich die beiden an eine Überprüfung der Verteilungseigenschaften für die Variable »klfgesamt«. Hier sind mehrere Wege möglich. Im Menü ANALYSIEREN → DESKRIPTIVE STATISTIKEN → EXPLORATIVE DATENANALYSE wählen sie die Variable »klfgesamt« aus, klicken den Button DIAGRAMME und entscheiden sich für die Optionen HISTOGRAMM und NORMALVERTEILUNGSDIAGRAMM MIT TESTS. SPSS liefert nun drei Tabellen und drei Grafiken. Die erste Tabelle zeigt lediglich einen Überblick darüber, wie viele Datensätze in die Berechnung eingeschlossen wurden. Die zweite Tabelle zeigt deskriptivstatistische Kennwerte, während die dritte Tabelle die Ergebnisse von zwei inferenzstatistischen Testverfahren zur Prüfung auf eine Normalverteilung darstellt (vgl. Tab. 3.4).

Tabelle 3.4 Ergebnisse zweier Signifikanztests zur Prüfung auf Normalverteilung

Tests auf Normalverteilung

	Kolmogorov-Smirnov[a]			Shapiro-Wilk		
	Statistik	df	Signifikanz	Statistik	df	Signifikanz
klfgesamt	,125	61	,019	,904	61	,000

a. Signifikanzkorrektur nach Lilliefors

Sowohl der Kolmogorov-Smirnov-Test (p = 0,019) als auch der Shapiro-Wilk-Test (p < 0,001) zeigen signifikante Ergebnisse. Dies spricht dafür, dass sich die Verteilung der Variable »klfgesamt« von einer Normalverteilung unterscheidet, also eben nicht normalverteilt ist. Zum selben Ergebnis kommt man, wenn man sich die drei Abbildungen anschaut: Die erste Abbildung zeigt das Histogramm (Abb. 3.21), die beiden anderen stellen Abweichungsdiagramme zu den Werten dar, die bei einer Normalverteilung zu erwarten gewesen wären.

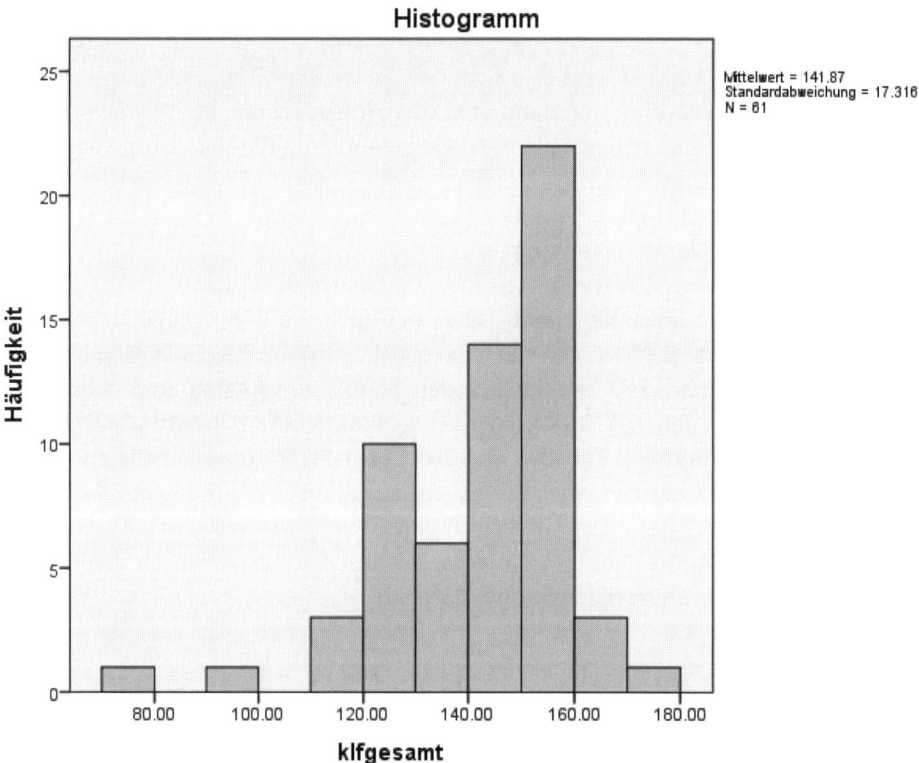

Abbildung 3.21 Histogramm für »klfgesamt«

Insgesamt ist wohl davon auszugehen, dass die Variable »klfgesamt« nicht normalverteilt ist. Dies zieht bestimmte Konsequenzen nach sich: Viele inferenzstatistische Testverfahren, wie z. B. eine Varianzanalyse oder andere Testverfahren für intervallskalierte Daten, haben als Vorbedingung eine Normalverteilung der abhängigen Variablen. Da dies hier nicht gegeben ist, gehen Ann-Kathrin und Stefanie bis auf Weiteres von einem Ordinalskalenniveau für »klfgesamt« aus.

zu 5) Inferenzstatistische Überprüfung mittels Varianzanalyse oder Kruskal-Wallis-H-Test

Ausgangspunkt ihres Projekts war die Frage, ob sich Studierende der Frühpädagogik von Studierenden anderer Fachrichtungen bezüglich des Kinderlieb-Seins unterscheiden. Nachdem sie zuerst für das Konstrukt »Kinderlieb sein« einen Fragebogen konstruiert und auf seine (test-)statistischen Eigenschaften hin überprüft haben, sind sie nun soweit, einen Vergleich der Studierenden der verschiedenen Fachrichtungen durchzuführen. Da sie von einem Ordinalskalenniveau für die abhängige Testvariable »klfgesamt« ausgehen, wählen sie das Menü ANALYSIEREN → NICHTPARAMETRISCHE TESTS → UNABHÄNGIGE STICHPROBEN. Über den Reiter FELDER wählen sie als Gruppen »Studium« aus, als Testfelder »klfgesamt«. Danach klicken sie auf AUSFÜHREN.

SPSS liefert nur eine einzige Tabelle als Ausgabe (Tab. 3.5).

Tabelle 3.5 Inferenzstatistische Ergebnisse für Ann-Kathrin und Stefanie

Übersicht über Hypothesentest

	Nullhypothese	Test	Sig.	Entscheidung
1	Die Verteilung von klfgesamt ist über Kategorien von Studium gleich	Kruskal-Wallis-Test unabhängiger Stichproben	,000	Nullhypothese ablehnen.

Die Tabelle ist ziemlich selbsterklärend. In der ersten Spalte wird die Nullhypothese aufgelistet: Die Verteilung von »klfgesamt« ist über Kategorien von »Studium« gleich. In der letzten Spalte wird das Ergebnis dargestellt: Nullhypothese ablehnen.

Anders ausgedrückt: Die Studierenden der untersuchten drei Fachrichtungen unterscheiden sich in ihrer Ausprägung des Konstrukts »Kinderlieb sein«!

Da sie jetzt aber noch gar nicht genau wissen, in welche Richtung sich die drei Fachrichtungen unterscheiden, erstellen sie sich über GRAFIK → ALTE DIALOGFELDER → BOXPLOT einen Boxplot (Abb. 3.22; s. a. Abschn. 8.2.4).

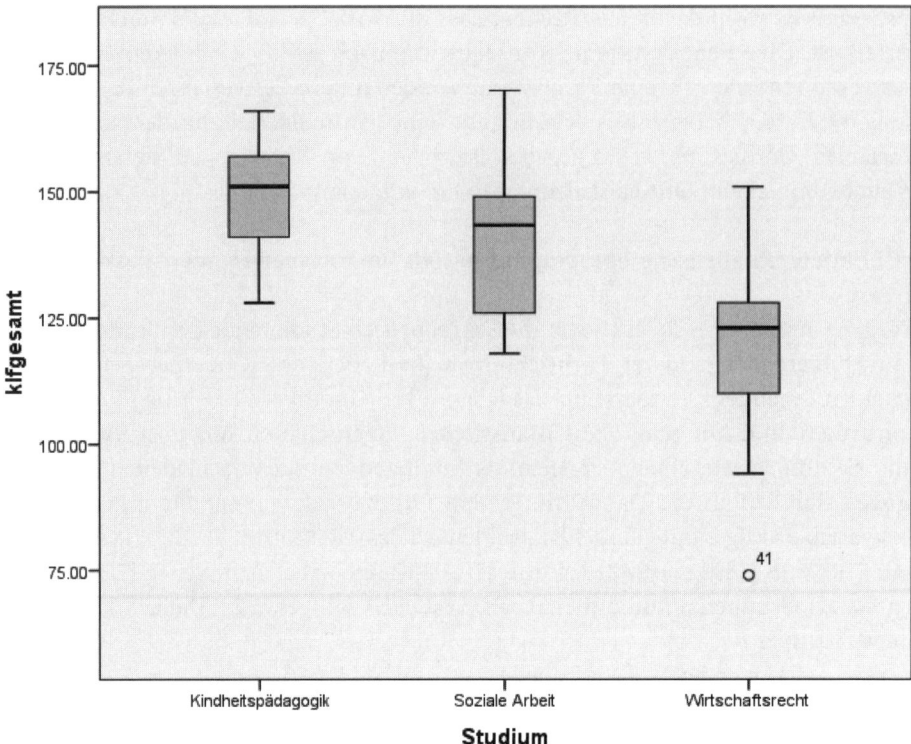

Abbildung 3.22 Boxplot der Variablen »klfgesamt« für die drei Fachrichtungen

zu 6) Beantwortung der Fragestellung

Ihre Fragestellung: »Sind Studierende der Kindheitspädagogik kinderlieber als Studierende anderer Fachrichtungen?« lässt sich jetzt zumindest folgendermaßen beantworten: Ja, es gibt einen Unterschied in der Ausprägung des Konstrukts »Kinderlieb sein« zwischen Studierenden der Fachrichtungen Kindheitspädagogik, Soziale Arbeit und Wirtschaftsrecht. Studierende der Kindheitspädagogik erzielen im Median die höchste Ausprägung.

Geschafft!

Um es noch einmal kurz in vier Schritte zusammenzufassen:

1. Schritt: Vor der Dateneingabe:
   a) Welches Programm wird zur Dateneingabe benutzt?
   b) Wie werden die Items benannt?
   c) Wie werden die Antwortmöglichkeiten kodiert?
   d) Was geschieht bei fehlenden Werten?
2. Schritt: Dateneingabe und eventuell Datenimport in SPSS
3. Schritt: Nach der Dateneingabe bzw. dem Datenimport:
   a) Vergeben von langen Variablennamen (Variablenlabels)
   b) Vergeben von Wertebezeichnungen (Wertelabels)
   c) Angabe, welche Werte eine fehlende Angabe kennzeichnen
       (Fehlende Werte / missing values)
4. Schritt: Datentransformationen:
   a) Umkodieren von Werten
   b) Skalenbildungen

3.2 Vom Experiment zu SPSS

Susi, eine engagierte Psychologin, möchte ein Experiment zu impliziten Persönlichkeitstheorien durchführen. Unter impliziten Persönlichkeitstheorien versteht man – grob gesagt – die Ansichten einer Person darüber, welche Persönlichkeitseigenschaften zusammenpassen und welche nicht: Weiß man beispielsweise von einer Person, dass sie ernst ist, dann denkt man wahrscheinlich auch, dass diese Person sorgfältig ist oder gewissenhaft. Oder wenn man von einer Person gehört hat, dass sie lustig ist, dann könnte man vermuten, dass diese Person gerne mit anderen zusammen ist. Diese Eigenschaften können zusammen auftreten, sie müssen aber nicht. In der Regel hat aber jeder von uns bestimmte Ansichten darüber, welche Eigenschaften zusammenpassen. Und diese Eigenschaften werden dann miteinander assoziiert oder erst einmal vorausgesetzt.

In seiner berühmten Untersuchung gab Solomon Asch seinen Versuchspersonen eine Liste mit sieben Adjektiven, die eine Person beschrieben. Die Versuchspersonen sollten nun andere Eigenschaften dahingehend bewerten, ob sie bei der beschriebenen Person auftreten oder eben nicht (Asch, 1946). Die Eigenschaften, die Asch seinen Versuchspersonen zur Charakterisierung gab, waren sechs Mal gleich, einmal unterschiedlich. In Variante A stand als vierte von sieben Eigenschaften das Wort »warmherzig«, in Variante B stand als vierte von sieben Eigenschaften das Wort »kalt«.

Da die Untersuchungen von Asch bereits einige Jahre zurückliegen, möchte Susi die Untersuchung gerne jetzt noch einmal durchführen. Sie hat dabei folgende Fragestellungen:

a) Sind die Unterschiede in der Bewertung weiterer Eigenschaften in Abhängigkeit der Begriffe »warmherzig« bzw. »kalt« (die restlichen sechs Eigenschaften waren ja schließlich identisch) immer noch so gravierend wie in den Untersuchungen von Asch?

b) Bei Asch standen die unterschiedlichen Begriffe in der Mitte (als vierte von sieben Eigenschaften). Macht es einen Unterschied, wenn diese wichtigen Begriffe am Anfang der sieben Begriffe bzw. am Ende der sieben Begriffe genannt werden?

c) Susi ist der Meinung, dass sich angehende Psychologen von solchen Begrifflichkeiten nicht so sehr leiten lassen, wie beispielsweise Studierende der Informatik. Daraus entwickelt sie folgende Frage: Unterscheiden sich Studierende der Psychologie und Studierende der Informatik hinsichtlich des Ausmaßes der impliziten Persönlichkeitstheorien?

> **! Unabhängige Variable (UV) und Abhängige Variable (AV)**
>
> Die unabhängige Variable ist diejenige Variable, die vom Versuchsleiter direkt oder indirekt manipuliert werden kann und deren Einfluss auf die abhängige Variable festgestellt werden soll. Die abhängige Variable ist diejenige Variable, deren Veränderung der Versuchsleiter im Anschluss an die Manipulation der unabhängigen Variable beobachtet. In der Regel ist die AV jene Variable, die gemessen wird, wohingegen die UV in der Regel zur Einteilung der Vergleichsgruppen bzw. zum Aufbau des Versuchsdesigns dient.

Susi plant nun ihr Experiment. Dazu legt sie folgende Gruppenvariablen fest:

Unabhängige Variable A (UV A): »Studium«, mit den Stufen A1 für Psychologen und A2 für Informatiker

Unabhängige Variable B (UV B): »Begriff«, mit den Stufen B1 für die Liste mit »warmherzig« und B2 für die Liste mit »kalt«.

Unabhängige Variable C (UV C): »Reihenfolge«, mit den Stufen C1 für »Anfang der Liste«, C2 für »Mitte der Liste« und C3 für »Ende der Liste«.

Diese drei unabhängigen Variablen A, B und C veranschaulicht sie nun in einem Versuchsplan (Versuchsdesign, vgl. Abb. 3.23).

		UV A: Studium			
		A1: Psychologen		A2: Informatiker	
		UV B: Begriff		**UV B: Begriff**	
		B1: warm-herzig	B2: kalt	B1: warm-herzig	B2: kalt
UV C:	C1: Anfang				
Reihenfolge	C2: Mitte				
	C3: Ende				

Abbildung 3.23 Versuchsdesign

Susi plant weiterhin, für jede Zelle ihres Versuchsplans n = 5 Personen zu untersu-chen. Insgesamt sind das dann schon N = 60 Personen.

Jede Person bekommt den gleichen Fragebogen. Der Fragebogen enthält fünf Ei-genschaften (z. B. geizig oder attraktiv). Susi hat die fünf Eigenschaften durchnum-meriert und nennt sie eigenschaft01 bis eigenschaft05.

Bei jeder der fünf Eigenschaften können die Personen ankreuzen, wie ausgeprägt die betreffende Eigenschaft bei der beschriebenen Person ihrer Meinung nach vor-handen ist. Susi entschließt sich, ihre 5-stufige Antwortskala wie folgt zu bewerten: 1 = *gar nicht vorhanden*, 2 = *ein wenig vorhanden*, 3 = *mittelmäßig vorhanden*, 4 = *ausgeprägt vorhanden* und 5 = *sehr ausgeprägt vorhanden*.

Zwei Wochen später hat Susi ihre Versuche durchgeführt, d. h. sie hat jetzt 60 Fragebögen, die sie in SPSS übertragen möchte.

Sie startet SPSS und geht in die VARIABLENANSICHT. In der Variablenansicht wer-den die Daten definiert, d. h. hier wird SPSS *vor* der Dateneingabe gesagt, was für Daten gleich eingegeben werden sollen.

Susi legt nun folgende Variablen an:

▶ VPNR: Typ »numerisch«, Variablenlabel »Versuchspersonen-Nummer«
▶ GRUPPE: Typ »numerisch«, Variablenlabel »Studium«; Wertelabels 1 »Psycholo-gie« und 2 »Informatik«
▶ BEGRIFF: Typ »numerisch«, Variablenlabel »Begriff«; Wertelabels 1 »warmher-zig« und 2 »kalt«
▶ REIHENFOLGE: Typ »numerisch«, Variablenlabel »Reihenfolge«; Wertelabels 1 »Anfang«, 2 »Mitte« und 3 »Ende«
▶ Eigenschaft01: Typ »numerisch«, Variablenlabel »leichtfertig«; Wertelabels 1 = *gar nicht vorhanden*, 2 = *ein wenig vorhanden*, 3 = *mittelmäßig vorhanden*, 4 = *ausgeprägt vorhanden* und 5 = *sehr ausgeprägt vorhanden* bis hin zu

▶ Eigenschaft05: Typ »numerisch«, Variablenlabel »kleinlich«; Wertelabels 1 = *gar nicht vorhanden*, 2 = *ein wenig vorhanden*, 3 = *mittelmäßig vorhanden*, 4 = *ausgeprägt vorhanden* und 5 = *sehr ausgeprägt vorhanden*.

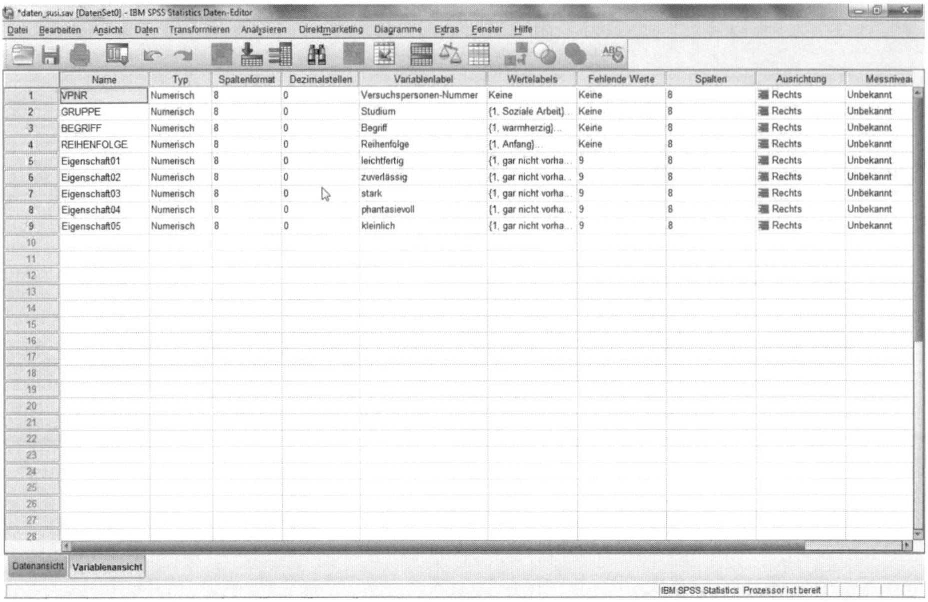

	Name	Typ	Spaltenformat	Dezimalstellen	Variablenlabel	Wertelabels	Fehlende Werte	Spalten	Ausrichtung	Messniveau
1	VPNR	Numerisch	8	0	Versuchspersonen-Nummer	Keine	Keine	8	Rechts	Unbekannt
2	GRUPPE	Numerisch	8	0	Studium	{1, Soziale Arbeit}...	Keine	8	Rechts	Unbekannt
3	BEGRIFF	Numerisch	8	0	Begriff	{1, warmherzig}...	Keine	8	Rechts	Unbekannt
4	REIHENFOLGE	Numerisch	8	0	Reihenfolge	{1, Anfang}...	Keine	8	Rechts	Unbekannt
5	Eigenschaft01	Numerisch	8	0	leichtfertig	{1, gar nicht vorha...	9	8	Rechts	Unbekannt
6	Eigenschaft02	Numerisch	8	0	zuverlässig	{1, gar nicht vorha...	9	8	Rechts	Unbekannt
7	Eigenschaft03	Numerisch	8	0	stark	{1, gar nicht vorha...	9	8	Rechts	Unbekannt
8	Eigenschaft04	Numerisch	8	0	phantasievoll	{1, gar nicht vorha...	9	8	Rechts	Unbekannt
9	Eigenschaft05	Numerisch	8	0	kleinlich	{1, gar nicht vorha...	9	8	Rechts	Unbekannt

Abbildung 3.24 Variablenansicht

Hier ist gerade ein wichtiger Schritt passiert: Susi hat jede UV separat mit den dazugehörigen Stufen angelegt. Prinzipiell wäre es auch möglich gewesen, nur eine Variable, z. B. Zelle, anzulegen, in welcher dann die Nummer der Zelle im Versuchsdesign (Abb. 3.23) eingegeben worden wäre. Man hätte dann nur eine Variable statt drei für die einzelnen UVs, die Dateneingabe wäre eventuell auch etwas schneller. Trotzdem: Bitte setzen Sie Ihr Versuchsdesign immer so um, dass jede UV als einzelne Variable in SPSS auftaucht. Die separate Eingabe der Stufen der einzelnen UVs erleichtert später die Auswertungen deutlich! Auch wird es sehr viel einfacher, bspw. bei nur einer UV auf Unterschiede zu testen!

! **Umsetzung des Versuchsdesigns in SPSS**

Bitte setzen Sie das Versuchsdesign Ihres Experiments immer so in SPSS um, dass jede UV als eigene Variable angelegt wird. Bitte vergeben Sie dann für jede UV die einzelnen Stufen als Wertelabel.

Als Nächstes steht die Dateneingabe an. Da Susi für jede Person nur neun Daten eingeben muss, geht die Dateneingabe recht schnell vonstatten. Nach circa 90 Minuten ist sie bereits fertig.

Die anschließende Datenbereinigung führt sie auf die Art und Weise durch wie in Abschnitt 3.1.5 beschrieben.

Damit sind jetzt alle Vorbereitungen getroffen, endlich mit der Datenauswertung zu beginnen. Unter der Annahme eines Intervallskaleniveaus für die Eigenschaften 01 bis 05 entscheidet sie sich dafür, eine multifaktorielle Varianzanalyse (vgl. Abschn. 7.3) durchzuführen. Für die Varianzanalyse gibt es jetzt wiederum zwei Alternativen:

a) jede Eigenschaft wird einzeln betrachtet (univariat) oder

b) alle Eigenschaften werden gleichzeitig betrachtet (multivariat).

Susi entscheidet sich dafür, es zuerst einmal mit einer multivariaten Varianzanalyse zu versuchen. In SPSS wird diese Analyse aufgerufen über ANALYSIEREN → ALLGEMEINES LINEARES MODELL → MULTIVARIAT.

Im ersten Dialogfenster (Abb. 3.25) werden die abhängigen Variablen – das sind die Eigenschaften 01 bis 05 – eingetragen sowie die UVs (hier: als »Feste Faktoren«).

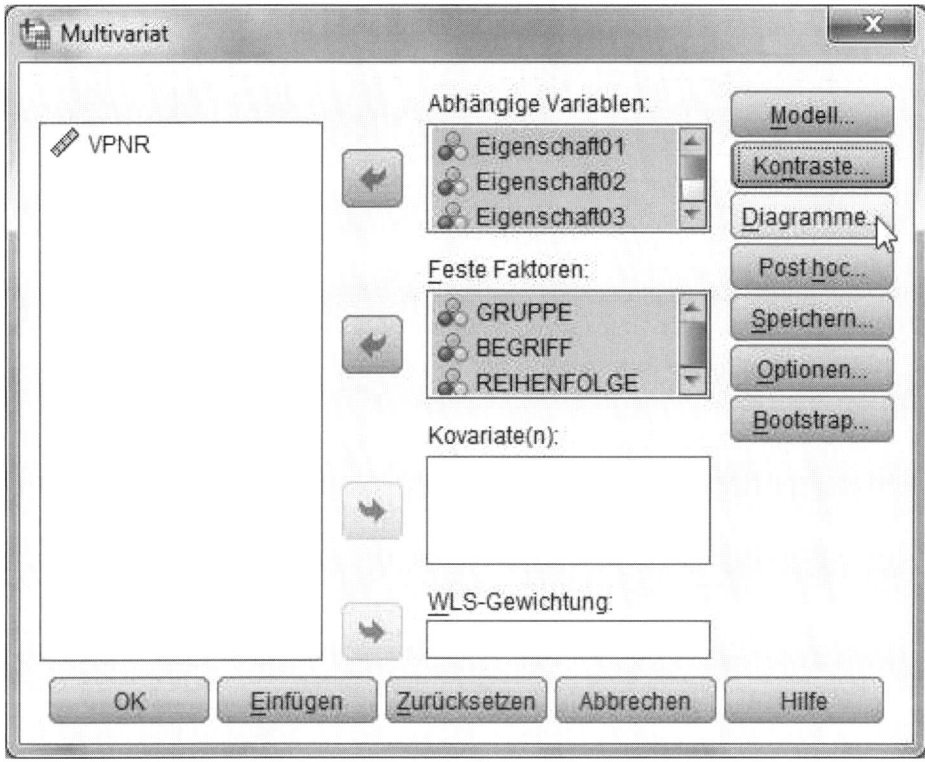

Abbildung 3.25 Multivariate Varianzanalyse

Hier macht es sich jetzt auch bezahlt, dass Susi jede UV als eigene Variable angelegt hat. In der multivariaten Varianzanalyse werden mehrere Vergleiche automatisch berechnet:

a) Vergleich der Studierenden der Psychologie mit den Studierenden der Informatik (UV Gruppe)

b) Vergleich der Auswirkungen der Begriffe »warmherzig« und »kalt« (UV Begriff)

c) Vergleich der Auswirkungen, wenn der jeweilige Begriff am Anfang, in der Mitte oder Ende der Liste steht (UV Reihenfolge).

Ein weiterer Vorteil besteht darin, dass sie so auch den Button DIAGRAMME anklicken und verwenden kann (Abb. 3.26).

Abbildung 3.26 Multivariate Varianzanalyse: Profilplots

Susi entschließt sich dazu, separate Mittelwertsdiagramme für die Studierenden der Psychologie und jene der Informatik anzufordern. Es sollen getrennte Linien für die Versuchsbedingungen »warmherzig« und »kalt« gezeichnet werden; die horizontale Achse umfasst die drei Stufen der UV »Reihenfolge«.

Und genau für die UV »Reihenfolge« fordert Susi noch sogenannte Post-hoc-Tests (Button: POST_HOC; Test Scheffé) an (Abb. 3.27). Als Letztes öffnet sie noch das Dialogfenster OPTIONEN (Abb. 3.28) und setzt Häkchen bei »Deskriptive Statistiken«, »Schätzungen der Effektgröße« und »Homogenitätstests«.

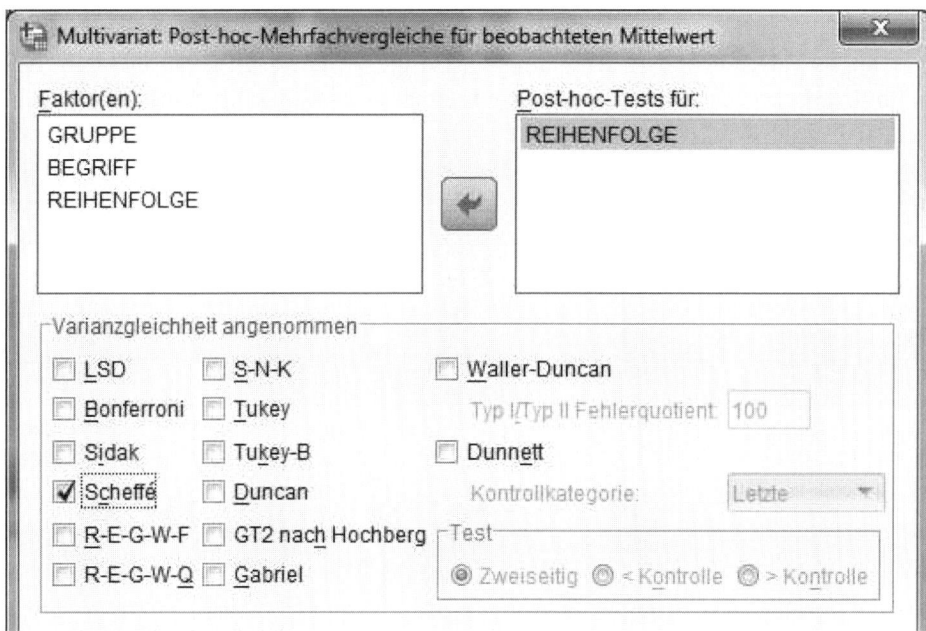

Abbildung 3.27 Multivariate Varianzanalyse: Post-hoc-Mehrfachvergleiche

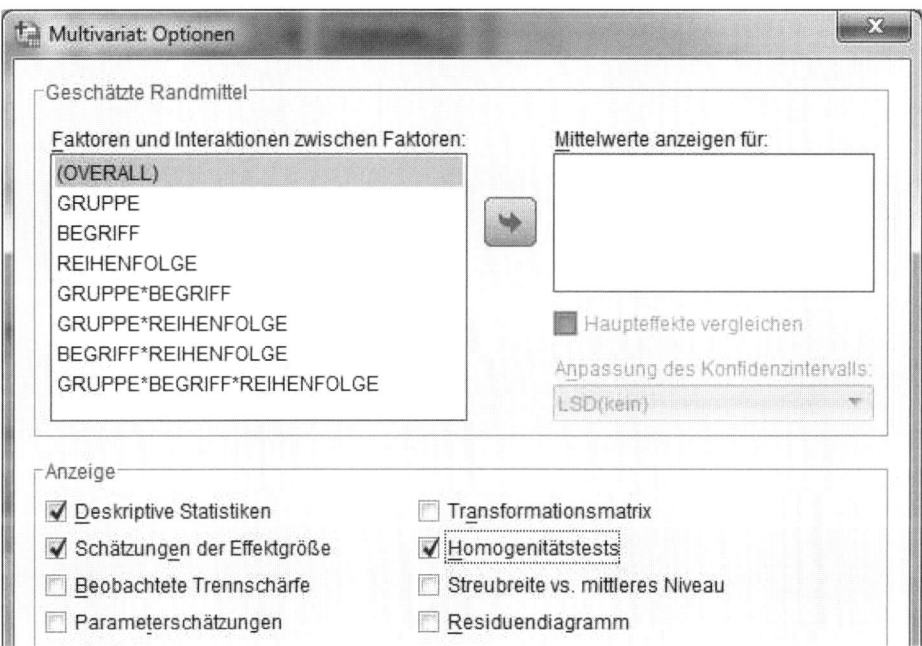

Abbildung 3.28 Multivariate Varianzanalyse: Optionen

Nach Klicken auf OK im Hauptdialogfenster produziert SPSS für dieses Beispiel insgesamt 11 Tabellen und 10 Abbildungen. Da die Varianzanalyse gesondert in Abschnitt 7.3 besprochen wird, seien hier nur einige ausgewählte Ergebnisse dargestellt.

Die Tabelle »Multivariate Tests« stellt für die drei unabhängigen Variablen sowie für die möglichen Wechselwirkungen dar, ob es statistisch überzufällige Unterschiede gibt. Zur Prüfung werden jeweils vier verschiedene Verfahren (Pillai-Spur, Wilks-Lambda, Hotelling-Spur, Größte charakteristische Wurzel nach Roy) durchgeführt (Tab. 3.6).

Tabelle 3.6 Multivariate Tests (Ausschnitt)

Multivariate Tests

Effekt		Wert	F	Hypo-thesen-df	Fehler df	Sig.	Partielles Eta hoch zwei
Konstanter Term	Pillai-Spur	,995	1648,670	5,000	44,000	,000	,995
	Wilks-Lambda	,005	1648,670	5,000	44,000	,000	,995
	Hotelling-Spur	187,349	1648,670	5,000	44,000	,000	,995
	Größte char. Wurzel nach Roy	187,349	1648,670	5,000	44,000	,000	,995
GRUPPE	Pillai-Spur	,836	44,863	5,000	44,000	,000	,836
	Wilks-Lambda	,164	44,863	5,000	44,000	,000	,836
	Hotelling-Spur	5,098	44,863	5,000	44,000	,000	,836
	Größte char. Wurzel nach Roy	5,098	44,863	5,000	44,000	,000	,836

In der Spalte »Sig.« stehen die Signifikanztestergebnisse für die jeweils untersuchten Vergleiche. Der Effekt »Konstanter Term« bezieht sich darauf, ob die untersuchten Werte von Null abweichen. Für die hier vorliegende Fragestellung ist dies eher irrelevant. Bezogen auf die UV »Gruppe« zeigen sich durchgängig signifikante Unterschiede.

Eine weitere wichtige Ergebnistabelle ist die mit »Tests der Zwischensubjekteffekte« betitelte (Tab. 3.7). Hier sind jetzt die univariaten Ergebnisse dargestellt.

Tabelle 3.7 Tests der Zwischensubjekteffekte (Univariate Tests; Ausschnitt)

Tests der Zwischensubjekteffekte

Quelle	Abhängige Variable	Typ III Quadrat-summe	df	Quad. Mittel-wert	F	Sig.	Partielles Eta hoch zwei
Korrigiertes Modell	leichtfertig	53,610[a]	11	4,874	11,074	,000	,717
	zuverlässig	49,638[b]	11	4,513	21,456	,000	,831
	stark	72,219[c]	11	6,565	23,909	,000	,846
	phantasievoll	33,533[d]	11	3,048	10,552	,000	,707
	kleinlich	37,276[e]	11	3,389	9,726	,000	,690
GRUPPE	leichtfertig	27,981	1	27,981	63,581	,000	,570
	zuverlässig	12,579	1	12,579	59,808	,000	,555
	stark	28,238	1	28,238	102,830	,000	,682
	phantasievoll	4,487	1	4,487	15,533	,000	,244
	kleinlich	4,642	1	4,642	13,324	,001	,217

Für alle Eigenschaften (»leichtfertig« bis »kleinlich«) zeigen sich signifikante Unterschiede zwischen den betrachteten Gruppen, d. h. die Studierenden der Psychologie und der Informatik bewerten das Vorhandensein dieser Eigenschaften in unterschiedlich starkem Ausmaß.

Zusätzlich dazu hatte Susi noch Diagramme angefordert. SPSS hat für jede abhängige Variable (Eigenschaft01 bis Eigenschaft05) getrennt für die beiden Studierendengruppen solche Mittelwertdiagramme angefertigt. Beispielhaft sei hier eines davon abgebildet (Abb. 3.29).

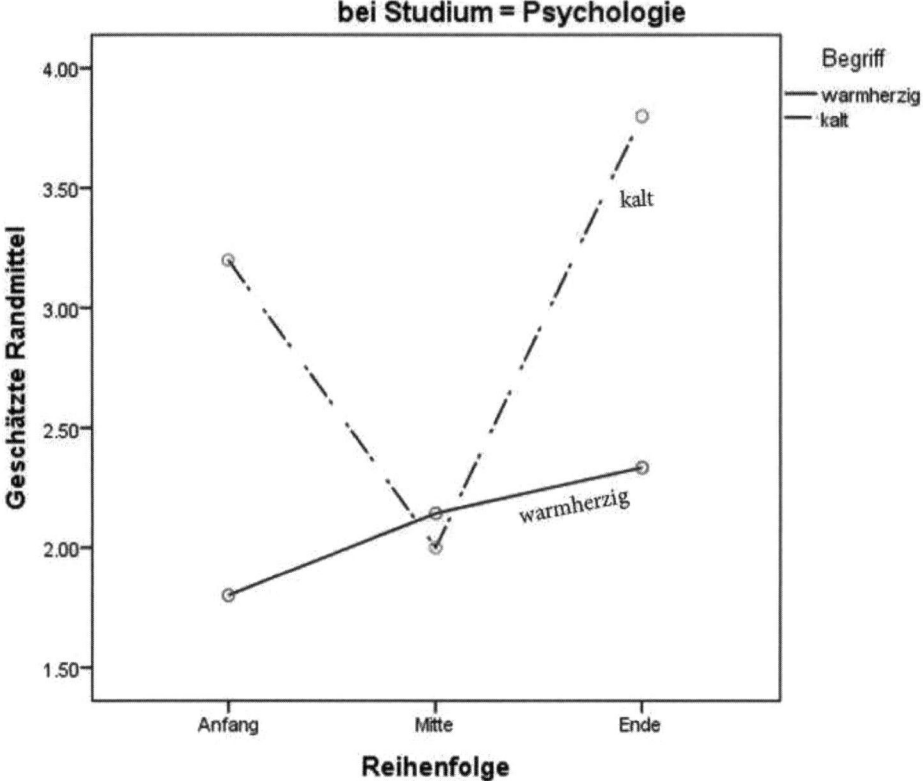

Abbildung 3.29 Multivariate Varianzanalyse: Mittelwertediagramm 1

Aus Abbildung 3.29 ist zu erkennen, dass die Reihenfolge, wann der Begriff »kalt« in der Liste auftaucht, doch einen starken Einfluss darauf hat, inwiefern der Begriff »leichtfertig« angenommen wird oder eben nicht. Für den Begriff »warm« spielt die Reihenfolge keine große Rolle.

3.3 Vom Interview zu SPSS

Maren, Studentin der Musiktherapie, möchte gerne etwas darüber wissen, mit welchen Erwartungen Klienten den Begriff »Musiktherapie« anfänglich verbinden. Sie möchte dazu zehn Klienten befragen und hat bereits einen Interviewleitfaden mit sechs relevanten Fragen erarbeitet. Die Interviews sollen circa 15 bis 20 Minuten dauern.

Die Besonderheit bei einem Interview ist, dass der teilnehmende Proband nicht zwischen vorgegebenen Antwortmöglichkeiten auswählen kann, sondern frei antworten soll. Diese freien, unstandardisierten Antworten lassen sich jedoch mehr schlecht als recht in SPSS darstellen und auswerten. SPSS eignet sich besser für die Auswertung von standardisierten Fragen. Daher empfehlen wir Ihnen für die Auswertung der Interviewfragen auf SPSS zu verzichten. Wir verweisen stattdessen auf folgende Bücher, die Sie zu Rate ziehen können:

▶ Lamnek, S. (2010). Qualitative Sozialforschung. Mit Online-Materialien (5. Aufl.). Weinheim: Beltz.
▶ Mayring, P. (2010). Qualitative Inhaltsanalyse: Grundlagen und Techniken (11. Aufl.). Weinheim: Beltz.

Wenn Sie zusätzlich zu Ihrem Interview beispielsweise ausführliche soziodemografische Daten erfassen, so empfehlen wir Ihnen, erst ab einer Stichprobengröße von $N \geq 20$ die Daten mit SPSS zu erfassen (s. a. »Vom Fragebogen zu SPSS«). Die Ergebnisse von kleineren Stichproben sind in der Regel nicht signifikant bzw. aus statistischer Sicht nicht interessant. Kurzum: Dafür lohnt sich der Aufwand nicht.

4 Stichprobenbeschreibung

Alle Berechnungen in diesem Abschnitt beziehen sich – sofern nicht anders angegeben – auf den Datensatz »who_qol.sav«. Eine kurze Beschreibung des Datensatzes finden Sie unter »Hinweise zum Online-Material«.

Eine Datenanalyse beginnt normalerweise immer damit, dass die untersuchte Stichprobe beschrieben wird. Wie viele Personen wurden untersucht? Wie viele Frauen und wie viele Männer waren in der Stichprobe? Wie ist das Durchschnittsalter der Gesamtstichprobe und jeweils bei den Frauen und Männern? Und so weiter und so fort. Es gibt drei Menüpunkte in IBM SPSS Statistics software, mittels derer Sie einen Großteil der Stichprobenbeschreibung durchführen können:

a) ANALYSIEREN → DESKRIPTIVE STATISTIKEN → HÄUFIGKEITEN
b) ANALYSIEREN → DESKRIPTIVE STATISTIKEN → KREUZTABELLEN
c) ANALYSIEREN → MITTELWERTE VERGLEICHEN → MITTELWERTE

4.1 Häufigkeiten

ANALYSIEREN → DESKRIPTIVE STATISTIKEN → HÄUFIGKEITEN

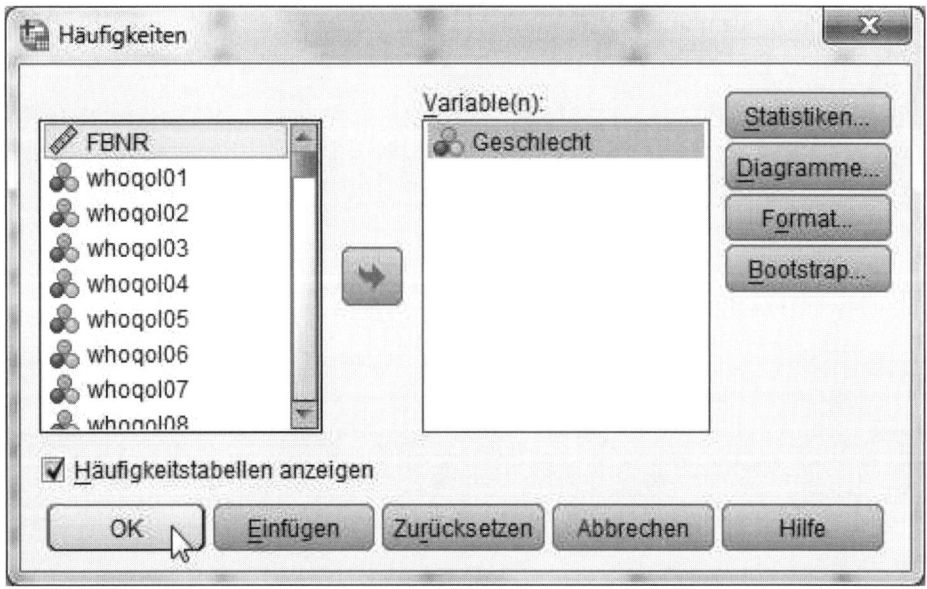

Abbildung 4.1 Hauptdialogfenster Häufigkeiten

Dieser Menüpunkt ermittelt also Häufigkeiten. Wie viele Personen haben »weiblich« angekreuzt, wie viele »männlich«? Wie viele Personen haben bei einem Item eines Fragebogens »trifft sehr zu« angekreuzt, wie viele »trifft gar nicht zu«? Ohne weitere Angaben (Klicks) erhalten Sie genau diese Informationen. Aber es gibt noch mehr. Klicken Sie in dem sich öffnenden Fenster auf STATISTIKEN, dann können Sie doch eine recht große Anzahl statistischer Kennwerte auswählen (vgl. Abb. 5.3).

4.2 Kreuztabellen

ANALYSIEREN → DESKRIPTIVE STATISTIKEN → KREUZTABELLEN
Eine Kreuztabelle stellt dar, wie zwei Variablen über Kreuz beantwortet wurden. Anders ausgedrückt werden Häufigkeiten für das gemeinsame Auftreten von Ausprägungen bei zwei oder mehr Variablen ermittelt. Was so schwierig klingt, lässt sich an einem Beispiel sehr leicht darstellen. Tragen Sie bei »Spalten« bitte die Variable »Geschlecht« ein und bei »Zeilen« die Variable »Familienstand«.

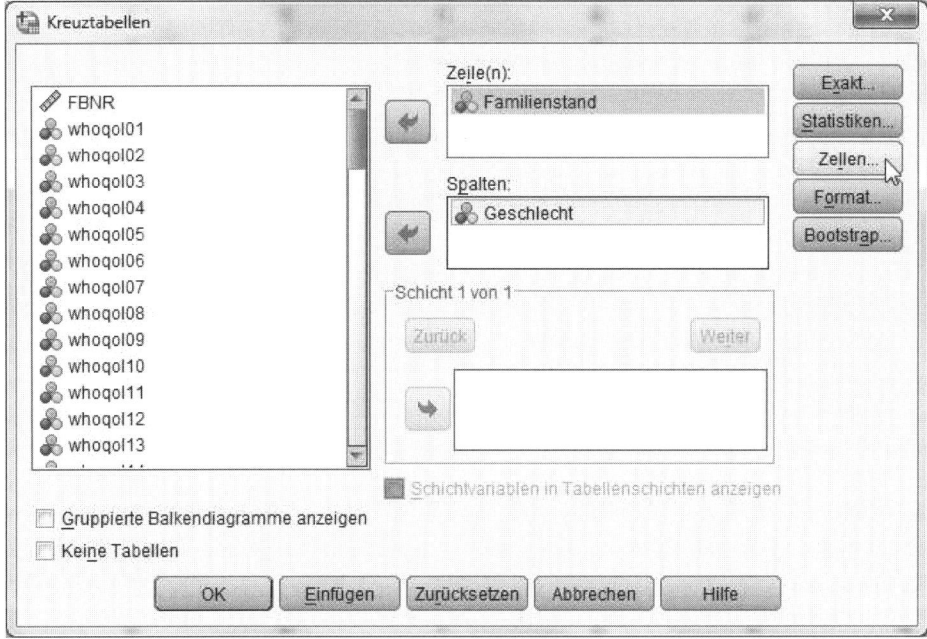

Abbildung 4.2 Fenster Kreuztabellen

Klicken Sie dann bitte auf ZELLEN. Ein weiteres Fenster öffnet sich (Abb. 4.3). Hier markieren Sie bitte die Option »Erwartet«. Klicken Sie außerdem bitte noch die Option »Spaltenweise« im Block »Prozentwerte« an. Hierdurch bekommen Sie für die Spaltenvariablen (hier: »Geschlecht«) Prozentwerte angezeigt, d. h. Angaben darüber, wie viel Prozent der Frauen bzw. wie viel Prozent der Männer verheiratet oder ledig sind.

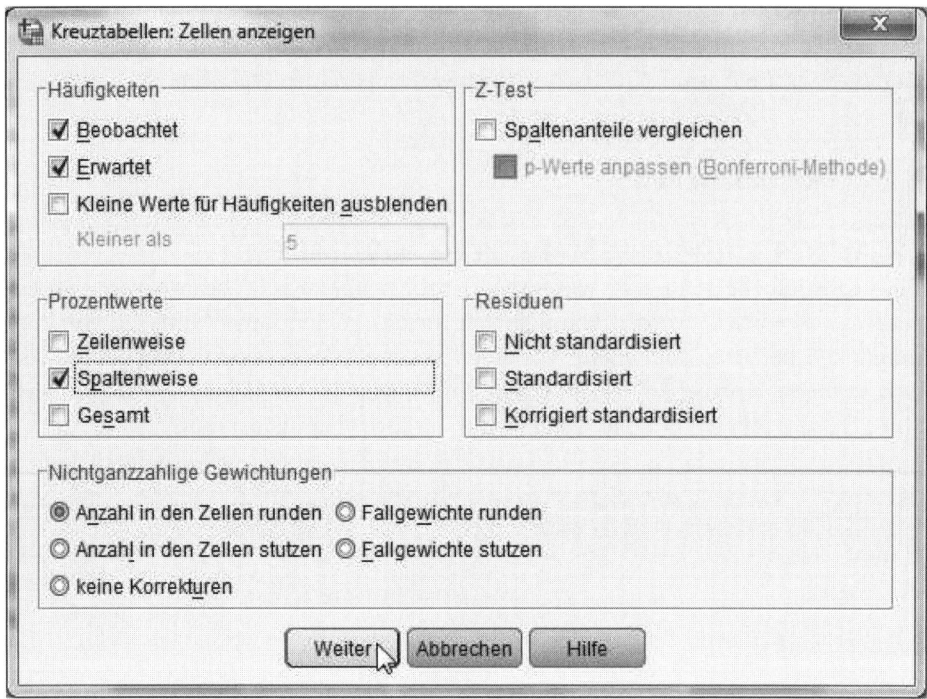

Abbildung 4.3 Fenster Kreuztabellen, Zellen

Klicken Sie dann auf OK. Sie erhalten einen Überblick, wie viele Frauen und Männer den jeweiligen Familienstand haben und wie viele auf Basis der Randsummen zu erwarten gewesen wären (Tab. 4.1).

Mittels der erwarteten Häufigkeiten können Sie bereits abschätzen, in welchen Familienständen Frauen und Männer über- bzw. unterrepräsentiert sind. Manchmal ist es für die Interpretation einfacher, wenn man sich Prozentangaben von SPSS errechnen lässt. Bezogen auf dieses Beispiel wäre das Ankreuzen von »Prozentwerte Zeilenweise« ebenfalls nützlich gewesen, da man dann auf einen Blick hätte sehen können, wie viel Prozent der Verheirateten weiblich bzw. männlich sind. In dem Fenster »Kreuztabellen: Zellen anzeigen« können Sie diese Einstellung markieren.

Es bleibt noch der Button STATISTIK. Da bei Kreuztabellen normalerweise mit Häufigkeiten gearbeitet wird, findet sich hier zur Signifikanzprüfung entsprechend der Chi²-Test (vgl. Abschn. 6.1), welcher beobachtete mit erwarteten Häufigkeiten vergleicht (Abb. 4.4).

Tabelle 4.1 Ausgabe Kreuztabellen

Kreuztabelle Familienstand*Geschlecht

			Geschlecht		Gesamt-summe
			weib-lich	männ-lich	
Familienstand	verheiratet / in fester Partnerschaft	Anzahl	77	28	105
		Erwartete Anzahl	67,4	37,6	105,0
		% in Ge-schlecht	55,8%	36,4%	48,8%
	ledig / single	Anzahl	61	49	110
		Erwartete Anzahl	70,6	39,4	110,0
		% in Ge-schlecht	44,2%	63,6%	51,2%
Gesamtsumme		Anzahl	138	77	215
		Erwartete Anzahl	138,0	77,0	215,0
		% in Ge-schlecht	100,0%	100,0%	100,0%

Abbildung 4.4 Kreuztabellen: Statistik

Als weitere Optionen sei auch noch auf »Phi und Cramer-V« hingewiesen, die ein Korrelationsmaß für nominalskalierte Variablen (vgl. Abschn. 5.2) errechnen.

4.3   Gruppenmittelwerte betrachten

ANALYSIEREN → MITTELWERTE VERGLEICHEN → MITTELWERTE

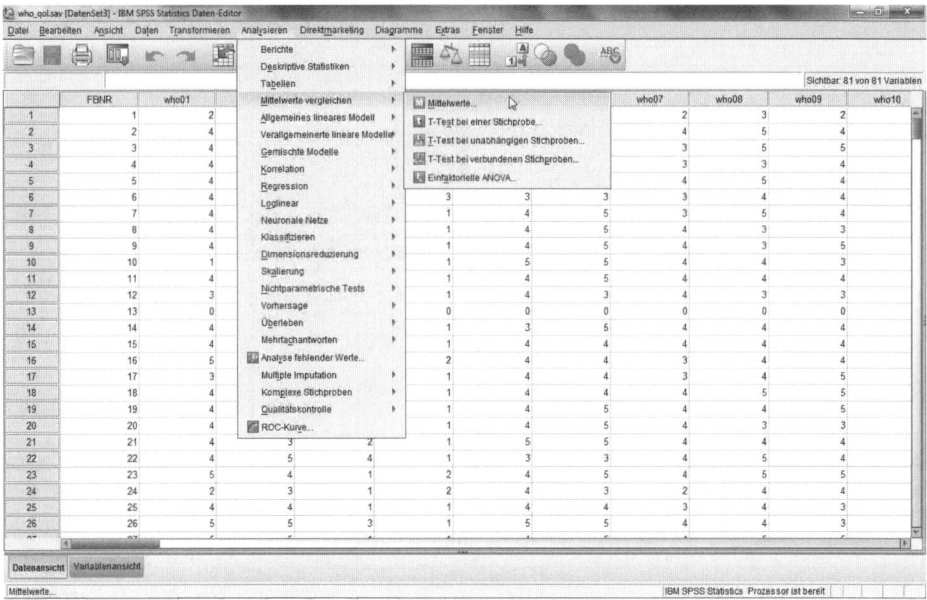

Abbildung 4.5 Analysieren → Mittelwerte vergleichen → Mittelwerte

Um die Mittelwerte (zusammen mit weiteren statistischen Kennwerten wie Standardabweichung, Median, Minimum, Maximum etc.) verschiedener Gruppen anzuschauen, kann dieser Weg gewählt werden. Es öffnet sich ein kleines Fenster (Abb. 4.6), in welchem zwei Felder zur Auswahl stehen:

Abbildung 4.6 Fenster Mittelwerte

▶ Abhängige Variable: Hier geben Sie bitte die Variable ein, von welcher Sie die Mittelwerte berechnet haben wollen (z. B. Alter).

▶ Unabhängige Variable: Hier geben Sie bitte die Variable ein, in welcher die Gruppenkodierung steht (z. B. Geschlecht).

Standardmäßig werden nun jeweils Mittelwert und Standardabweichung der abhängigen Variablen (z. B. Alter) für die Kategorien der unabhängigen Variablen (z. B. Geschlecht; also für Frauen und Männer) berechnet und angezeigt (Tab. 4.2). Wenn Sie noch weitere deskriptivstatistische Kennwerte haben wollen, müssen Sie in diesem Fenster auf den Button OPTIONEN klicken und dann die entsprechenden Kennwerte auswählen.

Tabelle 4.2 Deskriptivstatistische Kennwerte für die Variable Geschlecht

Bericht

Alter (in Jahren)

Geschlecht	Mittel- wert	N	Standardab- weichung	Median	Mini- mum	Maxi- mum
weiblich	23,42	136	4,939	22,00	18	48
männlich	24,33	75	4,104	23,00	20	45
Insgesamt	23,74	211	4,670	22,00	18	48

5 Deskriptive Statistik

Alle Berechnungen in diesem Abschnitt beziehen sich – sofern nicht anders angegeben – auf den Datensatz »who_qol.sav«. Eine kurze Beschreibung des Datensatzes finden Sie unter »Hinweise zum Online-Material«.

Deskriptive Statistik meint beschreibende Statistik! Ziel und Zweck der Deskriptivstatistik ist es, mit möglichst wenigen statistischen Kennwerten möglichst viele Informationen über die Daten zu liefern.

5.1 Maße der zentralen Tendenz und Dispersionsmaße

Zur Beschreibung einer Stichprobe greift man üblicherweise auf die Deskriptivstatistik zurück. Die wichtigsten Parameter (Mittelwert, Standardabweichung, Median, Modalwert, Minimum, Maximum etc.) finden Sie in IBM SPSS Statistics software beispielsweise unter ANALYSIEREN → DESKRIPTIVE STATISTIKEN → HÄUFIGKEITEN.

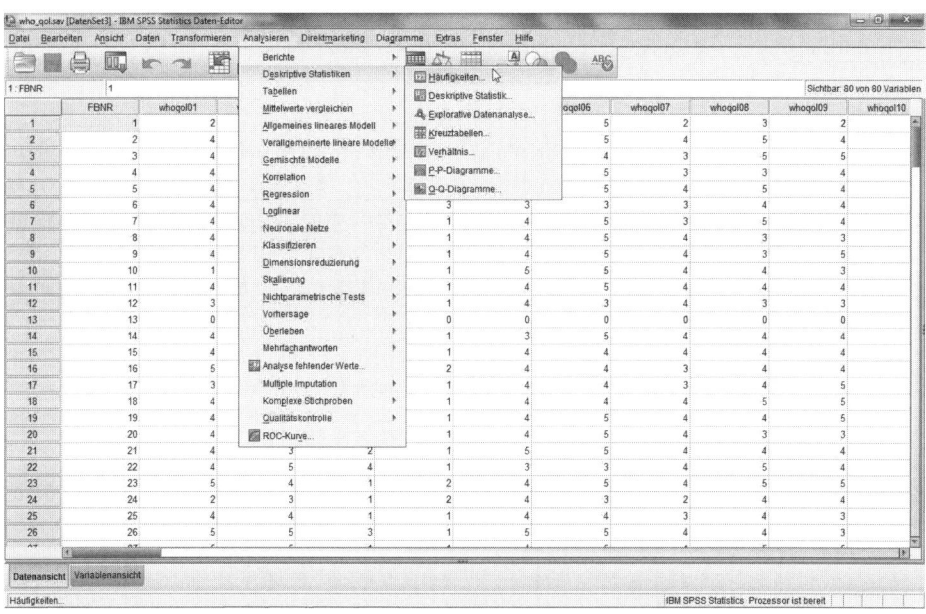

Abbildung 5.1 Menü Analysieren → Deskriptive Statistiken → Häufigkeiten

Das Hauptfenster öffnet sich (Abb. 5.2). Wählen Sie bitte als Variable »Alter« aus. Klicken Sie dann auf STATISTIKEN. In dem Fenster, welches sich nun geöffnet hat

(Abb. 5.3), können Sie viele verschiedene deskriptivstatistische Kennwerte auswählen. Markieren Sie bitte Mittelwert, Median, Modalwert, Standardabweichung, Minimum und Maximum. Klicken Sie dann auf WEITER und anschließend auf OK.

SPSS beginnt mit den Berechnungen und wechselt automatisch zum Ausgabefenster (Abb. 5.4).

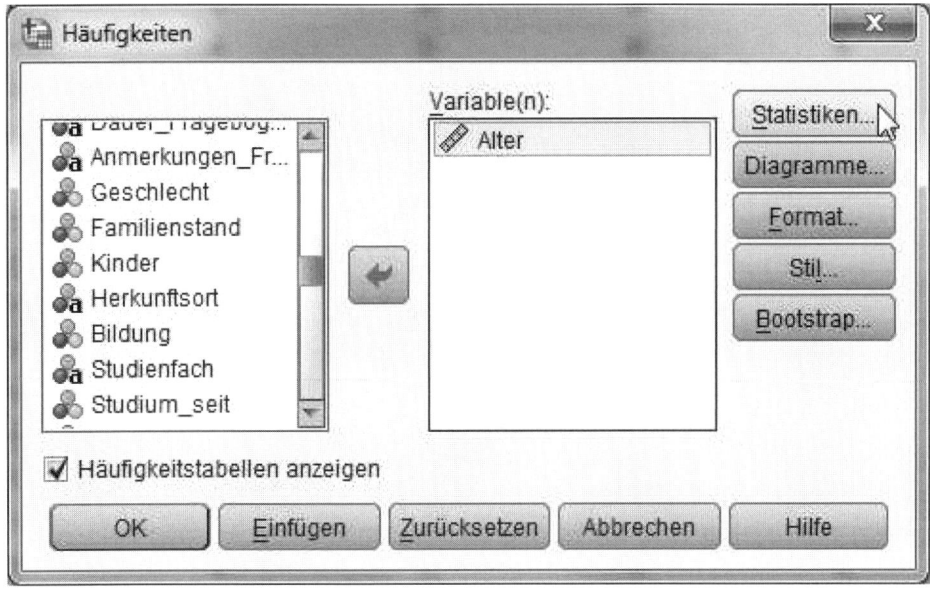

Abbildung 5.2 Häufigkeiten, Hauptfenster

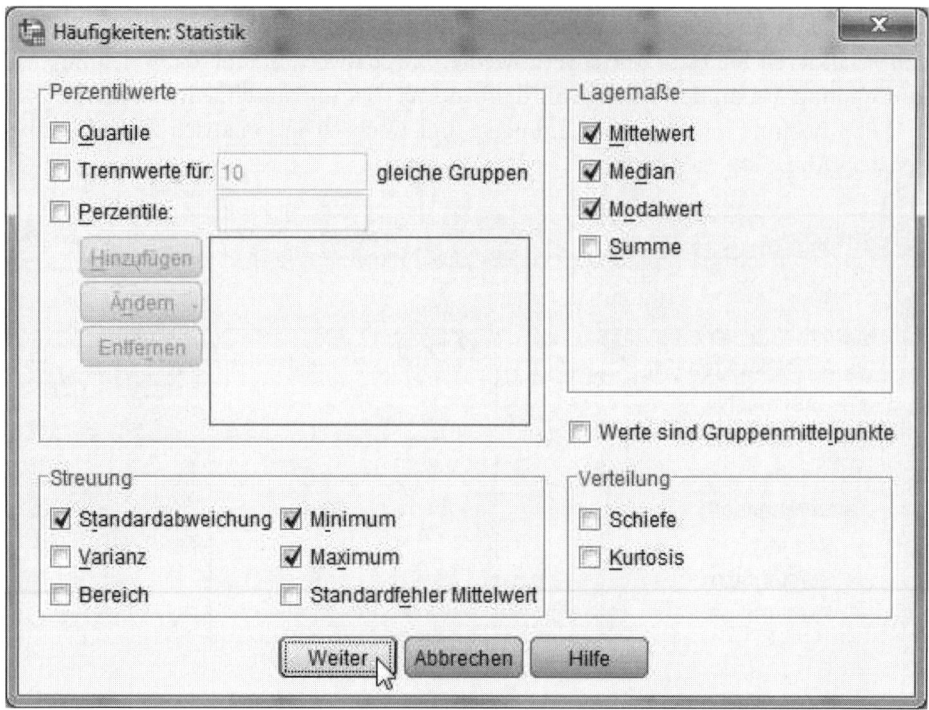

Abbildung 5.3 Häufigkeiten: Statistik

Im Ausgabefenster (Abb. 5.4) werden nun (auf der rechten Seite) zwei Tabellen dargestellt. In der ersten Tabelle sind die angeforderten deskriptivstatistischen Kennwerte aufgelistet. In der zweiten Tabelle sind Häufigkeiten, Prozente, gültige Prozente und kumulierte Prozente bezogen auf die Altersangaben dargestellt. Das Alter »18 Jahre« taucht einmal auf, dies entspricht 0,6 % von N = 159 Personen. Alle Personen haben ihr Alter angegeben. Fehlende Werte tauchen hier nicht auf. In der Spalte »Gültige Prozente« sind die Prozentangaben berechnet, wenn fehlende Werte aufgetaucht wären. Da dies hier nicht der Fall ist, entspricht die Spalte »Gültige Prozente« exakt der Spalte »Prozente«. In der letzten Spalte »Kumulierte Prozente« werden die einzelnen Prozentwerte aufsteigend zusammengezählt.

! Vielleicht wollen Sie eine Normentabelle mit Prozenträngen erstellen zu einem selbst entwickelten Fragebogen. Eine solche Normentabelle gelingt entweder über das Fenster »Häufigkeiten« oder indem Sie Mittelwert und Standardabweichung zu z-Werten verrechnen und dann über eine z-Werte-Tabelle die Prozentränge erstellen.

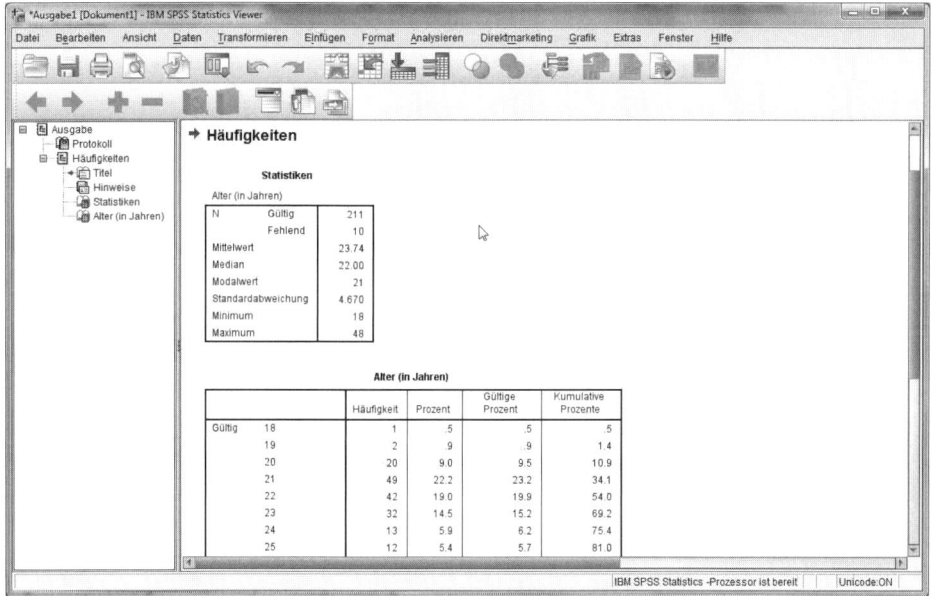

Abbildung 5.4 SPSS-Ausgabe, Häufigkeit

An dieser Stelle soll noch einmal auf das Dialogfenster STATISTIKEN eingegangen werden. Starten Sie dazu den Hauptdialog (Abb. 5.2), wählen Sie als Variable »Psychisch« und öffnen Sie den Dialog »Statistiken«. Klicken Sie im Block »Perzentilwerte« »Perzentile« an und fügen Sie folgende Zahlen hinzu: 4, 11, 23, 40, 60, 77, 89, 96 (Abb. 5.5).

Hiermit geben Sie SPSS die Anweisung, Schwellenwerte für bestimmte Häufigkeiten (ausgedrückt als Prozent) zu bestimmen.

In der psychologischen Diagnostik gibt es verschiedene Standardmaße; ein relativ häufig zu findendes Maß sind die sogenannten Standard-Nine Werte (abgekürzt: Stanine; vgl. Lienert & Raatz, 1994, S. 296). Ein Stanine-Wert repräsentiert einen bestimmten Prozentbereich der Rohwerteverteilung (Tab. 5.1).

Tabelle 5.1 Übersicht Stanine-Werte und Prozentbereiche

Standard-Nine-Werte	1	2	3	4	5	6	7	8	9
Testrohwerte	4 %	7 %	12 %	17 %	20 %	17 %	12 %	7 %	4 %

Durch die Angabe der Perzentile im Dialogfenster »Statistiken« werden nun die Obergrenzen der Bereiche gebildet (Tab. 5.2).

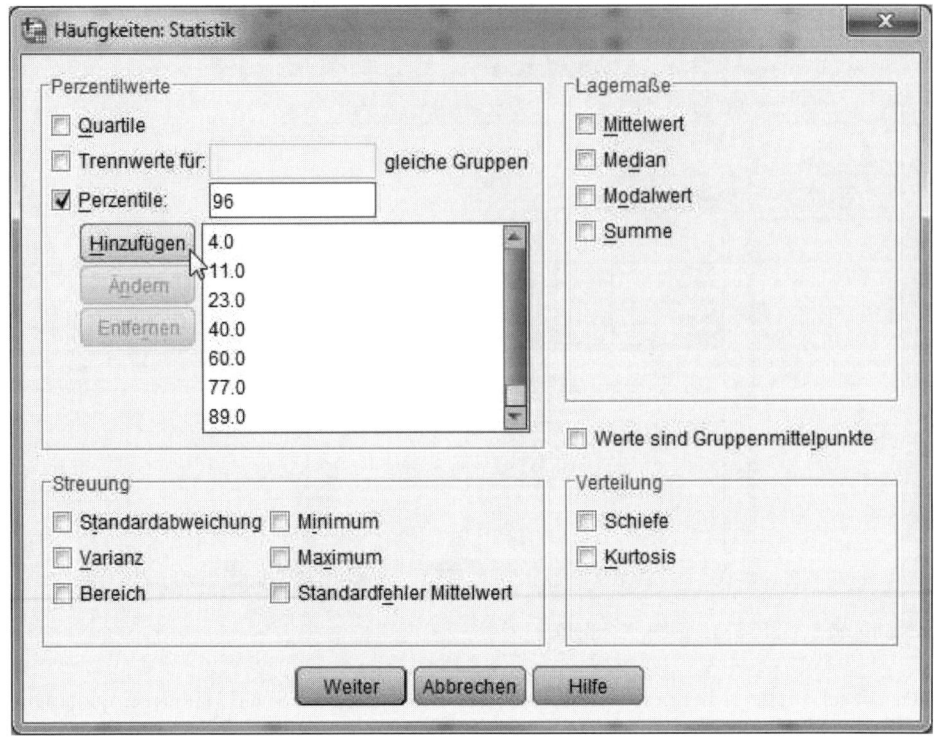

Abbildung 5.5 Dialogfenster Statistiken

Tabelle 5.2 Ausgabe Perzentile

Statistiken

WHOQOL-BREF 2: Psychisch

N	Gültig	219
	Fehlend	2
Perzentile	4	50,0000
	11	54,1667
	23	62,5000
	40	70,8333
	60	75,0000
	77	79,1667
	89	83,3333
	96	91,6667

5.2 Kreuztabellen und Phi-Korrelation

Kreuztabellen finden Sie in SPSS unter ANALYSIEREN → DESKRIPTIVE STATISTI-KEN → KREUZTABELLEN.

Mit Kreuztabellen lassen sich Häufigkeiten übersichtlich darstellen. Wählen Sie im Hauptdialog (Abb. 5.6) bitte für Zeilen »Familienstand« und für Spalten »Geschlecht« aus. Klicken Sie dann auf ZELLEN. In dem nun geöffneten Fenster (Abb. 5.7) markieren Sie bitte das Kästchen »Erwartet« und das Kästchen »Spaltenweise«. Klicken Sie danach auf WEITER. Das Fenster schließt sich wieder.

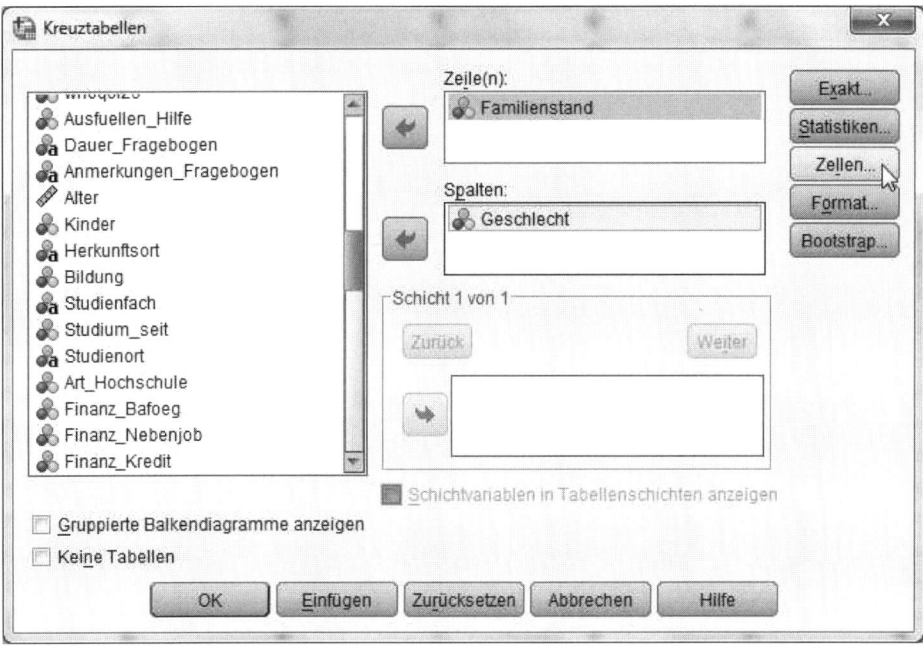

Abbildung 5.6 Kreuztabellen, Hauptfenster

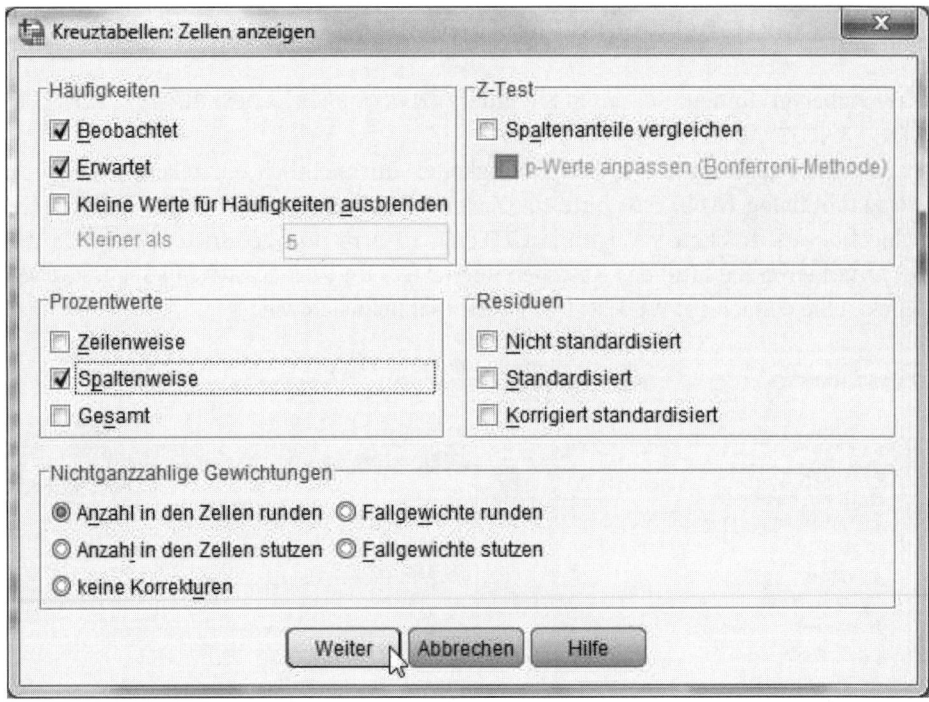

Abbildung 5.7 Kreuztabelle, Zellen

Klicken Sie danach auf STATISTIK und wählen Sie »Phi und Cramer-V« aus (Abb. 5.8). Bitte wieder auf WEITER klicken und anschließend auf OK.

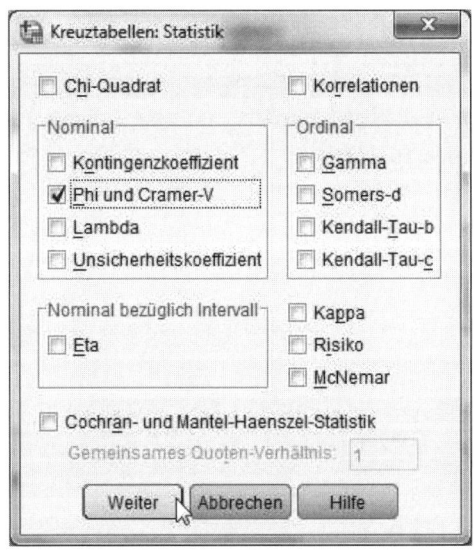

Abbildung 5.8 Kreuztabellen, Statistiken

Durch das Klicken auf OK im Hauptfenster wurden die Berechnungen angestoßen. SPSS wechselt wieder in das Ausgabefenster.

Tabelle 5.3 SPSS-Ausgabe Kreuztabellen

Kreuztabelle Familienstand*Geschlecht

| | | | Geschlecht | | |
			weib-lich	männ-lich	Gesamt-summe
Familienstand	verheiratet / in fester Part-nerschaft	Anzahl	77	28	105
		Erwartete Anzahl	67,4	37,6	105,0
		% in Geschlecht	55,8%	36,4%	48,8%
	ledig / single	Anzahl	61	49	110
		Erwartete Anzahl	70,6	39,4	110,0
		% in Geschlecht	44,2%	63,6%	51,2%
Gesamtsumme		Anzahl	138	77	215
		Erwartetc Anzahl	138,0	77,0	215,0
		% in Geschlecht	100,0%	100,0%	100,0%

In der ersten Ausgabe sehen Sie die tatsächlichen und erwarteten Anzahlen, wenn »Familienstand« und »Geschlecht« miteinander gekreuzt werden (Tab. 5.3). N = 77 Frauen sind verheiratet oder leben in einer festen Partnerschaft. Auf Grund der Randsummen wären lediglich n = 67,4 Frauen in diesem Feld erwartet worden. Von der Gesamtzahl aller Frauen (N = 138) entspricht dies 55,8 %. Anders ausgedrückt: 55,8 % aller hier befragten Frauen sind verheiratet oder leben in einer festen Partnerschaft. Für die hier untersuchten Männer trifft dies nur bei einem guten Drittel (36,4 %) zu.

Tabelle 5.4 SPSS-Ausgabe Kreuztabellen, Symmetrische Maße

Symmetrische Maße

		Wert	Näherungsweise Sig.
Nominal bezüglich Nominal	Phi	,186	,006
	Cramer-V	,186	,006
Anzahl der gültigen Fälle		215	

In der letzten Tabelle der Ausgabe (Tab. 5.4) sehen Sie jetzt den Phi-Wert (hier: 0,186) als Zusammenhangsmaß zwischen Geschlecht und Familienstand. Dies ließe sich interpretieren als ein schwacher Zusammenhang zwischen Geschlecht und Familienstand.

! Vorzeichen und nominalskalierte Variablen

Interpretieren Sie bei einer Phi-Korrelation nicht das Vorzeichen! Sprechen Sie also besser *nicht* von einer positiven oder negativen Korrelation. In der Regel handelt es sich ja um nominalskalierte Variablen, die zueinander in Beziehung gesetzt werden. Bei nominalskalierten Variablen spielt das Vorzeichen keine Rolle!

5.3   Spearman-Rang- und Produkt-Moment-Korrelation

Die beiden Korrelationstechniken »Spearman-Rang« und »Produkt-Moment« finden Sie in SPSS unter ANALYSIEREN → KORRELATION → BIVARIAT.

Nach Anwählen dieses Menüpunkts öffnet sich das Hauptfenster (Abb. 5.9). Hier können Sie die Variablen auswählen, zwischen denen Korrelationen berechnet werden sollen (hier: »Physisch« und »Psychisch«). Des Weiteren kann hier ausgewählt werden, ob eine Produkt-Moment-Korrelation (nach Pearson), oder eine Spearman-Rang-Korrelation gerechnet werden soll.

Zur Erinnerung: Eine Produkt-Moment-Korrelation (nach Pearson) findet bei intervallskalierten Variablen Anwendung, eine Spearman-Rang-Korrelation bei ordinalskalierten Variablen.

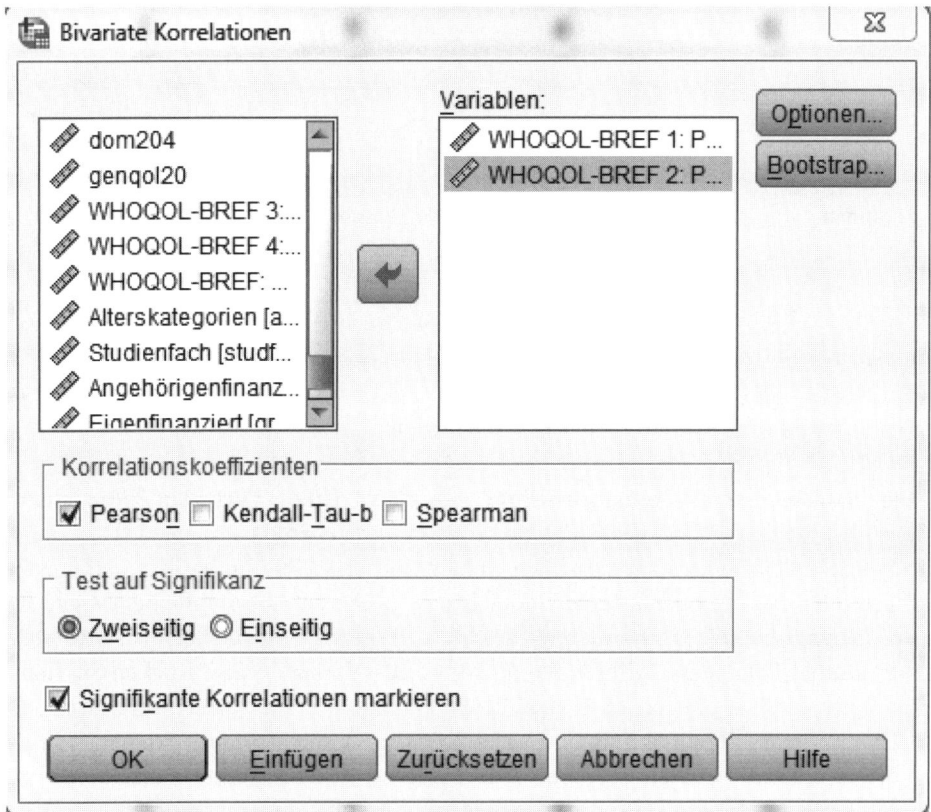

Abbildung 5.9 Bivariate Korrelation, Hauptfenster

Klicken von OK startet die Berechnungen. Als Ausgabe erhält man – je nach Auswahl – die in Tabelle 5.5 oder die in Tabelle 5.6 dargestellten Werte.

Tabelle 5.5 SPSS-Ausgabe, bivariate Korrelation, Produkt-Moment-Korrelation (nach Pearson)

Korrelationen

		WHOQOL-BREF 1: Physisch	WHOQOL-BREF 2: Psychisch
WHOQOL-BREF 1: Physisch	Pearson-Korrelation	1	,620**
	Sig. (2-seitig)		,000
	N	219	219
WHOQOL-BREF 2: Psychisch	Pearson-Korrelation	,620**	1
	Sig. (2-seitig)	,000	
	N	219	219

**. Korrelation ist bei Niveau 0,01 signifikant (zweiseitig).

Tabelle 5.6 SPSS-Ausgabe, bivariate Korrelation, Spearman-Rang-Korrelation

Korrelationen

			WHOQOL-BREF 1: Physisch	WHOQOL-BREF 2: Psychisch
Spearman-Rho	WHOQOL-BREF 1: Physisch	Korrelationskoeffizient	1,000	,601**
		Sig. (2-seitig)	.	,000
		N	219	219
	WHOQOL-BREF 2: Psychisch	Korrelationskoeffizient	,601**	1,000
		Sig. (2-seitig)	,000	.
		N	219	219

**. Korrelation ist bei Niveau 0,01 signifikant (zweiseitig).

Manchmal kommt die Aufgabenstellung vor, dass *mehrere* Variablen dahingehend überprüft werden sollen, ob sie mit *einer* Variable korrelieren.

Werden die betreffenden Variablen einfach über das Menü in das Auswahlfenster eingetragen, bekommt man eine ziemlich große, eher unübersichtliche Tabelle, in der jede Variable mit jeder anderen Variable korreliert ist. Versuchen Sie stattdessen doch einmal Folgendes: Wählen Sie im Menü die Variablen aus. Klicken Sie dann aber nicht auf OK, sondern auf EINFÜGEN. SPSS fügt dann die Korrelationsanweisung als Syntax-Befehl in ein Syntax-Fenster ein. Fügen Sie nun vor der letzten Variablen in der Liste das Wörtchen WITH ein. Markieren Sie die Syntax und lassen Sie sie mit einem Klick auf das große grüne Dreieck (Play) durchlaufen …

Näheres zur Syntax finden Sie in Kapitel 9.

6 Einfache Inferenzstatistik

Alle Berechnungen in diesem Abschnitt beziehen sich – sofern nicht anders angegeben – auf den Datensatz »who_qol.sav«. Eine kurze Beschreibung des Datensatzes finden Sie unter »Hinweise zum Online-Material«.

Inferenzstatistik meint »schließende Statistik«, d. h. es wird untersucht, inwiefern über die eigentliche Stichprobe hinausgehende, verallgemeinernde Schlussfolgerungen getroffen werden können.

6.1 Chi²-Test

Der Chi²-Test vergleicht beobachtete mit erwarteten Häufigkeiten. Unsinnigerweise findet man den Chi²-Test unter dem Menüpunkt ANALYSIEREN → DESKRIPTIVE STA-TISTIKEN → KREUZTABELLEN. Wenn Sie diesem Menü folgen, öffnet sich das schon aus Abschnitt 5.2 bekannte Fenster »Kreuztabellen«. Wählen Sie bitte für Zeilen »Familienstand« und für Spalten »Geschlecht« aus. Wenn Sie nun auf STATISTIKEN klicken, können Sie anschließend den Chi²-Test auswählen. Wird dies mit den im Abschnitt 5.2 verwendeten Variablen gemacht, wird in der IBM SPSS Statistics software folgende Ausgabe zusätzlich zu den bereits bekannten Ausgaben erzeugt (Tab. 6.1):

Tabelle 6.1 SPSS-Ausgabe, Kreuztabellen, Chi-Quadrat-Tests

Chi-Quadrat-Tests

	Wert	df	Asymp. Sig. (zweiseitig)	Exakte Sig. (zweiseitig)	Exakte Sig. (einseitig)
Pearson-Chi-Quadrat	7,470[a]	1	,006		
Kontinuitätskorrektur[b]	6,713	1	,010		
Likelihood-Quotient	7,543	1	,006		
Exakter Test nach Fisher				,007	,005
Zusammenhang linear-mit-linear	7,435	1	,006		
Anzahl der gültigen Fälle	215				

a. 0 Zellen (0,0%) haben die erwartete Anzahl von weniger als 5. Die erwartete Mindestanzahl ist 37,60.
b. Berechnung nur für eine 2x2-Tabelle

> **! α-Fehler**
>
> Der α-Fehler (Alpha-Fehler) beschreibt die Wahrscheinlichkeit dafür, dass man sich aufgrund der Berechnungen fälschlicherweise für die Alternativhypothese (H1) entscheidet, obwohl die Nullhypothese gilt.
> Dazu muss man sich Folgendes ins Gedächtnis rufen: Es ist nicht möglich, alle Personen zu untersuchen, sondern immer nur eine Stichprobe. Man kann jetzt hoffen, dass diese Stichprobe für die Gesamtbevölkerung repräsentativ ist. Doch es kann passieren, dass ein untersuchtes Merkmal für die Stichprobe zutrifft, jedoch nicht auf die gesamte Population übertragbar ist. Entscheidet man sich also aufgrund seiner Ergebnisse, die man durch die Stichprobe errechnet hat, für die H1 und gilt in der Population die H0, hat man eine falsche Entscheidung getroffen, man hat den Fehler 1. Art begangen, den α-Fehler. Der Alpha-Fehler wird auch Irrtumswahrscheinlichkeit und Zufallswahrscheinlichkeit genannt.

Von den in Tabelle 6.1 angegebenen Zeilen ist eigentlich nur die erste, »Chi-Quadrat nach Pearson«, von besonderer Wichtigkeit. In der zweiten Spalte unter »Wert« steht der empirisch ermittelte Chi²-Wert. In der Spalte »Asymptotische Signifikanz (2-seitig)« findet man die Wahrscheinlichkeit p dafür, dass die beobachteten Häufigkeiten zufällig von der erwarteten Häufigkeiten abweichen. Die hier berechnete Zufallswahrscheinlichkeit ist sehr gering. Wenn die Zufallswahrscheinlichkeit kleiner als 0,05 ist, dann spricht man von einem signifikanten Ergebnis: Die Abweichung zwischen beobachteten und erwarteten Werten ist so groß, dass es wohl kein Zufall mehr ist, sondern eine Systematik dahinter steckt. Im hier berechneten Beispiel würde man sagen: Wesentlich mehr Frauen als Männer (in den befragten Altersklassen) sind verheiratet oder leben in einer festen Partnerschaft.

6.2 Mann-Whitney-U-Test

Möchte man zwei Gruppen hinsichtlich einer ordinalskalierten Variablen miteinander vergleichen, wäre der Mann-Whitney-U-Test das Verfahren der Wahl. Diesen Test finden Sie in SPSS unter ANALYSIEREN → NICHT PARAMETRISCHE TESTS → ALTE DIALOGFELDER → ZWEI UNABHÄNGIGE STICHPROBEN.

Abbildung 6.1 Mann-Whitney-U-Test, Hauptfenster

Als Testvariable tragen Sie bitte jene Variable ein, deren Ausprägung bei den Gruppen Sie gegenüberstellen möchten, hier z. B. »WHO-QOL-BREF 1: Physisch«.

Als Gruppenvariable tragen Sie jene Variable ein, in welcher die Gruppenkodierungen stehen, hier z. B. »Geschlecht«. Bevor Sie jetzt auf OK klicken können, müssen die Gruppen noch definiert werden. Klicken Sie dazu auf GRUPPEN DEF. Es öffnet sich ein kleines Fenster (Abb. 6.2):

Abbildung 6.2 Mann-Whitney-U-Test, Gruppen definieren

Wenn Sie die Gruppen definiert haben, klicken Sie bitte auf WEITER und dann auf OK. SPSS startet die Berechnung und wechselt zum Ausgabefenster.

Mann-Whitney-Test

Ränge

	Geschlecht	H	Mittlerer Rang	Summe der Ränge
WHOQOL-BREF 1: Physisch	weiblich	140	103.94	14551.00
	männlich	78	119.49	9320.00
	Gesamtsumme	218		

Teststatistiken[a]

	WHOQOL-BREF 1: Physisch
Mann-Whitney-U-Test	4681.000
Wilcoxon-W	14551.000
U	-1.753
Asymp. Sig. (2-seitig)	.080

a. Gruppierungsvariable: Geschlecht

Abbildung 6.3 SPSS-Ausgabe, Mann-Whitney-U-Test

Ganz egal, was in der Tabelle »Ränge« steht, der tatsächlich relevante Wert steht in der Tabelle »Teststatistiken« rechts neben »Asymptotische Signifikanz (2-seitig)« (Abb. 6.3). Ist dieser Wert kleiner als 0,05, dann hat man ein signifikantes Ergebnis. Ist der Wert größer (hier: 0,080), hat man ein nicht-signifikantes Ergebnis. Bei einem signifikanten Ergebnis müsste man sich für die H1 entscheiden, bei einem nicht-signifikanten Ergebnis für die H0. Und diese Hypothesen hat man selbstverständlich bereits aufgestellt.

! Viele Studierende haben damit Probleme, die erste Tabelle der Ausgabe (Ränge) zu verstehen.
Daher empfehlen wir, über die Anweisung ANALYSIEREN → MITTELWERTE VERGLEICHEN → MITTELWERTE die Mittelwerte sowie Mediane und diverse Streuungsparameter (Standardabweichung, Minimum, Maximum) der zu untersuchenden Gruppen anzeigen zu lassen.

6.3 t-Test auf Mittelwertsunterschiede

Den t-Test zur Prüfung auf Mittelwertsunterschiede gibt es in mehreren Varianten. Zusätzlich gibt es noch einen t-Test zur Prüfung von Spearman-Rang- und Produkt-

Moment-Korrelationen. Hier werden die einzelnen Varianten nacheinander abgehandelt:

▶ t-Test für unabhängige Stichproben (s. Abschn. 6.3.1)
▶ t-Test für abhängige Stichproben (s. Abschn. 6.3.2)
▶ t-Test für Korrelationen (s. Abschn. 6.3.3)

6.3.1 t-Test für unabhängige Stichproben

ANALYSIEREN → MITTELWERTE VERGLEICHEN → T-TEST BEI UNABHÄNGIGEN STICHPROBEN

Manchmal möchte man die Mittelwerte zweier Gruppen nicht nur deskriptiv betrachten, sondern auch testen, ob sich die Mittelwerte der beiden Gruppen statistisch bedeutsam voneinander unterscheiden. Dabei hilft der t-Test. Sind die beiden Gruppen voneinander unabhängig, wie in diesem Beispiel, wäre der t-Test für unabhängige Stichproben zu rechnen.

> **❗ Abhängige und unabhängige Stichproben**
>
> Stichproben werden als *unabhängig* bezeichnet, wenn von der einen Stichprobe keine Rückschlüsse auf die andere Stichprobe gezogen werden können. Das ist z. B. der Fall, wenn die Versuchspersonen per Zufall gezogen werden. Stichproben sind *abhängig*, wenn aus der einen Stichprobe die andere hervorgeht, z. B. Zwillingsuntersuchungen oder ein Vergleich von Ehepartnern. Auch wenn ein und dieselbe Person zu verschiedenen Zeitpunkten befragt wird, handelt es sich um eine abhängige Stichprobe.

Sobald Sie mehr als zwei Gruppen inferenzstatistisch miteinander vergleichen wollen, sollten Sie das mit einer Varianzanalyse und nicht mit einem bzw. mehreren t-Tests tun (nähere Informationen zur Varianzanalyse finden Sie in Abschn. 7.3). Doch zurück zum t-Test. Wenn Sie den oben beschriebenen Pfad anwählen, öffnet sich das Fenster in Abbildung 6.4.

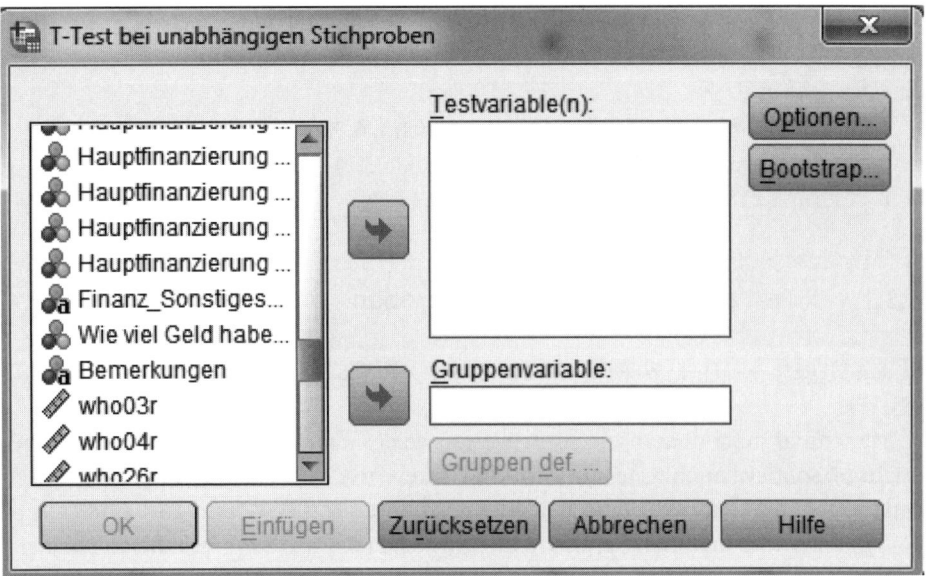

Abbildung 6.4 t-Test bei unabhängigen Stichproben, Hauptfenster

Hier tragen Sie bitte als Gruppenvariable jene Variable ein, in welcher die Werte für die Gruppenzugehörigkeit stehen, also z. B. »Geschlecht«. Als Testvariable fügen Sie bitte »Alter« ein.

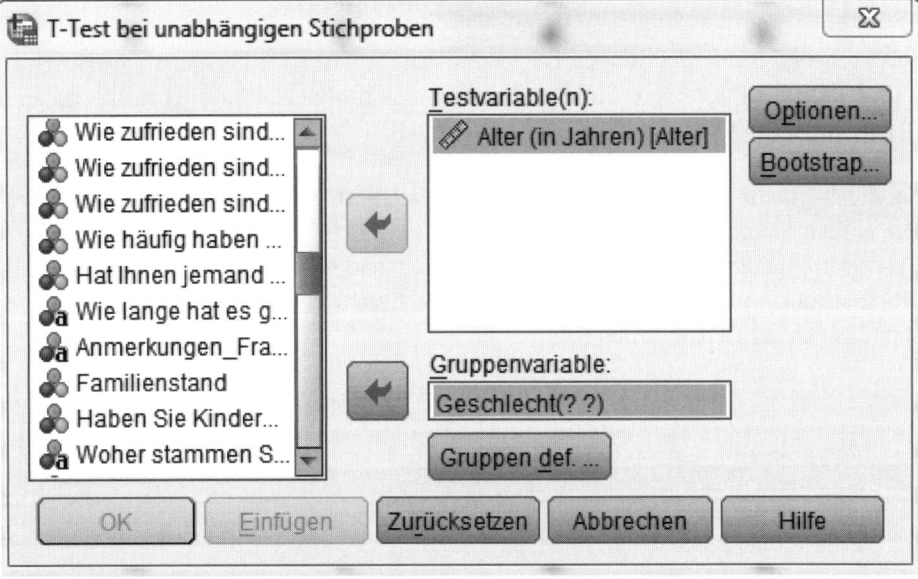

Abbildung 6.5 t-Test bei unabhängigen Stichproben, Hauptfenster mit Variablen

Im nächsten Schritt müssen Sie SPSS sagen, welche Werte der Gruppenvariablen eine Gruppe bestimmen. Klicken Sie dazu auf den Knopf GRUPPEN DEF. Ein weiteres Fenster öffnet sich. Tragen Sie hier bitte bei Gruppe 1 den Wert ein, den Sie für »weiblich« vergeben haben, also eine »1«, und bei Gruppe 2 den Wert für »männlich«, also eine »2«.

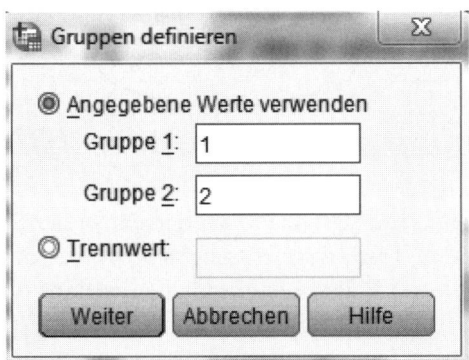

Abbildung 6.6 t-Test bei unabhängigen Stichproben, Unterfenster »Gruppen definieren«

Wählen Sie dann WEITER. Das Unterfenster schließt sich und Sie befinden sich wieder im Hauptfenster. Klicken Sie bitte OK. SPSS berechnet nun, ob sich die Altersmittelwerte von Frauen und Männern statistisch bedeutsam voneinander unterscheiden. Als Ausgabe erhalten Sie:

Tabelle 6.2 SPSS-Ausgabe für t-Test bei unabhängigen Stichproben (Ausschnitt)

Test bei unabhängigen Stichproben

		Levene-Test der Varianzgleichheit		T-Test für die Mittelwertgleichheit		
		F	Sig.	t	df	Sig. (2-seitig)
Alter (in Jahren)	Varianzgleichheit angenommen	,051	,821	-1,364	209	,174
	Varianzgleichheit nicht angenommen			-1,438	177,370	,152

Wie liest man diese Ausgabe? Ein Sprung zurück: In einer Statistik-Veranstaltung sollten Sie gelernt haben, dass vor einem t-Test für unabhängige Stichproben zuerst ein F-Test gerechnet werden muss. Je nach Ausgang des F-Tests wurden dann unterschiedliche Formeln für den t-Test verwendet; entweder t-Test-Formeln unter der Voraussetzung, dass die Varianzen homogen, d. h. gleich sind, oder eben t-Test-Formeln für den Fall, dass die Varianzen heterogen, d. h. nicht gleich sind.

SPSS rechnet nun beide t-Test-Varianten. Zusätzlich rechnet SPSS auch noch automatisch den F-Test (Tab. 6.3).

Tabelle 6.3 F-Test Ergebnis

Test bei unabhängigen Stichproben

F-Test		Levene-Test der Varianzgleichheit		T-Test für die Mittelwertgleichheit		
		F	Sig.	t	df	Sig. (2-seitig)
Alter (in Jahren)	Varianzgleichheit angenommen	,051	,821	-1,364	209	,174
	Varianzgleichheit nicht angenommen			-1,438	177,370	,152

Auch in Tabelle 6.3 wird eine Signifikanz angegeben. Ist der Signifikanzwert größer als 0,05 (bzw. 0,10 beim F-Test), dann entscheiden wir uns für die H0. Wäre er kleiner als 0,05 (bzw. 0,10 beim F-Test), dann müssten wir uns für die Alternativhypothese H1 entscheiden. Was steht in den Hypothesen beim F-Test? In der H0 steht: Die Varianzen sind gleich bzw. homogen. Dementsprechend steht in der H1: Die Varianzen sind nicht gleich, sie sind heterogen. Im vorliegenden Fall hätten wir also homogene Varianzen.

SPSS rechnet automatisch beide t-Test-Varianten (für gleiche Varianzen bzw. für ungleiche Varianzen). In der oberen Zeile stehen die t-Test-Ergebnisse für den Fall, dass die Varianzen gleich sind. In der unteren Zeile stehen die t-Test-Ergebnisse für den Fall, dass die Varianzen nicht gleich sind.

Anhand der F-Test-Ergebnisse muss nun entschieden werden, welche t-Test-Ergebnisse im betreffenden Fall relevant sind. In unserem Beispiel handelt es sich um homogene, d. h. gleiche Varianzen, also sind hier die t-Test-Ergebnisse in der oberen Zeile relevant.

Tabelle 6.4 t-Test Ergebnisse (Ausschnitt)

Test bei unabhängigen Stichproben

t-Test		Levene-Test der Varianzgleichheit		T-Test für die Mittelwertgleichheit		
		F	Sig.	t	df	Sig. (2-seitig)
Alter (in Jahren)	Varianzgleichheit angenommen	,051	,821	-1,364	209	,174
	Varianzgleichheit nicht angenommen			-1,438	177,370	,152

Auch beim t-Test wird wieder ein Signifikanzwert (hier: »Sig. [2-seitig]«) angegeben. Ist dieser Signifikanzwert kleiner als 0,05, dann wäre es ein signifikantes Ergebnis, man entscheidet sich für die H1. Ist dieser Signifikanzwert nicht kleiner als 0,05, dann hätte man ein nicht-signifikantes Ergebnis, man müsste sich für die H0 entscheiden. Wichtig ist es natürlich, dass man vorher bereits Hypothesen aufgestellt hat. Und was bedeutet jetzt das »2-seitig«? Ein Sprung zurück: Hypothesen konnten unterteilt werden in ungerichtete (2-seitige) und gerichtete (1-seitige) Hypothesen. SPSS hat keine Ahnung, ob Sie ungerichtete oder gerichtete Hypothesen aufgestellt haben. SPSS geht daher einfach davon aus, dass Sie ungerichtete, eben 2-seitige Hypothesen aufgestellt haben. Ist dies der Fall, ist der Signifikanzwert in der SPSS-Ausgabe direkt verwertbar. Aber was tun, wenn Sie gerichtete Hypothesen aufgestellt haben? In diesem Fall muss der Signifikanzwert der SPSS-Ausgabe halbiert werden. Ist der halbierte Wert kleiner als 0,05, wäre dies ein erster Hinweis auf ein signifikantes Ergebnis. Zusätzlich müssen Sie sich vergewissern, dass die Mittelwerte der beiden Gruppen – eigentlich geht es ja darum, zwei Gruppen hinsichtlich ihrer durchschnittlichen Leistung miteinander zu vergleichen – der Alternativhypothese H1 entsprechen. Trifft beides zu, ist also der halbierte Signifikanzwert kleiner als 0,05 *und* entsprechen die Mittelwerte der beiden Gruppen der Alternativhypothese H1, dann – und nur dann – haben Sie ein signifikantes Ergebnis.

Wenn Sie noch mehr zum Thema Hypothesen wissen wollen, dann schauen Sie doch bitte einmal in Kapitel 10 hinein.

6.3.2 t-Test für abhängige Stichproben

Die Berechnungen in diesem Abschnitt beziehen sich auf den Datensatz »SOC_T1_T2.sav«. Eine kurze Beschreibung des Datensatzes finden Sie unter »Hinweise zum Online-Material«.

In SPSS finden Sie den t-Test für abhängige (verbundene) Stichproben unter ANA-LYSIEREN → MITTELWERTE VERGLEICHEN → T-TEST BEI VERBUNDENEN STICHPROBEN.

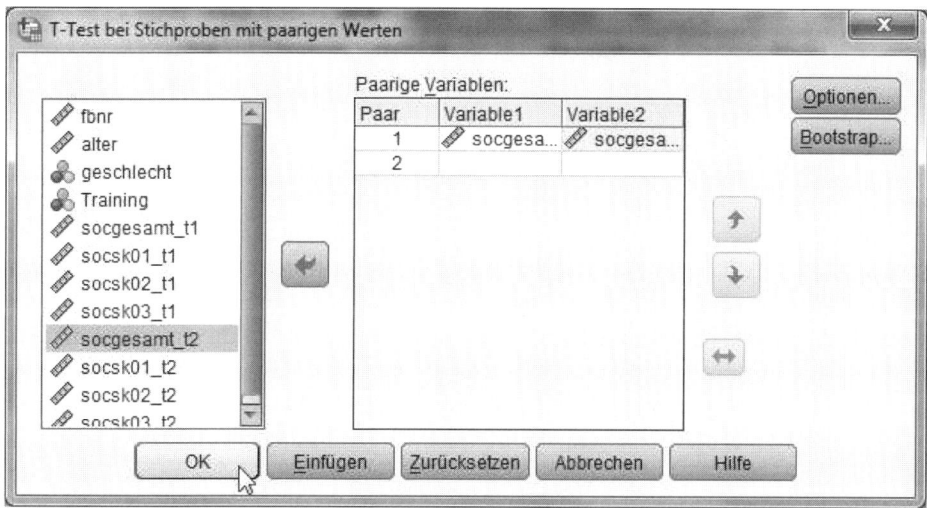

Abbildung 6.7 t-Test für abhängige Stichproben, Hauptfenster

Diese t-Test-Variante findet z. B. dann Anwendung, wenn zwei Werte ein und derselben Person miteinander verglichen werden sollen. In diesem Beispiel soll geschaut werden, ob sich das Kohärenzgefühl, gemessen mit dem SOC-Fragebogen, durch ein Sozialtraining verändert hat. Dazu hat eine Stichprobe von N = 59 Personen vor (»SOC Gesamt zu Messzeitpunkt 1«) und nach (»SOC Gesamt zu Messzeitpunkt 2«) dem Sozialtraining den SOC-Fragebogen ausgefüllt. Wenn Sie im Hauptfenster diese beiden Variablen ausgewählt haben, klicken Sie bitte auf OK.

Als Ausgabe erhalten Sie beispielsweise folgende Tabellen:

Tabelle 6.5 SPSS-Ausgabe, t-Test abhängige Stichproben, Statistik deskriptiv

Statistik für Stichproben mit paarigen Werten

		Mittelwert	H	Standardabweichung	Standardfehler Mittelwert
Paar 1	MZP1: SOC Gesamtwert	139,7288	59	18,97442	2,47026
	MZP2: SOC Gesamtwert	140,2881	59	19,84687	2,58384

Tabelle 6.6 SPSS-Ausgabe, t-Test abhängige Stichproben, Korrelationen

Korrelationen für Stichproben mit paarigen Werten

		H	Korrelation	Sig.
Paar 1	MZP1: SOC Gesamtwert & MZP2: SOC Gesamtwert	59	,703	,000

Tabelle 6.7 SPSS-Ausgabe, t-Test abhängige Stichproben (Ausschnitt)

Test für Stichproben mit paarigen Werten

		Paarige Differenzen					
		Mittelwert	Standardabweichung	Standardfehler Mittelwert	t	df	Sig. (2-seitig)
Paar 1	MZP1: SOC Gesamtwert - MZP2: SOC Gesamtwert	-,55932	14,96925	1,94883	-,287	58	,775

Wie liest man diese Ausgabe? Jedes Mal, wenn in SPSS ein inferenzstatistischer Test angefordert wird (hier: t-Test bei verbundenen Stichproben), zeigt SPSS an irgendeiner Stelle einen Signifikanzwert (hier: Sig.) an. Dieser Wert kann verstanden werden als die Wahrscheinlichkeit (p) dafür, dass der Zufall bei diesem Ergebnis eine Rolle spielt. Ist nun diese Wahrscheinlichkeit kleiner als 0,05, dann wird das Ergebnis als signifikant bezeichnet, der Zufall spielt praktisch keine Rolle, das Ergebnis ist statistisch bedeutsam! Bei einem signifikanten Ergebnis entscheiden wir uns für die Alternativhypothese H1. Ist der in SPSS angezeigte Signifikanzwert größer oder gleich 0,05 (z. B. 0,12 oder 0,431 etc.), dann spielt der Zufall eine Rolle, das Ergebnis ist nicht signifikant; wir entscheiden uns für die Nullhypothese H0. Sehr wichtig ist es natürlich, dass vor dem Signifikanztest auch Hypothesen aufgestellt wurden.

Da die Signifikanz hier (p = 0,77) größer ist als 0,05, würde man sich für die H0 entscheiden: Die Werte für »SOC Gesamt« zu den beiden Messzeitpunkten unterscheiden sich nicht voneinander. Inhaltlich gesehen hat also das Sozialtraining zu keiner statistisch bedeutsamen Veränderung geführt.

6.3.3 t-Test für Korrelationen

Der t-Test für Korrelationen wird in SPSS immer automatisch berechnet, wenn eine Produkt-Moment- oder eine Spearman-Rang-Korrelation ausgewählt wird (ANALYSIEREN → KORRELATION → BIVARIATE KORRELATION). SPSS zeigt dann folgende Ausgabe:

Tabelle 6.8 SPSS-Ausgabe bivariate Korrelation

Korrelationen

		WHOQOL-BREF 1: Physisch	WHOQOL-BREF 2: Psychisch
WHOQOL-BREF 1: Physisch	Pearson-Korrelation	1	,620**
	Sig. (2-seitig)		,000
	N	219	219
WHOQOL-BREF 2: Psychisch	Pearson-Korrelation	,620**	1
	Sig. (2-seitig)	,000	
	N	219	219

**. Korrelation ist bei Niveau 0,01 signifikant (zweiseitig).

Und wieder ist ein Signifikanzwert (»Signifikanz (2-seitig)«) angegeben. Wie immer gilt auch hier: Ist dieser Signifikanzwert kleiner als 0,05, dann hat man ein signifikantes Ergebnis, man entscheidet sich für die H1. Ist der Signifikanzwert nicht kleiner als 0,05, dann hat man ein nicht-signifikantes Ergebnis und müsste sich für die H0 entscheiden. SPSS liefert hier einen Signifikanzwert von 0,000. Dies bedeutet aber nicht, dass der Signifikanzwert = 0 ist, sondern lediglich, dass der Signifikanzwert kleiner als 0,001 ist. Konsequenterweise sollte in einem Bericht, wenn die inferenzstatistischen Kennwerte dargestellt werden, »p < 0,001« geschrieben werden.

Als Interpretation könnte man nun – mit einer Irrtumswahrscheinlichkeit von 5 % – behaupten, dass zwischen den beiden Variablen »Physische Aspekte der Lebensqualität« und »Psychische Aspekte der Lebensqualität« ein Zusammenhang besteht.

7 Erweiterte Statistische Verfahren

Alle Berechnungen in diesem Abschnitt beziehen sich auf den Datensatz »who_qol.sav«, sofern nichts anderes angegeben ist. Eine kurze Beschreibung des Datensatzes finden Sie unter »Hinweise zum Online-Material«.

7.1 Explorative Faktorenanalyse

Eine explorative Faktorenanalyse dient der Datenreduktion bzw. der Strukturierung von Variablen anhand ihrer Korrelationen untereinander. Bei der IBM SPSS Statistics software finden Sie die explorative Faktorenanalyse unter ANALYSIEREN → DIMENSIONSREDUKTION → FAKTORENANALYSE.

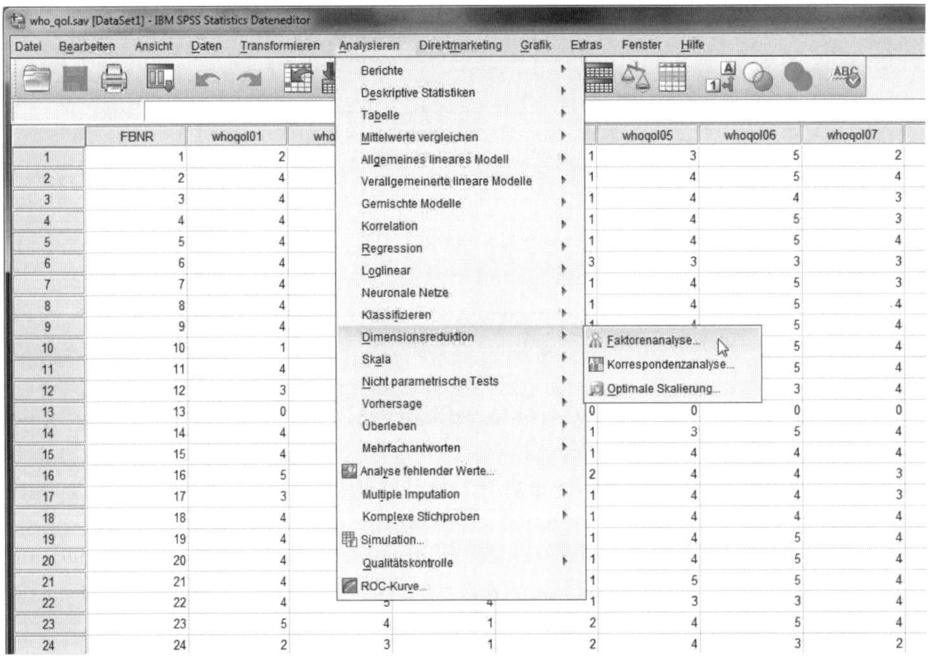

Abbildung 7.1 Menü Analysieren → Dimensionsreduktion → Faktorenanalyse

Eine Faktorenanalyse ist unter anderem immer dann sinnvoll, wenn man eine erste Fragebogenversion zu einem neuen Thema entwickelt hat und nun schauen möchte, welche Items sich zu einem Faktor gruppieren lassen. Aber Achtung: Die Ergebnisse einer explorativen Faktorenanalyse werden erst bei größeren Stichproben (als Faustregel mag dienen: 1,5- bis 2-mal mehr Versuchspersonen als Items in einer Faktorenanalyse) stabil.

Eine weitere Voraussetzung ist, dass die Items abgestuft beantwortet werden können, d. h. z. B. von 1 = *sehr schlecht* bis 5 = *sehr gut*.

Wenn Sie die Faktorenanalyse auswählen, öffnet sich zuerst folgendes Fenster
(Abb. 7.2):

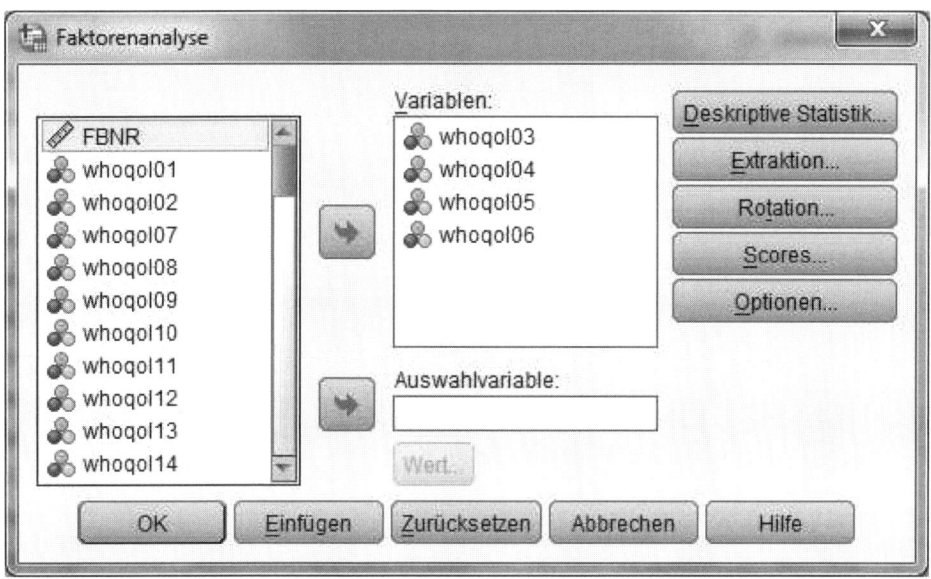

Abbildung 7.2 Faktorenanalyse, Hauptfenster

Hier können nun die Variablen ausgewählt werden, für welche die Faktorenanalyse
durchgeführt werden soll. Wählen Sie für dieses Beispiel bitte die Variablen
»whoqol03«, »whoqol04«, »whoqol05« und »whoqol06« aus.

Neben der Auswahl der Variablen muss häufig noch eine Entscheidung darüber
getroffen werden, ob man die Anzahl der zu bildenden Faktoren selbst festlegt oder
dies SPSS z. B. anhand des Kaiser-Kriteriums überlässt. Die Einstellungen hierzu
finden Sie, wenn Sie auf EXTRAKTION klicken (Abb. 7.3).

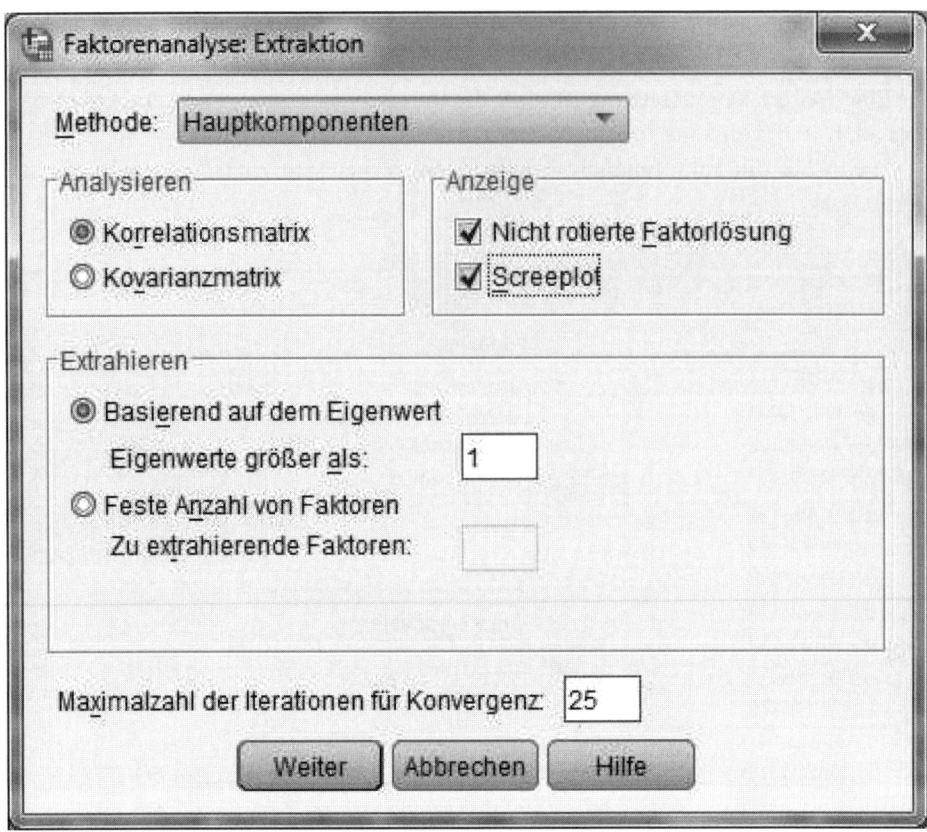

Abbildung 7.3 Faktorenanalyse, Extraktion

In diesem Fenster können Sie verschiedene interessante Einstellungen vornehmen: Zum einen können Sie natürlich die Voreinstellung der zu verwendenden Rechenmethode (hier: Hauptkomponenten) verändern. Im Regelfall sollten Sie es jedoch bei dieser Methode belassen. Des Weiteren können Sie im Block »Extrahieren« Einfluss nehmen, ob die Anzahl der zu bildenden Faktoren von SPSS getroffen werden soll (mittels Kaiser-Kriterium: Eigenwert größer als 1) oder ob Sie selbst festlegen möchten, wie viele Faktoren extrahiert werden sollten. Als Tipp würden wir empfehlen, zuerst das Kaiser-Kriterium anzuwenden und dann zu überlegen, ob die Lösung der Faktorenanalyse, d. h. die »rotierte Komponentenmatrix« sinnvoll interpretiert werden kann. Die rechentechnisch günstigste Lösung, welche von SPSS angeboten wird, muss nicht auch zwangsläufig die inhaltlich sinnvollste sein!

Darüber hinaus können Sie in diesem Fenster den »Screeplot« anfordern. Klicken Sie dann bitte auf WEITER.

Als Nächstes klicken Sie bitte auf den Button ROTATION. Es öffnet sich das in Abbildung 7.4 dargestellte Fenster.

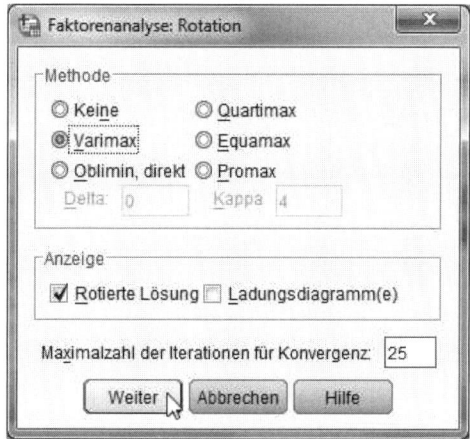

Abbildung 7.4 Faktorenanalyse, Rotation

Zur besseren Interpretierbarkeit der Faktorlösung kann eine Rotation (Drehung) der Faktoren angefordert werden. In der Regel sollten Sie hier die Methode »Varimax« auswählen.

»Varimax« ist eine orthogonale Rotationsmethode, d. h. die gebildeten Faktoren werden so gedreht, dass sie rechtwinklig zueinander stehen. Das Gegenstück wäre beispielsweise die Rotationsmethode »Oblimin«; hierbei werden die Faktoren auch schiefwinklig (oblique) zueinander gedreht. In der Regel wird eine orthogonale Rotation vorgenommen. Wie gesagt, die Rotation dient lediglich der besseren Interpretierbarkeit der Faktorlösung.

Klicken Sie dann auf WEITER und wählen Sie als nächsten Punkt den Button OP-TIONEN aus.

Es öffnet sich das Optionsfenster (vgl. Abb. 7.5). Zur besseren Lesbarkeit empfiehlt es sich, in diesem Fenster die beiden Optionen »Sortiert nach Größe« und »Kleine Koeffizienten unterdrücken« auszuwählen.

Klicken Sie dann bitte auf WEITER und anschließend auf OK.

Damit starten Sie die Berechnungen. Nach einigen Sekunden öffnet sich das SPSS-Ausgabefenster.

Abbildung 7.5 Faktorenanalyse, Optionen

Die SPSS-Ausgabe zur Faktorenanalyse bei den hier gewählten Einstellungen umfasst insgesamt sechs Tabellen bzw. Abbildungen. Die Ausgabe startet mit der Darstellung der Kommunalitäten (Tab. 7.1).

Tabelle 7.1 Ausgabe Faktorenanalyse, Kommunalitäten

Kommunalitäten

	Anfänglich	Extraktion
whoqol03	1,000	,669
whoqol04	1,000	,654
whoqol05	1,000	,673
whoqol06	1,000	,849

Extraktionsmethode: Analyse der Hauptkomponente.

Die Kommunalitäten beschreiben, wie viel der ursprünglichen (anfänglichen) Information, die in einem Item steckt, nach der Bildung (Extraktion) der Faktoren noch übrig bleibt. Werden die Werte mit 100 multipliziert, erhält man Prozentangaben zum verbleibenden Informationsgehalt. In diesem Beispiel bleiben von dem Item »whoqol03« nach Extraktion der Faktoren (nach Reduzierung auf die Faktoren) noch 66,9 % der Information erhalten. Das Item »whoqol06« wird zu 84,9 % durch die Faktorenlösung repräsentiert.

Weiter geht es mit der Tabelle zur erklärten Gesamtvarianz (Tab. 7.2).

Tabelle 7.2 Ausgabe Faktorenanalyse, Erklärte Gesamtvarianz

Erklärte Gesamtvarianz

Kompo-nente	Anfängliche Eigenwerte			Extrahierte Summen von quadrierten Ladungen			Rotierte Summen von qua-drierten Ladungen		
	Gesamt-summe	% der Varianz	Kumu-lativ %	Gesamt-summe	% der Varianz	Kumula-tiv %	Gesamt-summe	% der Varianz	Kumu-lativ %
1	1,794	44,861	44,861	1,794	44,861	44,861	1,553	38,835	38,835
2	1,050	26,255	71,116	1,050	26,255	71,116	1,291	32,281	71,116
3	,615	15,387	86,503						
4	,540	13,497	100,000						

Extraktionsmethode: Analyse der Hauptkomponente.

Prinzipiell können ebenso viele Faktoren/Komponenten gebildet werden, wie Items in die Faktorenanalyse eingeschlossen werden. In der ersten Spalte kann man sehen, dass in diesem Beispiel prinzipiell vier Komponenten gebildet werden konnten. In der Spalte rechts daneben stehen die Eigenwerte für die betreffenden Komponenten (Komponente 1 hat bspw. den Eigenwert 1,794). Da im Fenster »Extraktion« das Kaiser-Kriterium (Eigenwert größer als 1) ausgewählt wurde, bricht SPSS nach der Bildung/Extraktion des zweiten Faktors ab. Daher stehen in den Spalten 5 bis 10 nur noch zwei Zeilen. Von diesen Spalten ist insbesondere Spalte 7 »Kumulativ %« von Interesse. Der letzte Wert in dieser Spalte gibt an, wie viel Prozent der Information der fünf Items nach der Reduzierung auf eine Komponente noch erhalten geblieben ist (hier: 71,12 %). Als Faustregel kann man sich merken, dass eine Faktorenanalyse mindestens circa 50 % der ursprünglichen Information abbilden sollte.

Nächster Punkt in der Ausgabe ist der angeforderte Screeplot (Abb. 7.6).

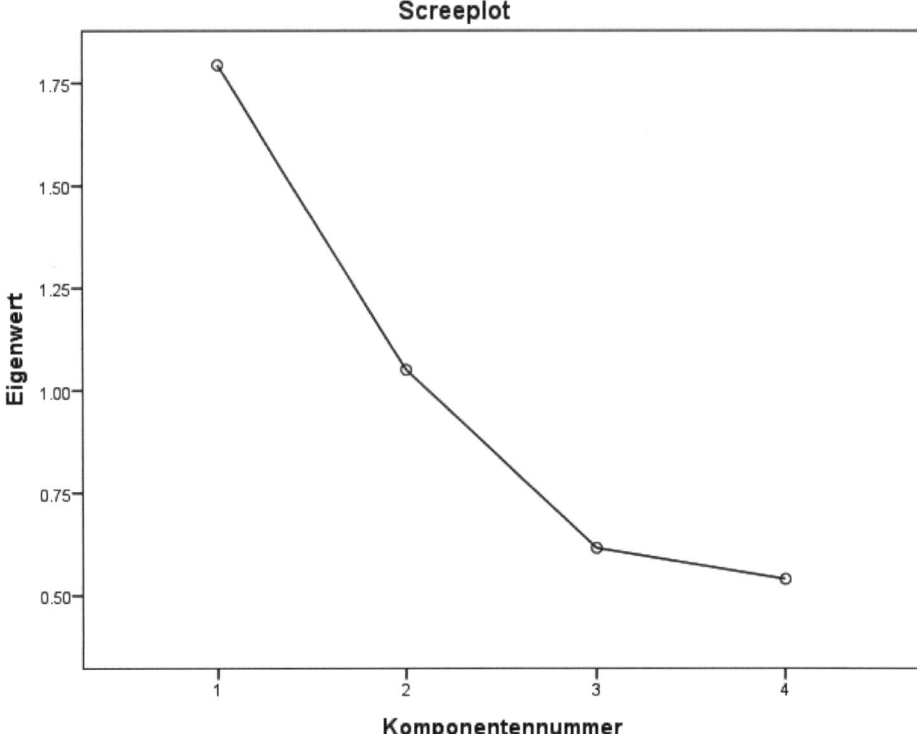

Abbildung 7.6 Ausgabe Faktorenanalyse, Screeplot

Im Screeplot ist der Eigenwerteverlauf der vier möglichen Faktoren abgebildet. Wie man sehen kann, bilden die Eigenwerte der Faktoren 3 und 4 nahezu eine waagerechte Linie. Nach dem Scree-Kriterium wären also nur die beiden Faktoren (1 und 2) vor dem Knick hin zur Linie relevant.

Nächster Punkt in der Ausgabe ist die Komponentenmatrix (Tab. 7.3). In dieser Komponentenmatrix stehen die sogenannten Faktorladungen, d. h. die Korrelationen der Items mit den beiden gebildeten Faktoren. Diese Komponentenmatrix ist jedoch nur schlecht interpretierbar. Zur besseren Interpretation wurde zusätzlich noch eine Rotation (hier: Methode »Varimax«) durchgeführt. Das Ergebnis der Rotation steht dann in der Ausgabe »Rotierte Komponentenmatrix« (Tab. 7.4).

Tabelle 7.3 Ausgabe Faktorenanalyse, Komponentenmatrix

Komponentenmatrix[a]

	Komponente	
	1	2
whoqol05	-,775	,270
whoqol03	,720	,389
whoqol04	,685	,430
whoqol06	-,455	,801

Extraktionsmethode: Analyse der Hauptkomponente.

a. 2 Komponenten extrahiert.

Tabelle 7.4 Ausgabe Faktorenanalyse, rotierte Komponentenmatrix

Rotierte Komponentenmatrix[a]

	Komponente	
	1	2
whoqol03	,813	
whoqol04	,808	
whoqol06		,918
whoqol05	-,483	,663

Extraktionsmethode: Analyse der Hauptkomponente.

Rotationsmethode: Varimax mit Kaiser-Normalisierung.

a. Rotation konvergierte in 3 Iterationen.

In der rotierten Komponentenmatrix stehen ebenfalls Korrelationen zwischen den Items und den beiden gebildeten Komponenten. Diese rotierte Komponentenmatrix ist jetzt vergleichsweise gut interpretierbar, und zwar aus folgendem Grund: Die Items whoqol03 »Wie stark werden Sie durch Schmerzen daran gehindert, notwendige Dinge zu tun?« und whoqol04 »Wie sehr sind Sie auf medizinische Behandlung angewiesen, um das tägliche Leben zu meistern?« haben die höchste Korrelation mit der ersten Komponente. Die erste Komponente wird sozusagen aus diesen beiden Items gebildet bzw. kann diese beiden Items ersetzen. Die Items whoqol05 »Wie gut können Sie Ihr Leben genießen?« und whoqol06 »Betrachten Sie Ihr Leben als sinnvoll?« haben die höchste Korrelation bzw. die höchste Faktorladung mit dem zweiten Faktor. Der zweite Faktor repräsentiert diese beiden Items.

Wollte man den beiden Komponenten jetzt Namen geben, dann könnte die erste Komponente beispielsweise »Gesundheit« heißen, die zweite z. B. »Lebensqualität allgemein«.

Bleibt noch die letzte Ausgabe, die Komponententransformationsmatrix (Tab. 7.5). Hier können eingefleischte Statistiker und Mathematiker sehen, wie aus der Komponentenmatrix die rotierte Komponentenmatrix gebildet wurde. Alle sonstigen Personen können diese Ausgabe getrost ignorieren.

Tabelle 7.5 Ausgabe Faktorenanalyse, Komponententransformationsmatrix

Komponententransformationsmatrix

Komponente	1	2
1	,822	-,569
2	,569	,822

Extraktionsmethode: Analyse der Hauptkomponente.
Rotationsmethode: Varimax mit Kaiser-Normalisierung.

! Die von SPSS vorgeschlagene Lösung muss nicht immer die günstigste sein! In der Regel stellt die SPSS-Lösung nur eine erste Lösung dar. Extrahiert SPSS bspw. drei Faktoren, dann empfehlen wir stets noch eine Faktorenanalyse mit zwei Faktoren und eine mit vier Faktoren zu rechnen. Die am besten inhaltlich interpretierbare Lösung ist die beste Lösung.

7.2 Einfache und multiple Regressionsanalyse

Eine Regressionsanalyse bildet ein Modell mit Prädiktorvariablen zur Vorhersage einer Kriteriumsvariablen.

In SPSS finden Sie die Regressionsanalyse unter ANALYSIEREN → REGRESSION → LINEAR.

Abbildung 7.7 Menü → Analysieren → Regression → Linear

Wenn Sie eine Regressionsanalyse anfordern, öffnet sich das Hauptfenster (Abb. 7.8). In diesem Hauptfenster können Sie auswählen, welche Variable geschätzt werden soll (Abhängige Variable, Kriteriumsvariable) und welche Variablen zur Schätzung herangezogen werden (Unabhängige Variablen, Prädiktorvariablen). Hier soll ermittelt werden, ob sich mittels der Werte »Lebensqualität: Physisch«, »Lebensqualität: Psychisch«, »Lebensqualität: Soziale Beziehungen« und »Lebensqualität: Umwelt« als Prädiktoren der Wert »Lebensqualität: Globalwert« als Kriterium schätzen lässt bzw. welche Variable welchen Einfluss auf den Globalwert hat.

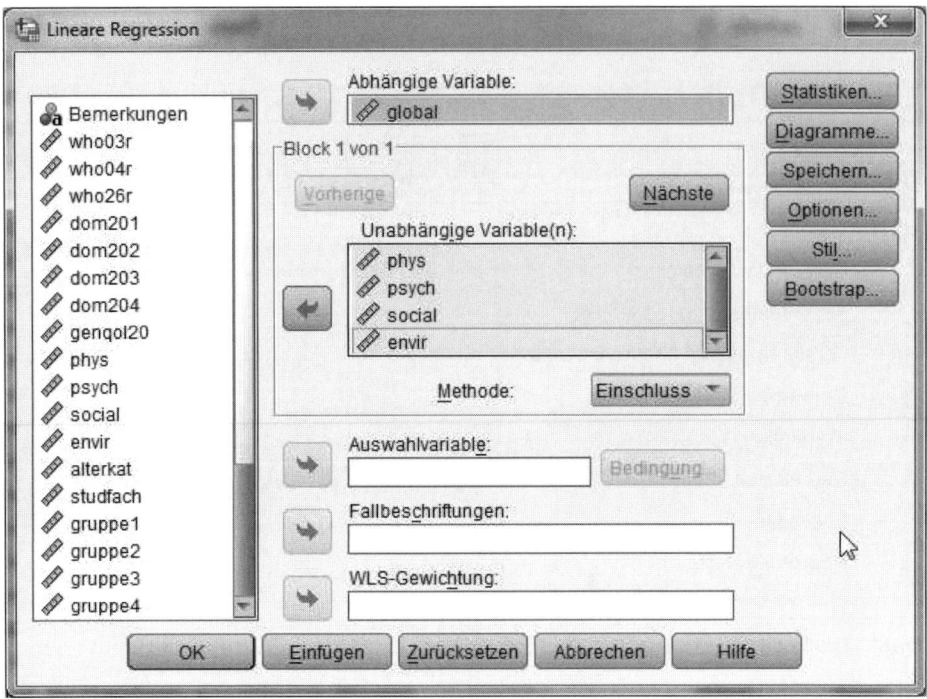

Abbildung 7.8 Regressionsanalyse, Lineare Regression, Hauptfenster

Über den Button STATISTIKEN lassen sich einige hilfreiche Informationen anfordern.

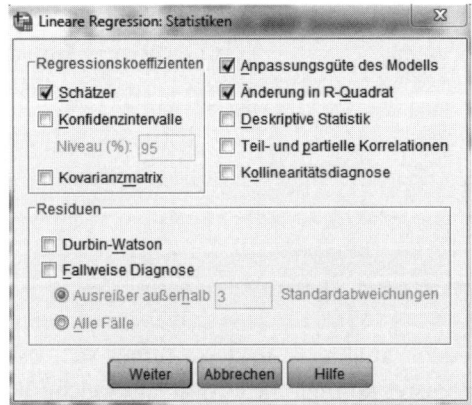

Abbildung 7.9 Regressionsanalyse, Lineare Regression, Statistiken

Wählen Sie bitte »Anpassungsgüte des Modells« und »Änderung in R-Quadrat« aus. Klicken Sie danach auf WEITER.

Sie befinden sich wieder im Hauptfenster. Klicken Sie bitte auf den Pfeil bei »Methode: Einschluss« (Abb. 7.10). Hier können Sie auswählen, wie die Prädiktorvariablen in das Regressionsmodell eingebaut werden sollen. Wollen Sie alle Prädiktorvariablen auf einmal durchrechnen lassen, wählen Sie bitte »Einschluss«.

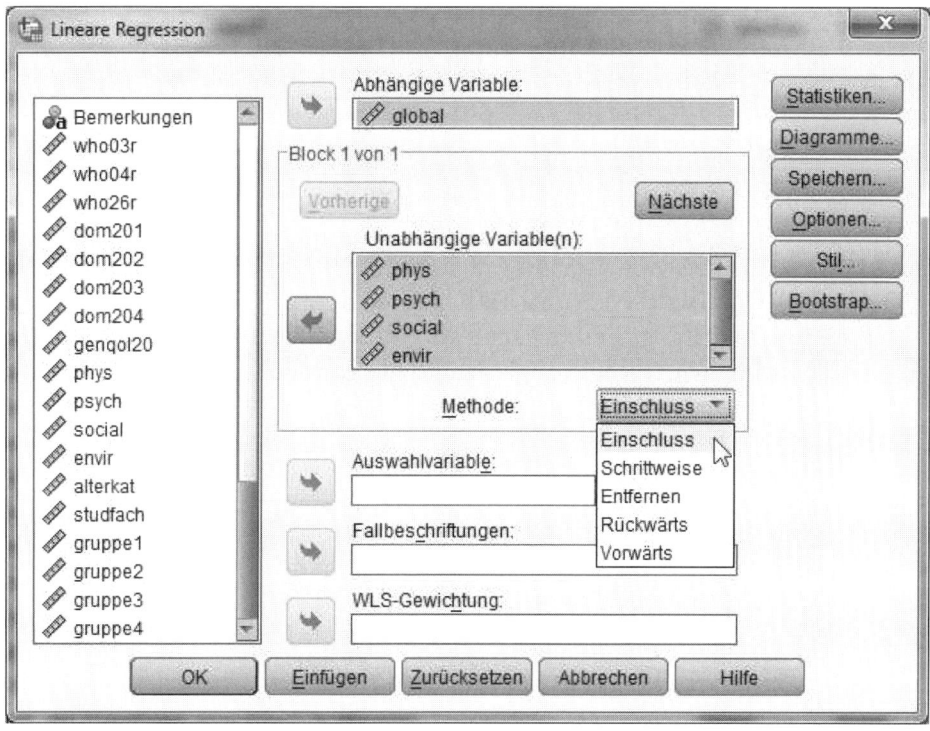

Abbildung 7.10 Regressionsanalyse, Lineare Regression, Methode: Einschluss

Klicken Sie dann auf OK. SPSS startet die Berechnungen und wechselt anschließend in das Ausgabefenster.

Standardmäßig erhalten Sie nun vier Ausgaben, wie sie im Folgenden dargestellt sind.

Eingegebene/Entfernte Variablen[a]

Modell	Eingegebene Variablen	Entfernte Variablen	Methode
1	WHOQOL-BREF 4: Umwelt, WHOQOL-BREF 3: Soziale Beziehungen, WHOQOL-BREF 2: Psychisch, WHOQOL-BREF 1: Physisch[b]	.	Aufnehmen

a. Abhängige Variable: WHOQOL-BREF: Globalwert

b. Alle angeforderten Variablen wurden eingegeben.

Abbildung 7.11 Ausgabe Regressionsanalyse, Eingegeben/Entfernte Variablen

In der ersten Ausgabe (Abb. 7.11) ist lediglich aufgelistet, welche Variablen als Prädiktoren dienen und welche Variable das Kriterium darstellt.

Die nächste Ausgabe ist die sogenannte Modellzusammenfassung (Tab. 7.6). Hier werden die wichtigsten Ergebnisse übersichtlich dargestellt.

Tabelle 7.6 Ausgabe Regressionsanalyse, Modellübersicht

Modellübersicht

Modell	R	R-Quadrat	Angepasstes R-Quadrat	Standardfehler der Schätzung	Änderungsstatistik				
					Änderung R-Quadrat	Änderung in F	df1	df2	Sig. Änderung in F
1	,673[a]	,453	,443	12,64748	,453	44,304	4	214	,000

a. Prädiktoren: (Konstante), WHOQOL-BREF 4: Umwelt, WHOQOL-BREF 3: Soziale Beziehungen, WHOQOL-BREF 2: Psychisch, WHOQOL-BREF 1: Physisch

In Spalte 2 »R« steht der multiple Korrelationskoeffizient. Er beschreibt, wie die vier Prädiktorvariablen insgesamt mit der einen Kriteriumsvariablen korrelieren. In der Spalte 3 steht der Multiple Determinationskoeffizient R^2. R^2 beschreibt die Güte des Regressionsmodells. In der letzten Spalte »Sig. Änderung in F« kann abgelesen werden, ob dieses Modell eine signifikante Vorhersage der Kriteriumsvariablen erlaubt. Ist der Signifikanzwert < 0,05, dann kann das Modell einen signifikanten Beitrag zur Vorhersage leisten. Ist der Signifikanzwert ≥ 0,05, dann leistet das Modell keinen Beitrag zur Vorhersage.

Hier haben wir ein signifikantes Ergebnis, die vier Prädiktoren können also zur Schätzung des Globalwertes herangezogen werden.

Tabelle 7.7 Ausgabe Regressionsanalyse, ANOVA

ANOVA^a

Modell		Quadrat-summe	df	Mittel der Quadrate	F	Sig.
1	Regression	28347,332	4	7086,833	44,304	,000^b
	Residuum	34231,150	214	159,959		
	Gesamtsumme	62578,482	218			

a. Abhängige Variable: WHOQOL-BREF: Globalwert
b. Prädiktoren: (Konstante), WHOQOL-BREF 4: Umwelt, WHOQOL-BREF 3: Soziale Beziehungen, WHOQOL-BREF 2: Psychisch, WHOQOL-BREF 1: Physisch

Die Ausgabe »ANOVA« (steht für ANalysis Of VAriance, Varianzanalyse) stellt die Ergebnisse zur Modellprüfung anhand einer Tafel der Varianzanalyse dar (Tab. 7.7).

Tabelle 7.8 Ausgabe Regressionsanalyse, Koeffizienten

Koeffizienten^a

Modell		Nicht standardisierte Koeffizienten		Standardi-sierte Koeffizienten	t	Sig.
		B	Standardfeh-ler	Beta		
1	(Konstante)	-1,847	6,202		-,298	,766
	WHOQOL-BREF 1: Physisch	,629	,087	,505	7,207	,000
	WHOQOL-BREF 2: Psychisch	,239	,094	,172	2,539	,012
	WHOQOL-BREF 3: Soziale Beziehungen	-,035	,057	-,036	-,618	,537
	WHOQOL-BREF 4: Umwelt	,143	,078	,108	1,832	,068

a. Abhängige Variable: WHOQOL-BREF: Globalwert

Die nächste Ausgabe (Tab. 7.8) liefert nun die Einflussgewichte für die einzelnen Prädiktoren. Mittels der nicht-standardisierten Koeffizienten kann die Regressionsgleichung aufgebaut werden. Mittels der standardisierten Koeffizienten können die Prädiktorvariablen hinsichtlich ihres Einflusses auf die Kriteriumsvariable miteinander verglichen werden.

Gehen wir die Ausgabe Schritt für Schritt durch.

Die Regressionsgleichung zur Schätzung des Wertes »Lebensqualität: Globalwert« lautet:

$$\hat{y} = -1{,}847 + 0{,}629 \cdot x_1 + 0{,}239 \cdot x_2 - 0{,}035 \cdot x_3 + 0{,}143 \cdot x_4$$

Hierbei gilt: $\hat{y}$ = Globalwert; x_1 = Physisch; x_2 = Psychisch; x_3 = Soziale Beziehungen; x_4 = Umwelt

Hätte man von einer neuen Person nun folgende Werte:

Physisch x_1 = 75

Psychisch x_2 = 67

Soziale Beziehungen x_3 = 88

Umwelt x_4 = 72

würde man für den Globalwert Folgendes schätzen:

$$\hat{y} = -1,847 + 0,629 \cdot x_1 + 0,239 \cdot x_2 - 0,035 \cdot x_3 + 0,143 \cdot x_4$$

$$\hat{y} = -1,847 + 0,629 \cdot 75 + 0,239 \cdot 67 - 0,035 \cdot 88 + 0,143 \cdot 72$$

$$\hat{y} = -1,847 + 47,175 + 16,013 - 3,08 + 10,296$$

$$\hat{y} = 69,07$$

Anhand der standardisierten Einflussgewichte (beta, β) können die Prädiktoren miteinander verglichen werden. »Lebensqualität: Physisch« und »Lebensqualität: Psychisch« haben annähernd den gleichen Einfluss bezüglich der Vorhersage des Globalwertes. Der Einfluss von »Lebensqualität: Umwelt« ist wesentlich geringer (hier: 0,108), der Einfluss von »Lebensqualität: Soziale Beziehungen« ist noch niedriger (hier: -0,036) und zudem negativ. Dies wäre folgendermaßen zu interpretieren: Hat jemand bei »Lebensqualität: Soziale Beziehungen« einen hohen Wert, dann drückt dies tendenziell seinen Wert bei »Lebensqualität: Globalwert«. Es wäre nun eine Frage der inhaltlichen Interpretation, wie es sein kann, dass mit einem Anstieg der Qualität des sozialen Umfeldes die subjektiv empfundene Lebensqualität absinkt.

Beschäftigen wir uns aber erst einmal mit weiteren Möglichkeiten, die SPSS zur Regressionsanalyse anbietet. Klicken Sie bitte wieder die Regressionsanalyse an ANALYSIEREN → REGRESSION → LINEAR, sodass das Hauptfenster erscheint. Hier sollten eigentlich die Variablen noch eingetragen sein. Verändern Sie dann bitte Folgendes: Klicken Sie im Hauptfenster auf »Methode: Einschluss« und wählen Sie bitte »Methode: Rückwärts« aus (Abb. 7.12).

Weitere Veränderungen sind nicht nötig. Klicken Sie dann bitte auf OK und starten Sie die Auswertung.

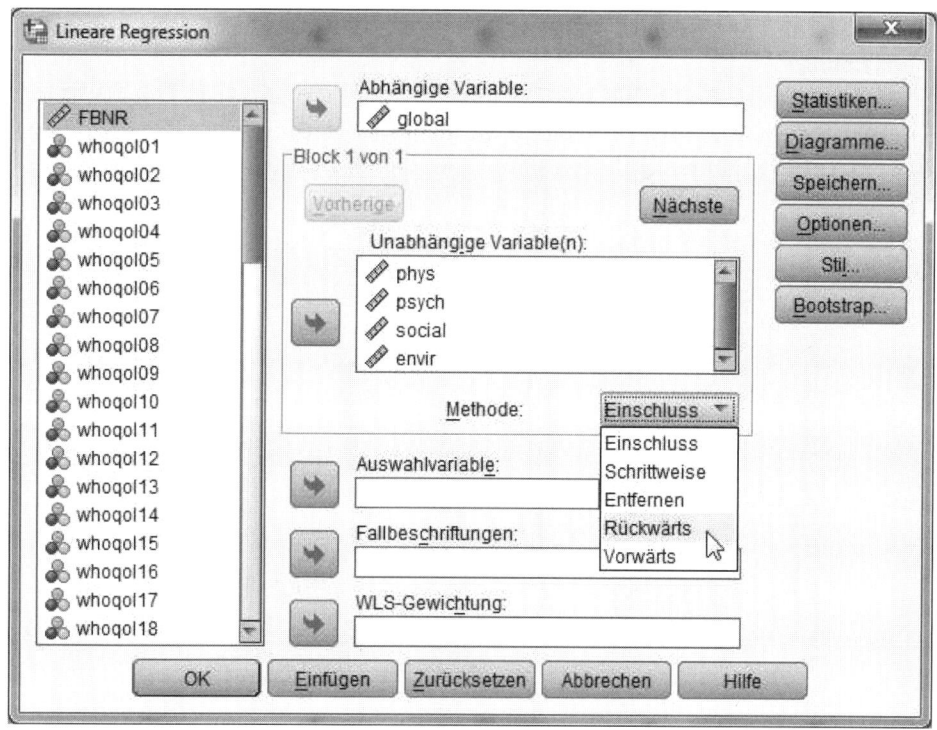

Abbildung 7.12 Regressionsanalyse, Lineare Regression, Methode: Rückwärts

Die Ausgabe hat sich jetzt verändert. Was ist geschehen? Durch die Wahl der »Methode: Rückwärts« berechnet SPSS jetzt mehrere Regressionsanalysen. SPSS startet damit, dass alle Prädiktorvariablen in die Berechnung eingeschlossen werden. Im Anschluss prüft SPSS, welche der Prädiktorvariablen den geringsten bzw. welche einen nicht-signifikanten Einfluss hat. Diese Prädiktorvariable wird dann entfernt und SPSS berechnet die Regressionsanalyse erneut, diesmal aber nur mit den verbliebenen (hier: drei) Prädiktorvariablen. Auch jetzt prüft SPSS, welche der Prädiktorvariablen den geringsten Einfluss hat bzw. welche der Prädiktorvariablen keinen signifikanten Vorhersagebeitrag zu leisten vermag. Gibt es eine solche Prädiktorvariable, wird sie entfernt und SPSS berechnet mit den übrigen (hier jetzt: zwei) Prädiktorvariablen erneut eine Regressionsanalyse. Diese Schritte werden so oft durchgeführt, bis nur noch solche Prädiktorvariablen übrig bleiben, die einen signifikanten Beitrag zur Vorhersage des Kriteriums leisten können.

In diesem Beispiel rechnet SPSS zwei Regressionsanalysen beziehungsweise erstellt zwei Modelle.

Im ersten Modell sind alle Prädiktorvariablen enthalten. Dieses Modell ist damit identisch zur oben beschriebenen Ausgabe. Für die zweite Berechnung wird der Prädiktor »Lebensqualität: Soziale Beziehungen« entfernt und mit den übrigen drei Variablen die Regressionsanalyse gerechnet. Da diese drei Prädiktoren einen signifikanten Beitrag zur Vorhersage leisten, wird keine hiervon entfernt, SPSS beendet die Berechnung.

In der Ausgabe sind beide Modelle dokumentiert. Gehen wir es langsam durch. Die erste Ausgabe (Abb. 7.13) zeigt, in welchem Modell (in welcher Regressionsanalyse) welche Prädiktoren enthalten waren bzw. entfernt wurden.

Eingegebene/Entfernte Variablen[a]

Modell	Eingegebene Variablen	Entfernte Variablen	Methode
1	WHOQOL-BREF 4: Umwelt, WHOQOL-BREF 3: Soziale Beziehungen, WHOQOL-BREF 2: Psychisch, WHOQOL-BREF 1: Physisch[b]	.	Aufnehmen
2	.	WHOQOL-BREF 3: Soziale Beziehungen	Rückwärts (Kriterium: Wahrscheinlichkeit von F-Wert für Ausschluss >= .100).

a. Abhängige Variable: WHOQOL-BREF: Globalwert

b. Alle angeforderten Variablen wurden eingegeben.

Abbildung 7.13 Ausgabe Regressionsanalyse, Aufgenommene/Entfernte Variablen, Methode Rückwärts

Die nächste Ausgabe (Tab. 7.9) beschreibt wieder die Modellzusammenfassung. In Spalte 2 »R« steht der multiple Korrelationskoeffizient. Er beschreibt, wie die Prädiktorvariablen insgesamt mit der einen Kriteriumsvariablen korrelieren. In der Spalte 3 steht der multiple Determinationskoeffizient R^2. R^2 beschreibt sozusagen die Güte des Regressionsmodells. Je höher R^2, desto besser ist das Modell zur Vorhersage geeignet.

Tabelle 7.9 Ausgabe Regressionsanalyse, Modellzusammenfassung, Methode Rückwärts

Modellübersicht

Modell	R	R-Quadrat	Angepasstes R-Quadrat	Standardfehler der Schätzung	Änderungsstatistik				
					Änderung R-Quadrat	Änderung in F	df1	df2	Sig. Änderung in F
1	,673[a]	,453	,443	12,64748	,453	44,304	4	214	,000
2	,672[b]	,452	,444	12,62927	-,001	,382	1	214	,537

a. Prädiktoren: (Konstante), WHOQOL-BREF 4: Umwelt, WHOQOL-BREF 3: Soziale Beziehungen, WHOQOL-BREF 2: Psychisch, WHOQOL-BREF 1: Physisch

b. Prädiktoren: (Konstante), WHOQOL-BREF 4: Umwelt, WHOQOL-BREF 2: Psychisch, WHOQOL-BREF 1: Physisch

In der letzten Spalte »Sig. Änderung in F« kann abgelesen werden, ob dieses Modell eine signifikante Vorhersage der Kriteriumsvariablen erlaubt. Ist der Signifikanzwert < 0,05, dann kann das Modell einen signifikanten Beitrag zur Vorhersage leisten. Ist der Signifikanzwert ≥ 0,05, dann leistet das Modell keinen Beitrag zur Vorhersage. Diese Interpretation der letzten Spalte gilt jedoch nur für das erste Modell. In der zweiten Zeile steht ein Signifikanzwert von 0,537, dieser ist also nicht signifikant. Aber dieser Wert ist jetzt so zu interpretieren: Gegenüber dem ersten Modell wurde eine Variable entfernt (nämlich »Soziale Beziehungen«). Dieses Entfernen hat keine signifikanten Auswirkungen. Wenn das so ist, dann kann man diese Variable natürlich auch getrost entfernen.

Im nächsten Teil der Ausgabe (Tab. 7.10) werden die beiden Modelle jeweils dahingehend geprüft, ob sie einen signifikanten Beitrag zur Vorhersage leisten können. Der Aufbau orientiert sich an einer Tafel zur Varianzanalyse.

Beide Modelle können signifikant zur Vorhersage des Globalwerts beitragen.

Tabelle 7.10 Ausgabe Regressionsanalyse, ANOVA, Methode Rückwärts

ANOVA[a]

Modell		Quadrat-summe	df	Mittel der Quadrate	F	Sig.
1	Regression	28347,332	4	7086,833	44,304	,000[b]
	Residuum	34231,150	214	159,959		
	Gesamtsumme	62578,482	218			
2	Regression	28286,296	3	9428,765	59,115	,000[c]
	Residuum	34292,186	215	159,499		
	Gesamtsumme	62578,482	218			

a. Abhängige Variable: WHOQOL-BREF: Globalwert
b. Prädiktoren: (Konstante), WHOQOL-BREF 4: Umwelt, WHOQOL-BREF 3: Soziale Beziehungen, WHOQOL-BREF 2: Psychisch, WHOQOL-BREF 1: Physisch
c. Prädiktoren: (Konstante), WHOQOL-BREF 4: Umwelt, WHOQOL-BREF 2: Psychisch, WHOQOL-BREF 1: Physisch

Der nächste Teil der Ausgabe (Tab. 7.11) beschreibt wieder die Einflussgewichte (nicht standardisiert und standardisiert) der Prädiktorvariablen.

Tabelle 7.11 Ausgabe Regressionsanalyse, Koeffizienten, Methode Rückwärts

Koeffizienten[a]

Modell		Nicht standardisierte Koeffizienten		Standardisierte Koeffizienten		
		B	Standardfehler	Beta	t	Sig.
1	(Konstante)	-1,847	6,202		-,298	,766
	WHOQOL-BREF 1: Physisch	,629	,087	,505	7,207	,000
	WHOQOL-BREF 2: Psychisch	,239	,094	,172	2,539	,012
	WHOQOL-BREF 3: Soziale Beziehungen	-,035	,057	-,036	-,618	,537
	WHOQOL-BREF 4: Umwelt	,143	,078	,108	1,832	,068
2	(Konstante)	-2,484	6,108		-,407	,685
	WHOQOL-BREF 1: Physisch	,623	,087	,500	7,193	,000
	WHOQOL-BREF 2: Psychisch	,221	,089	,159	2,472	,014
	WHOQOL-BREF 4: Umwelt	,142	,078	,106	1,812	,071

a. Abhängige Variable: WHOQOL-BREF: Globalwert

Abschließend zeigt SPSS noch eine Ausgabe (Tab. 7.12) mit statistischen Kennwerten zu den ausgeschlossenen Variablen (Prädiktoren).

Tabelle 7.12 Ausgabe Regressionsanalyse, Ausgeschlossene Variablen, Methode Rückwärts

Ausgeschlossene Variablen[a]

Modell		Beta In	t	Sig.	Partielle Korrelation	Kollinearitä tsstatistik Toleranz
2	WHOQOL-BREF 3: Soziale Beziehungen	-,036[b]	-,618	,537	-,042	,768

a. Abhängige Variable: WHOQOL-BREF: Globalwert
b. Prädiktoren im Modell: (Konstante), WHOQOL-BREF 4: Umwelt, WHOQOL-BREF 2: Psychisch, WHOQOL-BREF 1: Physisch

In welchem Fall könnte es nun nützlich sein, eine Regressionsanalyse mit der »Methode Rückwärts« durchzuführen? Gesetzt den Fall, Sie planen eine Bewerberauswahl, dann werden Sie vermutlich verschiedene Testverfahren (z. B. einen Intelligenz-Test, einen Leistungsmotivations-Test, einen Konzentrations-Test, eine Postkorb-Aufgabe und Ähnliches) einsetzen. Diese Testverfahren sollen dazu dienen, jenen Bewerber herauszufiltern, der höchstwahrscheinlich die beste Arbeitsleistung erbringen wird. Mittels einer Regressionsanalyse können Sie – wenn Sie fleißig Daten gesammelt haben – später ermitteln, welches Testverfahren welchen Beitrag zur Vorhersage der Arbeitsleistung erbracht hat und weiterhin, ob es eventuell Testverfahren gibt, die keine Vorhersage erlauben, und die deswegen bei weiteren Bewerberauswahlen weggelassen werden können.

> ! Die Kunst bei einer (multiplen) Regressionsanalyse besteht immer darin, mit *möglichst wenigen* Prädiktorvariablen *möglichst gut* die Kriteriumsvariable vorhersagen zu können.

7.3 Varianzanalyse

Eine Varianzanalyse prüft, ob sich die Mittelwerte von drei oder mehr Gruppen signifikant voneinander unterscheiden. Somit ist eine Varianzanalyse im Grunde ein erweiterter t-Test. Varianzanalysen lassen sich in drei Gruppen unterteilen:
a) univariate Varianzanalysen,
b) multivariate Varianzanalysen und
c) Varianzanalysen mit Messwiederholung.
Für Varianzanalysen hat sich eine bestimmte Terminologie eingebürgert. So werden die unabhängigen Variablen (z. B. Familienstand) in der Regel als Faktoren bezeichnet, die Ausprägungen (z. B. ledig oder verheiratet) der unabhängigen Variablen als Faktorstufen. Wird der Einfluss mehrerer unabhängiger Variablen (z. B. Familienstand und Geschlecht) überprüft, ergeben sich sogenannte Faktorstufenkombinationen (z. B. ledige Frauen oder verheiratete Männer). Zeigen sich für die Faktorstufen einer unabhängigen Variable signifikante Unterschiede in der abhängigen Variable, spricht man von sogenannten Haupteffekten.

7.3.1 Univariate Varianzanalyse

Eine univariate Varianzanalyse finden Sie in SPSS unter ALLGEMEINES LINEARES MODELL → UNIVARIAT. Tragen Sie in das erscheinende Hauptfenster (Abb. 7.14) bitte als »Abhängige Variable« den Globalwert ein, als »Feste Faktoren« bitte Familienstand und Geschlecht.

Mittels der Varianzanalyse wird hier nun der Frage nachgegangen, ob sich die anhand der Gruppen (Faktoren) gebildeten Mittelwerte insgesamt voneinander unterscheiden, ob es hinsichtlich des Globalwerts Unterschiede zwischen Frauen

und Männern gibt, ob es Unterschiede zwischen Ledigen (Singles) und Verheirateten (in fester Partnerschaft Lebenden) gibt und letztendlich, ob sich vielleicht eine
Wechselwirkung zwischen Geschlecht und Familienstand zeigt.

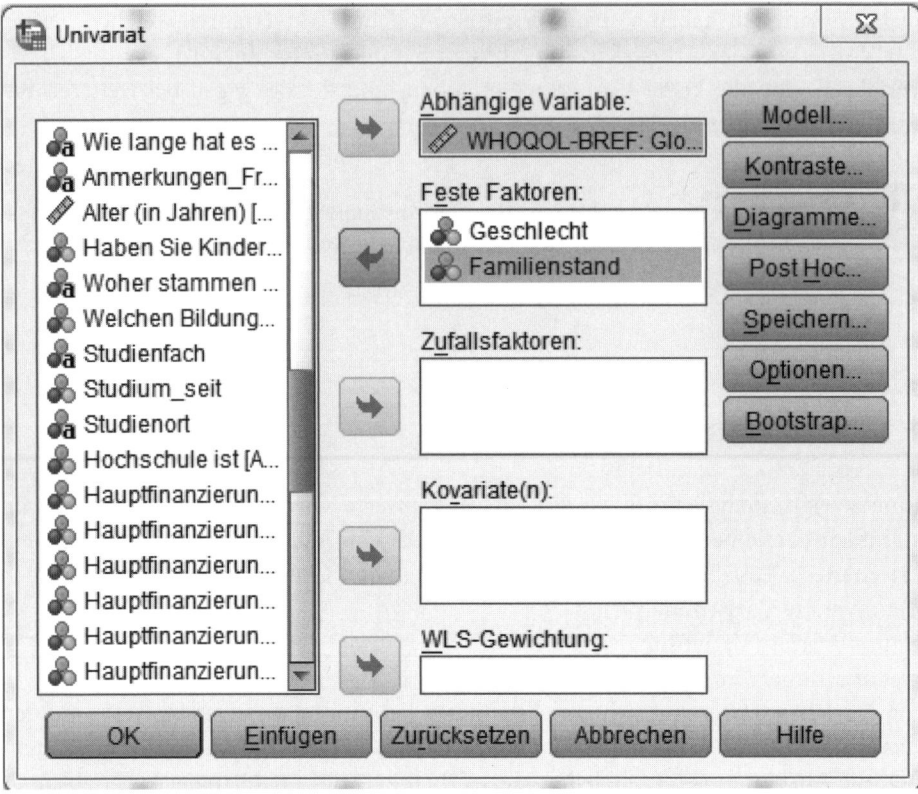

Abbildung 7.14 Varianzanalyse, Hauptfenster

Wenn Sie die Variablen eingetragen haben, klicken Sie bitte auf OPTIONEN. Es öffnet
sich ein weiteres Fenster (Abb. 7.15). In diesem Fenster gehen Sie bitte so vor, dass
die Mittelwerte für »Familienstand * Geschlecht« angezeigt werden.

Markieren Sie bitte im Block »Anzeige« die Kästchen »Deskriptive Statistiken«
und »Homogenitätstests«.

Klicken Sie dann auf WEITER.

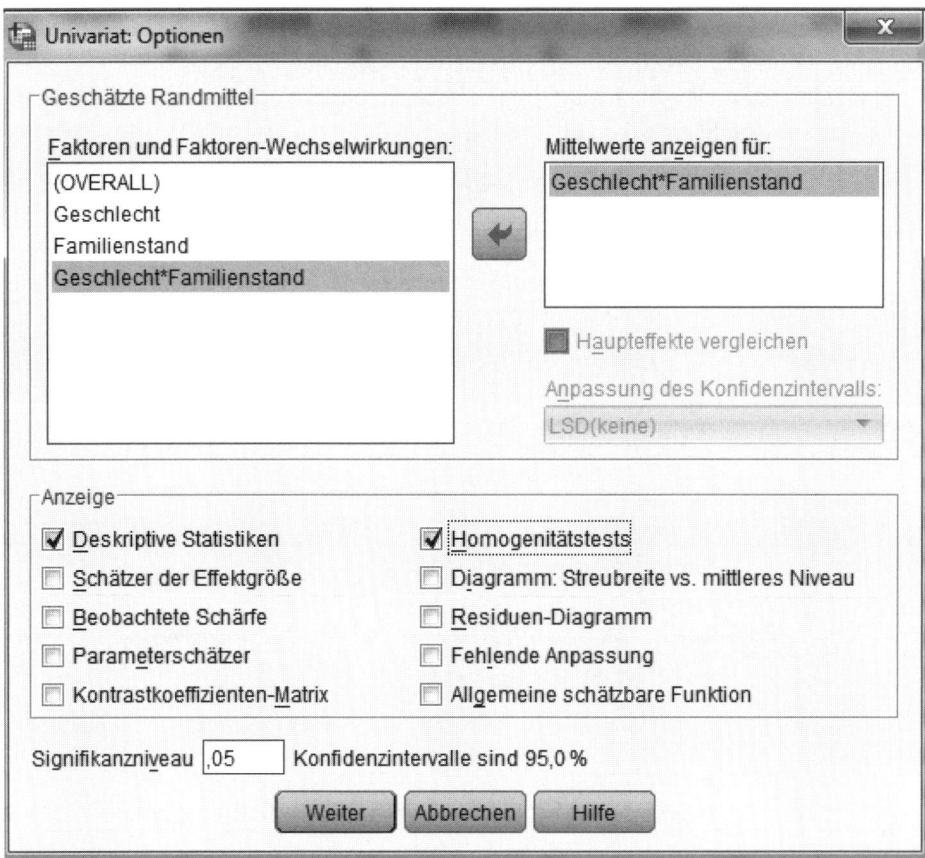

Abbildung 7.15 Varianzanalyse, Optionen

Starten Sie die Berechnungen durch einen Klick auf OK. Nach wenigen Sekunden öffnet sich die SPSS-Ausgabe. Die erste Ausgabe (Tab. 7.13) zeigt Ihnen, wie viele Personen bei den jeweiligen Faktorstufen der beiden Faktoren vorhanden sind. In diesem Beispiel werden zur Berechnung die Werte von n = 104 Verheirateten (in fester Partnerschaft), von n = 110 Ledigen (Singles) bzw. von n = 137 Frauen und n = 77 Männern herangezogen.

Tabelle 7.13 Übersicht Anzahl Datensätze bezogen auf die Zwischensubjektfaktoren

<table>
<tr><th colspan="4">Zwischensubjektfaktoren</th></tr>
<tr><td></td><td></td><td>Wertbeschriftung</td><td>H</td></tr>
<tr><td>Geschlecht</td><td>1</td><td>weiblich</td><td>137</td></tr>
<tr><td></td><td>2</td><td>männlich</td><td>77</td></tr>
<tr><td>Familienstand</td><td>1</td><td>verheiratet / in fester Partnerschaft</td><td>104</td></tr>
<tr><td></td><td>2</td><td>ledig / single</td><td>110</td></tr>
</table>

Die nächste Ausgabe (Tab. 7.14) zeigt deskriptive Statistiken (Mittelwerte und Standardabweichungen) des Globalwerts für die verschiedenen Gruppen.

In einem ersten Überblick kann man erkennen, dass »Verheiratete« insgesamt einen höheren Mittelwert haben als »Ledige«. Des Weiteren geben Männer einen höheren Mittelwert an als Frauen.

Tabelle 7.14 Ausgabe Varianzanalyse, Deskriptive Statistiken

Deskriptive Statistiken

Abhängige Variable: WHOQOL-BREF: Globalwert

Geschlecht	Familienstand	Mittelwert	Standardabwei-chung	H
weiblich	verheiratet / in fester Partnerschaft	69,9013	17,81591	76
	ledig / single	68,2377	18,62091	61
	Gesamtsumme	69,1606	18,13014	137
männlich	verheiratet / in fester Partnerschaft	74,5536	15,76819	28
	ledig / single	74,2347	13,59959	49
	Gesamtsumme	74,3506	14,32358	77
Gesamtsumme	verheiratet / in fester Partnerschaft	71,1538	17,33775	104
	ledig / single	70,9091	16,77129	110
	Gesamtsumme	71,0280	17,00923	214

Zur Erinnerung: Werden zwei Mittelwerte (bei unabhängigen Stichproben) miteinander verglichen, gibt es dafür den t-Test. Weil die Formeln für den t-Test davon abhängig sind, ob homogene oder heterogene Varianzen vorliegen, muss vor dem t-Test ein F-Test gerechnet werden. In der Varianzanalyse werden ebenfalls Mittelwerte, diesmal aber von mehr als zwei Gruppen, miteinander verglichen. Auch hier kann eine Art F-Test angefordert werden. Auch hier gilt ebenso wie beim t-Test, dass dieser Test »Levene-Test auf Gleichheit der Fehlervarianzen« nach Möglichkeit nicht signifikant werden sollte. In der nächsten Ausgabe (Tab. 7.15) ist das Ergebnis dieses Levene-Tests dargestellt.

Tabelle 7.15 Ausgabe Varianzanalyse, Levene-Test

Levene-Test auf Gleichheit der Fehlervarianzen[a]

Abhängige Variable: WHOQOL-BREF: Globalwert

F	df1	df2	Sig.
3,378	3	210	,019

Testet die Nullhypothese, dass die Fehlervarianz der abhängigen Variablen über Gruppen hinweg gleich ist.

a. Design: Konstanter Term + Geschlecht + Familienstand + Geschlecht * Familienstand

Hier ergibt sich beim Levene-Test ein signifikantes Ergebnis. Hiermit wäre eine Voraussetzung zur Durchführung einer Varianzanalyse verletzt. Es bieten sich nun zwei Vorgehensweisen an: a) Trotzdem eine Varianzanalyse durchzuführen und die Ergebnisse vorsichtig zu interpretieren oder b) statt einer Varianzanalyse einen vergleichbaren nicht-parametrischen Test, z. B. Kruskal-Wallis-H-Test, durchzuführen.

Als nächste Ausgabe erscheint die Tafel der Varianzanalyse (Tab. 7.16). Hier sind die wichtigen Ergebnisse zusammengefasst. Das, was im Statistikunterricht gemeinhin als determinierte Quadratsumme (QS$_{det}$) bezeichnet wird, findet sich hier unter dem Begriff »Korrigiertes Modell«. Ganz rechts in der Tafel findet sich die Spalte »Sig.«. Hier sind die betreffenden Signifikanzwerte eingetragen. Für »Korrigiertes Modell« (die determinierte Quadratsumme) findet sich ein Signifikanzwert von 0,178. Dieser Wert ist größer als 0,05, also nicht signifikant. Insgesamt betrachtet unterscheiden sich die Mittelwerte im Globalwert der vier Gruppen nicht signifikant voneinander.

Tabelle 7.16 Ausgabe univariate Varianzanalyse, Tests der Zwischensubjekteffekte (Tafel der Varianzanalyse)

Tests der Zwischensubjekteffekte

Abhängige Variable: WHOQOL-BREF: Globalwert

Quelle	Typ III Quadrat-summe	df	Quadrati-scher Mittel-wert	F	Sig.
Korrigiertes Modell	1423,298[a]	3	474,433	1,655	,178
Konstanter Term	960938,824	1	960938,824	3352,082	,000
Geschlecht	1323,700	1	1323,700	4,618	,033
Familienstand	45,875	1	45,875	,160	,690
Geschlecht * Familien-stand	21,107	1	21,107	,074	,786
Fehler	60200,534	210	286,669		
Gesamtsumme	1141250,000	214			
Korrigierter Gesamtwert	61623,832	213			

a. R-Quadrat = ,023 (Angepasstes R-Quadrat = ,009)

Für den Faktor »Geschlecht« ergibt sich ein signifikanter Effekt (Sig. = 0,033); für »Familienstand« (Sig. = 0,690) und die Wechselwirkung »Familienstand * Geschlecht« (Sig. = 0,786) zeigen sich keine signifikanten Unterschiede.

In der Zeile »Konstanter Term« zeigt sich ein statistisch bedeutsames Ergebnis. Leider testet SPSS hier lediglich, ob die erhobenen Daten sich von Null unterscheiden. Wenn man nicht gerade mit Abweichungswerten arbeitet, ist diese Zeile für die weitere Betrachtung irrelevant.

In der letzten Ausgabe (Tab. 7.17) sind noch einmal die vier Gruppen mit den jeweiligen Mittelwerten sowie dem Standardfehler und den Grenzen eines 95 % Konfidenzintervalls übersichtlich dargestellt.

Tabelle 7.17 Ausgabe Varianzanalyse, deskriptivstatistische Ergebnisse der Faktorstufenkombinationen (Gruppen)

Geschlecht * Familienstand

Abhängige Variable: WHOQOL-BREF: Globalwert

Geschlecht	Familienstand	Mittelwert	Standardfehler	95 % Konfidenzintervall	
				Untergrenze	Obergrenze
weiblich	verheiratet / in fester Partnerschaft	69,901	1,942	66,073	73,730
	ledig / single	68,238	2,168	63,964	72,511
männlich	verheiratet / in fester Partnerschaft	74,554	3,200	68,246	80,861
	ledig / single	74,235	2,419	69,467	79,003

7.3.2 Multivariate Varianzanalyse

Eine multivariate Varianzanalyse finden Sie in SPSS unter ANALYSIEREN → ALLGEMEINES LINEARES MODELL → MULTIVARIAT.

Im Gegensatz zu einer univariaten Varianzanalyse können hierbei mehrere abhängige Variablen parallel betrachtet werden. Des Weiteren finden die Zusammenhänge zwischen den abhängigen Variablen Berücksichtigung, d. h. in gewisser Weise könnte man sagen, dass das Geflecht der abhängigen Variablen einer Signifikanzprüfung unterzogen wird.

Nach dem Aufruf öffnet sich das Hauptdialogfenster (Abb. 7.16). Tragen Sie hier unter »Abhängige Variablen« bitte »phys«, »psych«, »social« und »envir« ein. Bei »Feste Faktoren« tragen Sie bitte »Geschlecht« und »Familienstand« ein.

Über den Button DIAGRAMME im Hauptdialog können Sie SPSS anweisen, Abbildungen der Mittelwerte anzuzeigen (Abb. 7.17). Wählen Sie bitte als »Horizontale Achse« »Familienstand« und für »Separate Linien« »Geschlecht«.

Klicken Sie anschließend noch im Hauptdialog OPTIONEN und markieren Sie die Optionen »Deskriptive Statistiken« und »Schätzungen der Effektgröße« (Abb. 7.18).

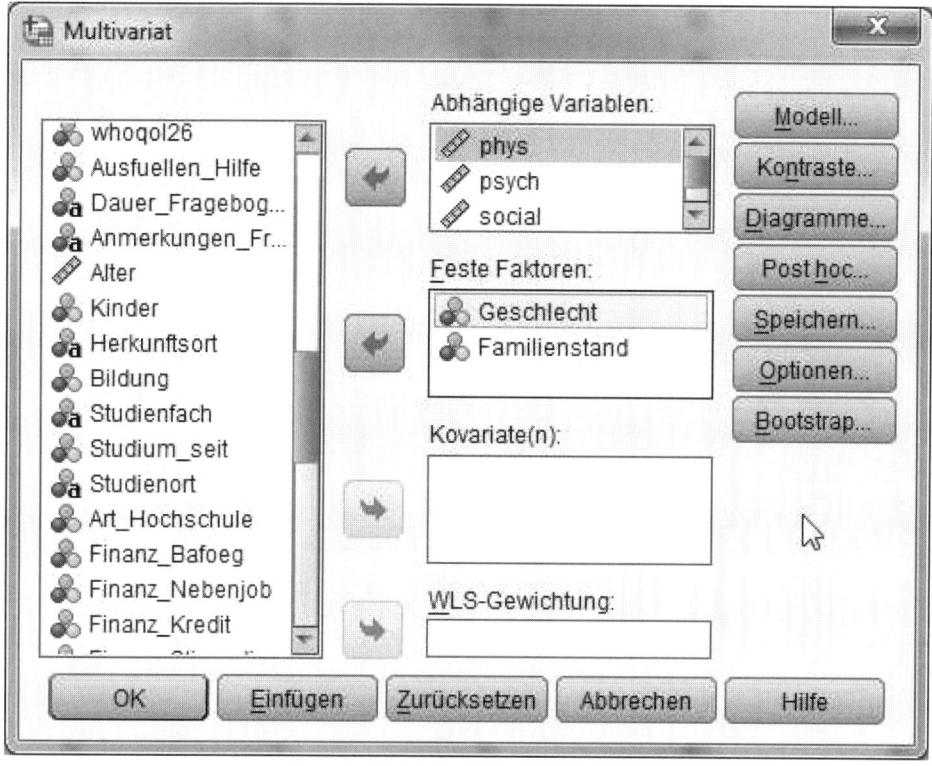

Abbildung 7.16 Hauptdialog Multivariate Varianzanalyse

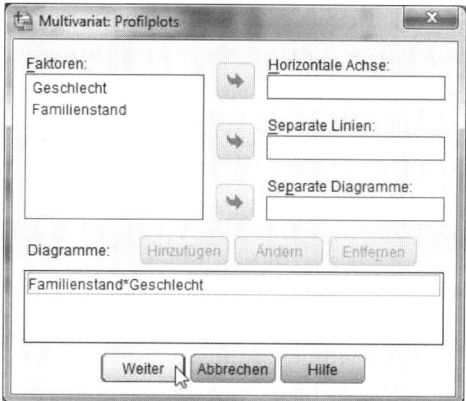

Abbildung 7.17 Dialogfenster Multivariate Varianzanalyse: Diagramme

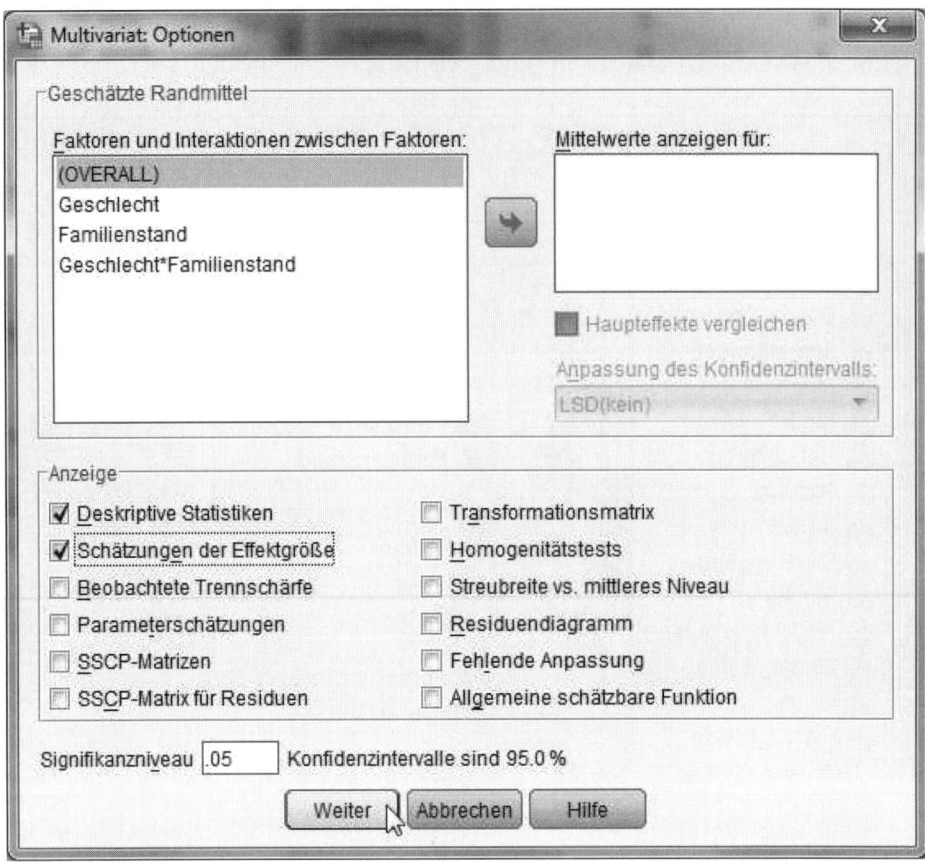

Abbildung 7.18 Dialogfenster Multivariate Varianzanalyse: Optionen

Zum Schluss starten Sie die Analyse. SPSS produziert nun vier Tabellen und vier Abbildungen. Die ersten beiden Tabellen geben Ihnen einen Überblick über die Anzahl der Datensätze unter den jeweiligen Faktorstufen sowie deskriptive Statistiken (Mittelwert und Standardabweichungen) der abhängigen Variablen unter den jeweiligen Faktorstufen bzw. Faktorstufenkombinationen.

Die dritte Tabelle (Tab. 7.18) zeigt eine Übersicht der multivariaten Testergebnisse. Da sich noch kein wirklicher Standard für die Signifikanzprüfung bei einer multivariaten Varianzanalyse herausgebildet hat, zeigt SPSS folgerichtig die Ergebnisse unterschiedlicher Prüfungen an. Hier fällt auf, dass es für die unabhängigen Variablen »Geschlecht« und »Familienstand« signifikante Effekte für das Variablengeflecht der vier abhängigen Variablen gibt.

Tabelle 7.18 Ausgabe Multivariate Tests

Multivariate Tests[a]

Effekt		Wert	F	Hypo-thesen-df	Fehler df	Sig.	Partielles Eta hoch zwei
Konstanter Term	Pillai-Spur	,980	2599,366[b]	4,000	207,000	,000	,980
	Wilks-Lambda	,020	2599,366[b]	4,000	207,000	,000	,980
	Hotelling-Spur	50,229	2599,366[b]	4,000	207,000	,000	,980
	Größte charakteristische Wurzel nach Roy	50,229	2599,366[b]	4,000	207,000	,000	,980
Geschlecht	Pillai-Spur	,079	4,456[b]	4,000	207,000	,002	,079
	Wilks-Lambda	,921	4,456[b]	4,000	207,000	,002	,079
	Hotelling-Spur	,086	4,456[b]	4,000	207,000	,002	,079
	Größte charakteristische Wurzel nach Roy	,086	4,456[b]	4,000	207,000	,002	,079
Familienstand	Pillai-Spur	,113	6,598[b]	4,000	207,000	,000	,113
	Wilks-Lambda	,887	6,598[b]	4,000	207,000	,000	,113
	Hotelling-Spur	,127	6,598[b]	4,000	207,000	,000	,113
	Größte charakteristische Wurzel nach Roy	,127	6,598[b]	4,000	207,000	,000	,113
Geschlecht * Familienstand	Pillai-Spur	,006	,300[b]	4,000	207,000	,878	,006
	Wilks-Lambda	,994	,300[b]	4,000	207,000	,878	,006
	Hotelling-Spur	,006	,300[b]	4,000	207,000	,878	,006
	Größte charakteristische Wurzel nach Roy	,006	,300[b]	4,000	207,000	,878	,006

a. Design: Konstanter Term + Geschlecht + Familienstand + Geschlecht * Familienstand

b. Exakte Statistik

Zur näheren Betrachtung sei auf die vierte Tabelle »Tests der Zwischensubjekteffekte« (Tab. 7.19) verwiesen. Hier finden sich nun die Ergebnisse für eine univariate Varianzanalyse.

Tabelle 7.19 Ausgabe Tests der Zwischensubjekteffekte (Ausschnitt)

Tests der Zwischensubjekteffekte

Quelle	Abhängige Variable	Typ III Quadratsumme	df	Quadratischer Mittelwert	F	Sig.	Partielles Eta hoch zwei
Korrigiertes Modell	Physisch	1323,392	3	441,131	2,416	,067	,033
	Psychisch	1488,188	3	496,063	3,550	,015	,048
	Soziale Beziehungen	8181,999	3	2727,333	10,282	,000	,128
	Umwelt	486,111	3	162,037	1,043	,374	,015
Konstanter Term	Physisch	1115278,628	1	1115278,628	6108,577	,000	,967
	Psychisch	971984,004	1	971984,004	6955,841	,000	,971
	Soziale Beziehungen	970418,091	1	970418,091	3658,620	,000	,946
	Umwelt	989060,519	1	989060,519	6369,097	,000	,968
Geschlecht	Physisch	872,958	1	872,958	4,781	,030	,022
	Psychisch	1308,171	1	1308,171	9,362	,003	,043
	Soziale Beziehungen	244,896	1	244,896	,923	,338	,004
	Umwelt	300,982	1	300,982	1,938	,165	,009
Familienstand	Physisch	718,483	1	718,483	3,935	,049	,018
	Psychisch	430,243	1	430,243	3,079	,081	,014
	Soziale Beziehungen	6804,837	1	6804,837	25,655	,000	,109
	Umwelt	284,116	1	284,116	1,830	,178	,009

Die Tests der Zwischensubjektfaktoren lassen nun eine Interpretation dahingehend zu, welche abhängige Variable für welche Faktorstufen Unterschiede aufweist.

Den Abschluss bilden die Mittelwertsdiagramme (Abb. 7.19).

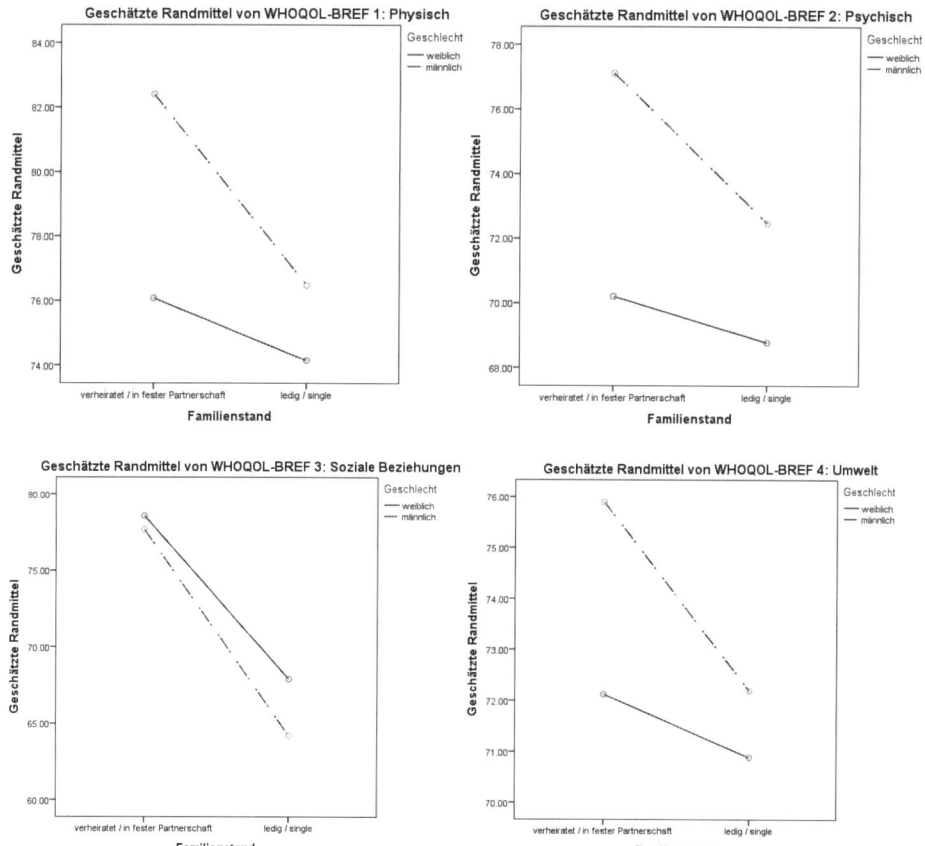

Abbildung 7.19 Multivariate Varianzanalyse: Mittelwertsdiagramme der abhängigen Variablen

Betrachtet man die Mittelwertsdiagramme, fällt auf, dass der Familienstand »ledig/single« durchgehend mit niedrigeren Werten in bestimmten Aspekten der Lebensqualität assoziiert ist. Anscheinend zahlt es sich für die subjektiv empfundene Lebensqualität doch deutlich aus, »verheiratet/in fester Partnerschaft« zu sein! Aber Vorsicht: SPSS baut die vertikale Achse (y-Achse) selbständig auf. Oftmals sehen Unterschiede dadurch größer aus, als sie es eigentlich sind. Die Mittelwertsdiagramme sind daher immer in Verbindung mit den Tests der Zwischensubjekteffekte (Tab. 7.19) zu interpretieren: Lediglich für die abhängigen Variablen »Physisch« und »Soziale Beziehungen« sind die Unterschiede zwischen Ledigen und Nicht-Ledigen auch signifikant!

7.3.3 Varianzanalyse mit Messwiederholung

Die Berechnungen in diesem Abschnitt beziehen sich auf den Datensatz »SOC_T1_T2.sav«. Eine kurze Beschreibung des Datensatzes finden Sie unter »Hinweise zum Online-Material«.

Eine Varianzanalyse mit Messwiederholung finden Sie in SPSS unter ANALYSIE-REN → ALLGEMEINES LINEARES MODELL → MESSWIEDERHOLUNG.

Eine Varianzanalyse mit Messwiederholung dient in der Regel dazu, Veränderungen zwischen zwei oder mehr Messzeitpunkten auf statistische Signifikanz zu prüfen. In gewisser Weise ist die Varianzanalyse mit Messwiederholung damit die Erweiterung des t-Tests für abhängige Stichproben. Wenn diese Varianzanalyse gestartet wird, muss in einem ersten Schritt ein Messwiederholungsfaktor definiert werden (Abb. 7.20). In diesem Faktor steht, wie viele Messzeitpunkte es gibt. Als Name empfehlen wir »MZP«. Die Anzahl der Stufen ergibt sich aus der Anzahl der Messzeitpunkte (hier: 2).

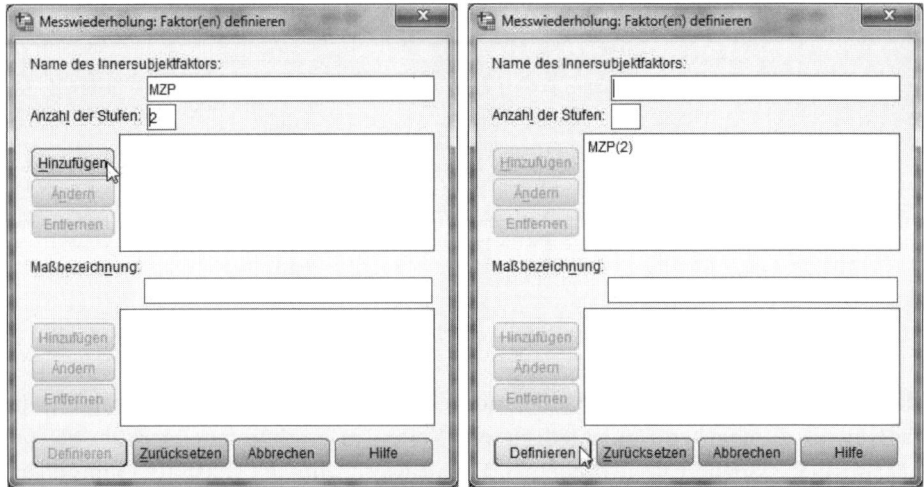

Abbildung 7.20 Eingangsdialog Varianzanalyse mit Messwiederholung

Ein Klick auf DEFINIEREN öffnet dann den eigentlichen Hauptdialog (Abb. 7.21). Hier können nun die abhängigen Variablen (Innersubjektvariablen) bezogen auf den vorher angelegten Messwiederholungsfaktor (MZP) eingegeben werden. Da für den Messwiederholungsfaktor zwei Stufen angegeben wurden, stellt SPSS im Feld »Innersubjektvariablen« auch zwei Eingabefelder zur Verfügung. Hätte MZP drei Stufen, wären entsprechend drei Eingabefelder zur Verfügung gestellt worden usw. Tragen Sie hier die Variablen ein, die mehrfach erhoben wurden (hier: Kohärenzgefühl zu MZP 1 »socgesamt_t1«und MZP 2 »socgesamt_t2«). Bis hierher entspräche die Varianzanalyse mit Messwiederholung dem t-Test für abhängige (verbundene)

Stichproben. Die Veränderungsmessung kann jetzt aber noch – wie in der univariaten Varianzanalyse – unter Berücksichtigung weiterer Faktoren (Zwischensubjektfaktoren) untersucht werden. Tragen Sie in das entsprechende Feld bitte »Geschlecht« und »Familienstand« ein (Abb. 7.22).

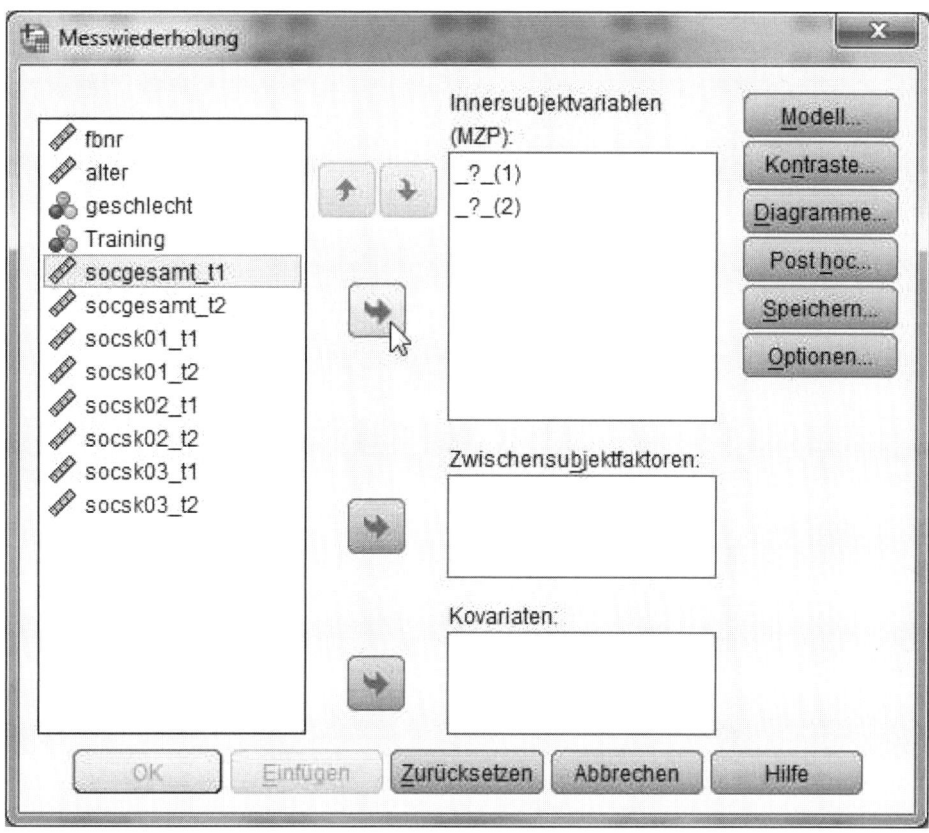

Abbildung 7.21 Hauptdialog Varianzanalyse mit Messwiederholung

Klicken Sie danach auf den Button »Diagramme« und legen Sie wie in Abbildung 7.23 dargestellt ein Diagramm an, d. h. tragen Sie in das Feld »Horizontale Achse« »MZP« ein, in das Feld »Separate Linien« »Training« und in das Feld »Separate Diagramme« »Geschlecht«. Hierdurch wird SPSS angewiesen, Mittelwertdiagramme für Frauen und Männer getrennt zu erstellen. Um die Diagrammerstellung abzuschließen, klicken Sie bitte zuerst auf HINZUFÜGEN, danach auf WEITER. Sie befinden sich wieder im Hauptdialog. Klicken Sie nun auf OPTIONEN und markieren Sie die Alternativen »Deskriptive Statistiken« und »Schätzungen der Effektgröße« (Abb. 7.24).

Ein Klick auf WEITER bringt Sie wieder in den Hauptdialog. Starten Sie nun die Analyse mit OK.

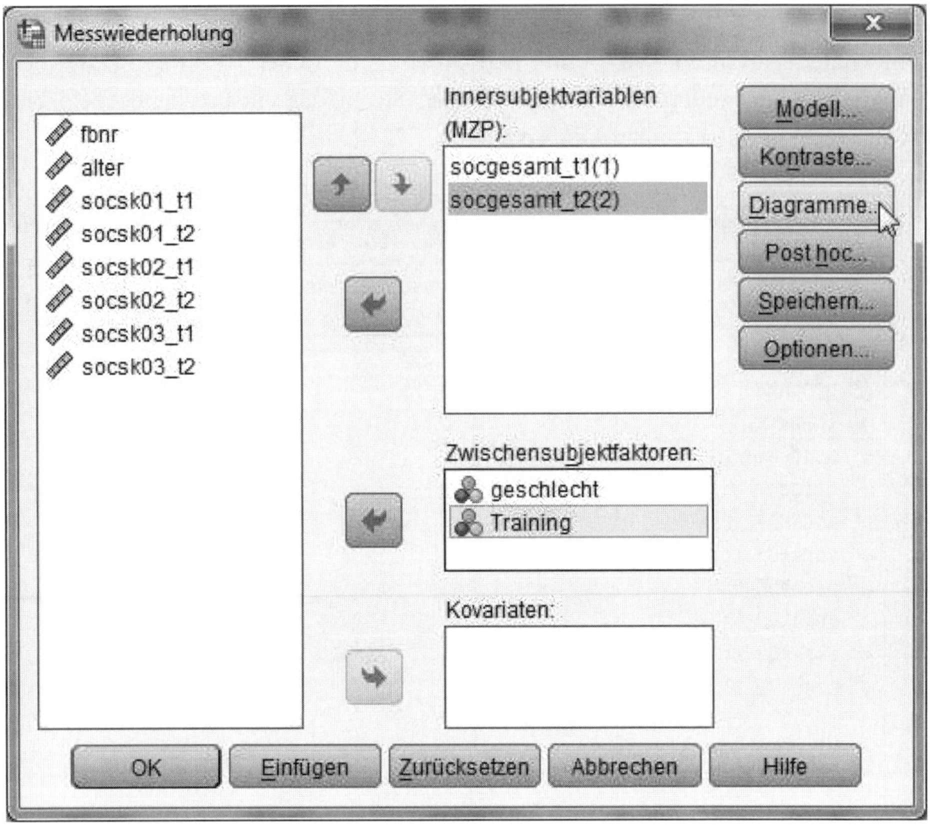

Abbildung 7.22 Hauptdialog Varianzanalyse mit Messwiederholung

Abbildung 7.23 Varianzanalyse mit Messwiederholung; Dialogfenster Diagramme

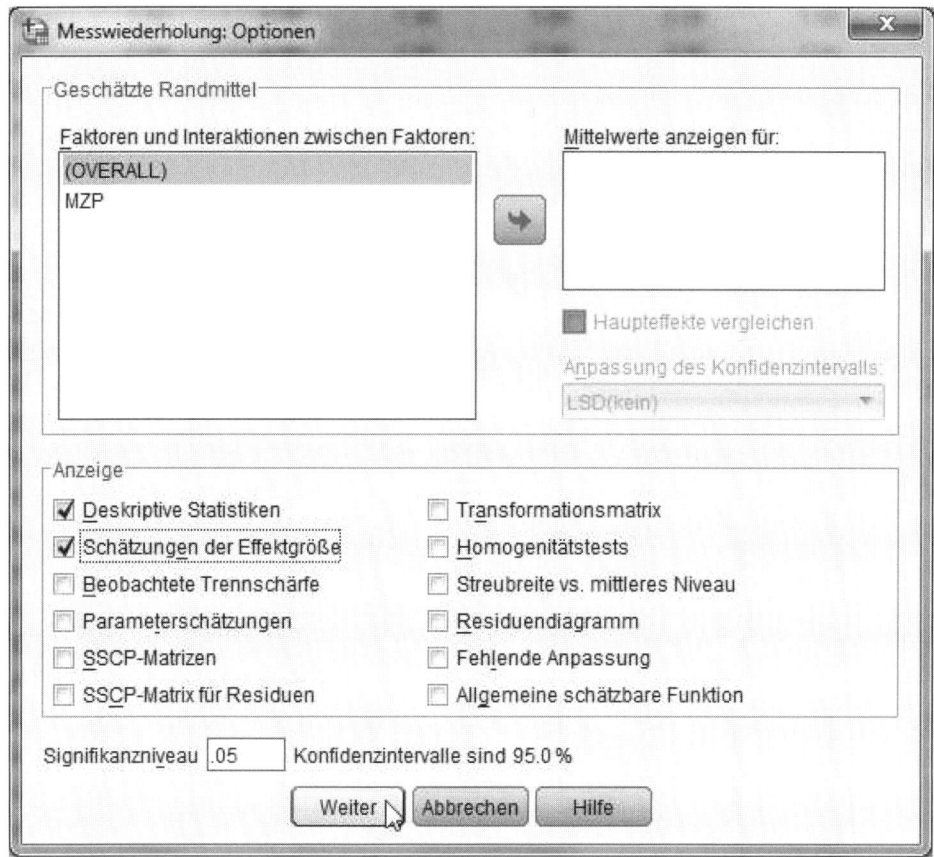

Abbildung 7.24 Hauptdialog Varianzanalyse mit Messwiederholung

SPSS erstellt nun als Ausgabe acht Tabellen und zwei Abbildungen.

Die ersten beiden Tabellen zeigen eine Übersicht der in den Analysen verwendeten abhängigen Variablen und der Faktoren. Die dritte Tabelle zeigt als deskriptive Statistiken Mittelwerte und Standardabweichungen für die einzelnen Faktoren bzw. Faktorstufenkombinationen.

Für die Interpretation relevant wird die Tabelle »Multivariate Tests« (Tab. 7.20). Hier werden die ersten Prüfungen auf signifikante Unterschiede dargestellt. Da es noch keinen Goldstandard für die Signifikanzprüfung gibt, stellt SPSS hier die Ergebnisse für vier verschiedene Prüfungen dar: »Pillai-Spur«, »Wilks-Lambda«, »Hotelling-Spur« und »Größte charakteristische Wurzel nach Roy«. In die Prüfungen geht die gemeinsame Varianz der abhängigen Variablen ein.

Im Fokus einer Varianzanalyse mit Messwiederholung steht aber eigentlich die Differenz in den Ausprägungen der abhängigen Variablen zwischen den verschiedenen Messzeitpunkten. Auch hierfür gibt es verschiedene Testverfahren (»Sphärizität angenommen«, »Greenhouse-Geisser«, »Huynh-Feldt« und »Untergrenze«), für deren Anwendung jedoch bestimmte Bedingungen zutreffen müssen. Im nächsten

Schritt überprüft SPSS die Vorbedingung der Sphärizität mittels des sogenannten Mauchley-Tests (Tab. 7.21). Fällt dieser Test nicht signifikant aus, ist das Prüfverfahren der Wahl »Sphärizität angenommen«. Fällt der Test signifikant aus, sollten die Ergebnisse eines der anderen Testverfahren verwendet werden. Eine generelle Empfehlung für eines der Verfahren kann (leider) nicht gegeben werden.

Tabelle 7.20 Ergebnisse der multivariaten Tests

Multivariate Tests[a]

Effekt		Wert	F	Hypothesen-df	Fehler df	Sig.	Partielles Eta hoch zwei
MZP	Pillai-Spur	,004	,244[b]	1,000	55,000	,624	,004
	Wilks-Lambda	,996	,244[b]	1,000	55,000	,624	,004
	Hotelling-Spur	,004	,244[b]	1,000	55,000	,624	,004
	Größte charakteristische Wurzel nach Roy	,004	,244[b]	1,000	55,000	,624	,004
MZP * geschlecht	Pillai-Spur	,009	,514[b]	1,000	55,000	,476	,009
	Wilks-Lambda	,991	,514[b]	1,000	55,000	,476	,009
	Hotelling-Spur	,009	,514[b]	1,000	55,000	,476	,009
	Größte charakteristische Wurzel nach Roy	,009	,514[b]	1,000	55,000	,476	,009
MZP * Training	Pillai-Spur	,021	1,177[b]	1,000	55,000	,283	,021
	Wilks-Lambda	,979	1,177[b]	1,000	55,000	,283	,021
	Hotelling-Spur	,021	1,177[b]	1,000	55,000	,283	,021
	Größte charakteristische Wurzel nach Roy	,021	1,177[b]	1,000	55,000	,283	,021
MZP * geschlecht * Training	Pillai-Spur	,017	,958[b]	1,000	55,000	,332	,017
	Wilks-Lambda	,983	,958[b]	1,000	55,000	,332	,017
	Hotelling-Spur	,017	,958[b]	1,000	55,000	,332	,017
	Größte charakteristische Wurzel nach Roy	,017	,958[b]	1,000	55,000	,332	,017

a. Design: Konstanter Term + geschlecht + Training + geschlecht * Training
Innersubjektdesign: MZP
b. Exakte Statistik

Tabelle 7.21 Ergebnisse des Mauchley-Test auf Sphärizität

Mauchly-Test auf Sphärizität[a]

Maß: MEASURE_1

Innersubjekteffekt	Mauchly-W	Näherungsweise Chi-Quadrat	df	Sig.	Epsilon[b]		
					Greenhouse-Geisser	Huynh-Feldt (HF)	Untergrenze
MZP	1,000	,000	0	.	1,000	1,000	1,000

Testet die Nullhypothese, dass die Fehlerkovarianzmatrix der orthonormalisierten transformierten abhängigen Variablen proportional zu einer Identitätsmatrix ist.

a. Design: Konstanter Term + geschlecht + Training + geschlecht * Training
  Innersubjektdesign: MZP

b. Kann für die Anpassung der Freiheitsgrade für die gemittelten Tests auf Signifikanz verwendet werden. Korrigierte Tests werden in der Tabelle 'Tests der Innersubjekteffekte' angezeigt.

Tabelle 7.22 Ausgabe Tests der Innersubjekteffekte

Tests der Innersubjekteffekte

Maß: MEASURE_1

Quelle		Typ III Quadratsumme	df	Quadratischer Mittelwert	F	Sig.	Partielles Eta hoch zwei
MZP	Angenommene Sphärizität	27,083	1	27,083	,244	,624	,004
	Greenhouse-Geisser	27,083	1,000	27,083	,244	,624	,004
	Huynh-Feldt (HF)	27,083	1,000	27,083	,244	,624	,004
	Untergrenze	27,083	1,000	27,083	,244	,624	,004
MZP * geschlecht	Angenommene Sphärizität	57,164	1	57,164	,514	,476	,009
	Greenhouse-Geisser	57,164	1,000	57,164	,514	,476	,009
	Huynh-Feldt (HF)	57,164	1,000	57,164	,514	,476	,009
	Untergrenze	57,164	1,000	57,164	,514	,476	,009
MZP * Training	Angenommene Sphärizität	130,918	1	130,918	1,177	,283	,021
	Greenhouse-Geisser	130,918	1,000	130,918	1,177	,283	,021
	Huynh-Feldt (HF)	130,918	1,000	130,918	1,177	,283	,021
	Untergrenze	130,918	1,000	130,918	1,177	,283	,021
MZP * geschlecht * Training	Angenommene Sphärizität	106,522	1	106,522	,958	,332	,017
	Greenhouse-Geisser	106,522	1,000	106,522	,958	,332	,017
	Huynh-Feldt (HF)	106,522	1,000	106,522	,958	,332	,017
	Untergrenze	106,522	1,000	106,522	,958	,332	,017
Fehler (MZP)	Angenommene Sphärizität	6115,651	55	111,194			
	Greenhouse-Geisser	6115,651	55,000	111,194			
	Huynh-Feldt (HF)	6115,651	55,000	111,194			
	Untergrenze	6115,651	55,000	111,194			

Da der Mauchley-Test in unserem Fall nicht signifikant ausfällt, eine Sphärizität also angenommen werden kann, werden die entsprechenden Ergebnisse betrachtet (Tab. 7.22). Es zeigen sich jedoch weder für den Faktor »MZP« (p = 0,62) noch für die Faktoren »Geschlecht« (p = 0,48) und »Training« (p = 0,28) sowie für die Wechselwirkung »Geschlecht * Training« (p = 0,33) – jeweils unter Berücksichtigung des Faktors »MZP« – signifikante Ergebnisse.

Es bleibt noch die Tabelle »Test der Zwischensubjekteffekte« (Tab. 7.23). Hier wird der Einfluss der Faktoren unter Ausschluss des Messwiederholungsfaktors überprüft. Weder für den Faktor »Geschlecht« (p = 0,08) noch für den Faktor »Training« (p = 0,23) noch für die Wechselwirkung »Geschlecht * Training« (p = 0,49) zeigen sich in diesem Beispiel statistische Signifikanzen. Es kann also nicht behauptet werden, dass sich Frauen und Männer hinsichtlich des Kohärenzgefühls (gemessen mit dem SOC-Fragebogen) unterscheiden, noch kann behauptet werden, dass das Absolvieren eines Sozialtrainings gegenüber keinem Training eine Wirkung auf das Kohärenzgefühl hat. Auch zeigt sich keine Wechselwirkung, d. h. dass beispielsweise Frauen mit Training und Männer ohne Training gegenüber Frauen ohne Training und Männern mit Training kein unterschiedlich stark ausgeprägtes Kohärenzgefühl zeigen.

Tabelle 7.23 Ausgabe Tests der Zwischensubjekteffekte

Tests der Zwischensubjekteffekte

Maß: MEASURE_1

Transformierte Variable: Durchschnitt

Quelle	Typ III Quadratsumme	df	Quadratischer Mittelwert	F	Sig.	Partielles Eta hoch zwei
Konstanter Term	1917337,229	1	1917337,229	3245,477	,000	,983
geschlecht	1825,615	1	1825,615	3,090	,084	,053
Training	865,535	1	865,535	1,465	,231	,026
geschlecht * Training	282,436	1	282,436	,478	,492	,009
Fehler	32492,463	55	590,772			

Den Abschluss der Analyse bilden die Diagramme der Mittelwerte (Abb. 7.25). Achtung: Was in den Abbildungen manchmal so deutlich aussieht, muss immer unter Berücksichtigung der Ergebnisse der Signifikanztests betrachtet werden. Da hier keine signifikanten Ergebnisse zu verzeichnen waren, sind die Diagramme zwar schön, letztlich aber ohne inhaltliche Bedeutung.

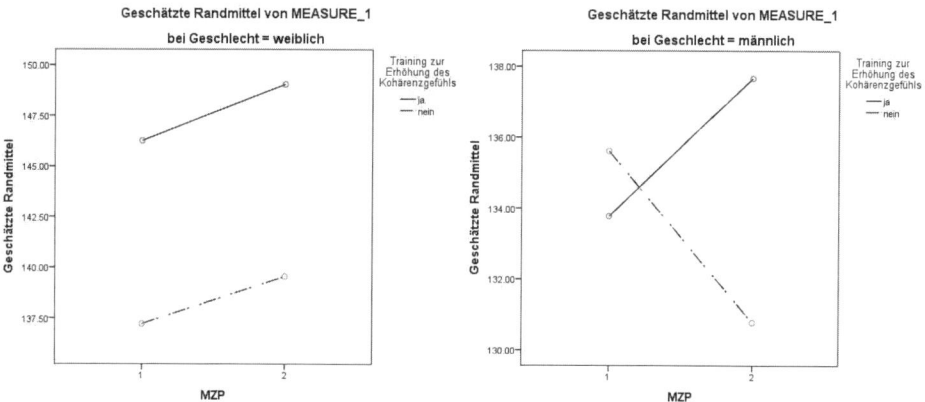

Abbildung 7.25 Diagramme der Mittelwerte

7.4 Kruskal-Wallis-H-Test

Den Kruskal-Wallis-H-Test finden Sie in SPSS unter ANALYSIEREN → NICHTPARA-METRISCHE TESTS → ALTE DIALOGFELDER → K UNABHÄNGIGE STICHPROBEN.

Der Kruskal-Wallis-H-Test wird verwendet, wenn die Ausprägungen einer ordinalskalierten Variablen bei drei oder mehr Gruppen verglichen werden sollen. Der Kruskal-Wallis-H-Test ist sozusagen die Verallgemeinerung des Mann-Whitney-U-Tests.

Woran erkennt man nun ordinalskalierte Variablen? Unter anderem daran, dass sie nicht normalverteilt sind. Eventuell steht auch im Testhandbuch zu dem betreffenden Fragebogen, dass kein Intervallskalenniveau angenommen werden kann.

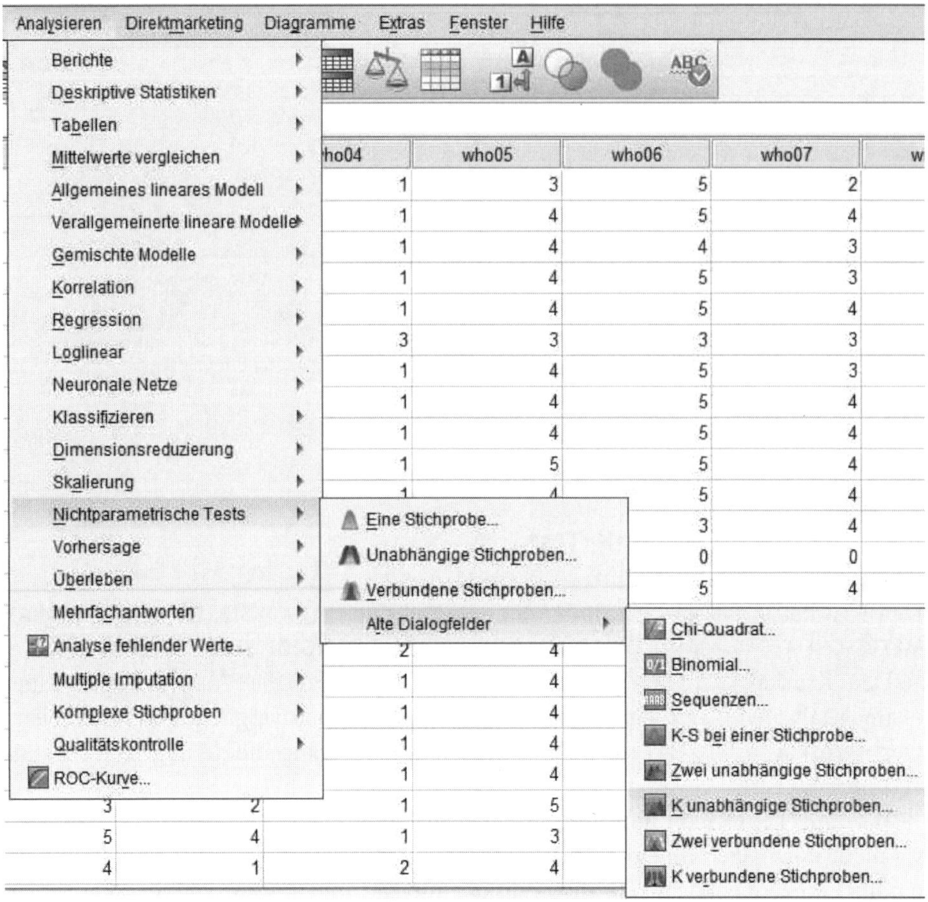

Abbildung 7.26 Menü Analysieren → Nichtparametrische Tests → Alte Dialogfelder → K unabhängige Stichproben

Wenn Sie das Menü wie in Abbildung 7.26 anfordern, öffnet sich das Hauptfenster (Abb. 7.27). Außer Kruskal-Wallis-H existieren noch weitere Testverfahren (z. B. Median-Test) für Gruppenunterschiede bei ordinalskalierten Variablen. Der Kruskal-Wallis-H-Test ist jedoch die Voreinstellung in SPSS.

Abbildung 7.27 Kruskal-Wallis-H-Test, Hauptfenster

Bitte tragen Sie im Hauptfenster als Testvariable »Globalwert« ein. Jetzt wird noch eine Gruppenvariable benötigt. Verwenden Sie bitte das Item 18 »Wie zufrieden sind Sie mit Ihrer Arbeitsfähigkeit?«. Mittels dieser Variablen werden nun die Gruppen gebildet und einander gegenübergestellt. Ein Klick auf OK startet die Berechnungen.

In der Ausgabe ist nur eine einzige Tabelle von Bedeutung: »Statistik für Test« (Tab. 7.24). Der relevante Wert findet sich rechts neben »Asymptotische Signifikanz«. Ist dieser Wert kleiner als 0,05, dann handelt es sich um ein signifikantes Ergebnis, die Gruppen unterscheiden sich. Ist der Wert nicht kleiner als 0,05, dann gibt es keine statistisch bedeutsamen Gruppenunterschiede.

Tabelle 7.24 Ausgabe Kruskal-Wallis-H-Test, Teststatistiken

Teststatistiken[a,b]

	WHOQOL-BREF: Globalwert
Chi-Quadrat	42,184
df	4
Asymp. Sig.	,000

a. Kruskal-Wallis-Test
b. Gruppierungsvariable: Wie zufrieden sind Sie mit Ihrer Arbeitsfähigkeit?

In diesem Beispiel zeigten sich signifikante Gruppenunterschiede. Die Zufriedenheit mit der eigenen Arbeitsfähigkeit resultiert also in unterschiedlich stark ausgeprägter globaler Lebensqualität.

> **!** Zur besseren Interpretation der Ergebnisse des Kruskal-Wallis-H-Tests lassen wir uns immer noch die Mittelwerte, Standardabweichungen, Minima und Maxima der Vergleichsgruppen anzeigen. Dies funktioniert z. B. über ANALYSIE-REN → MITTELWERTE VERGLEICHEN → MITTELWERTE.

7.5 Prüfungen auf Normalverteilung

Immer einmal wieder muss man prüfen, ob eine Variable einer Normalverteilung folgt, d. h. normalverteilt ist. Möchte man z. B. mit Mittelwerten arbeiten, insbesondere Gruppen bezüglich ihrer Mittelwerte in einer Variablen auf signifikante Unterschiede testen, wird man nicht um eine Prüfung auf Normalverteilung herumkommen. Wenn man einen bereits geprüften Fragebogen verwendet, findet man im dazugehörigen Testmanual normalerweise Hinweise darauf, ob mit Mittelwerten gerechnet werden darf bzw. ob Intervallskalenniveau angenommen werden kann. Oftmals wird man aber auch selbst einen Fragebogen entwerfen. Speziell in diesem Fall ist eine Prüfung auf Normalverteilung – wenn man seine Items zu einem Skalenwert zusammenzieht – eigentlich Pflicht. Drei häufige Methoden der Prüfung, nämlich der Kolmogorov-Smirnov-Test, die grafische Überprüfung und der Shapiro-Wilk-Test sollen hier kurz dargestellt werden.

7.5.1 Kolmogorov-Smirnov-Test

Den Kolmogorov-Smirnov-Test finden Sie in SPSS unter ANALYSIEREN → NICHTPA-
RAMETRISCHE TESTS → ALTE DIALOGFELDER → K-S BEI EINER STICHPROBE, wie in
Abbildung 7.28 dargestellt.

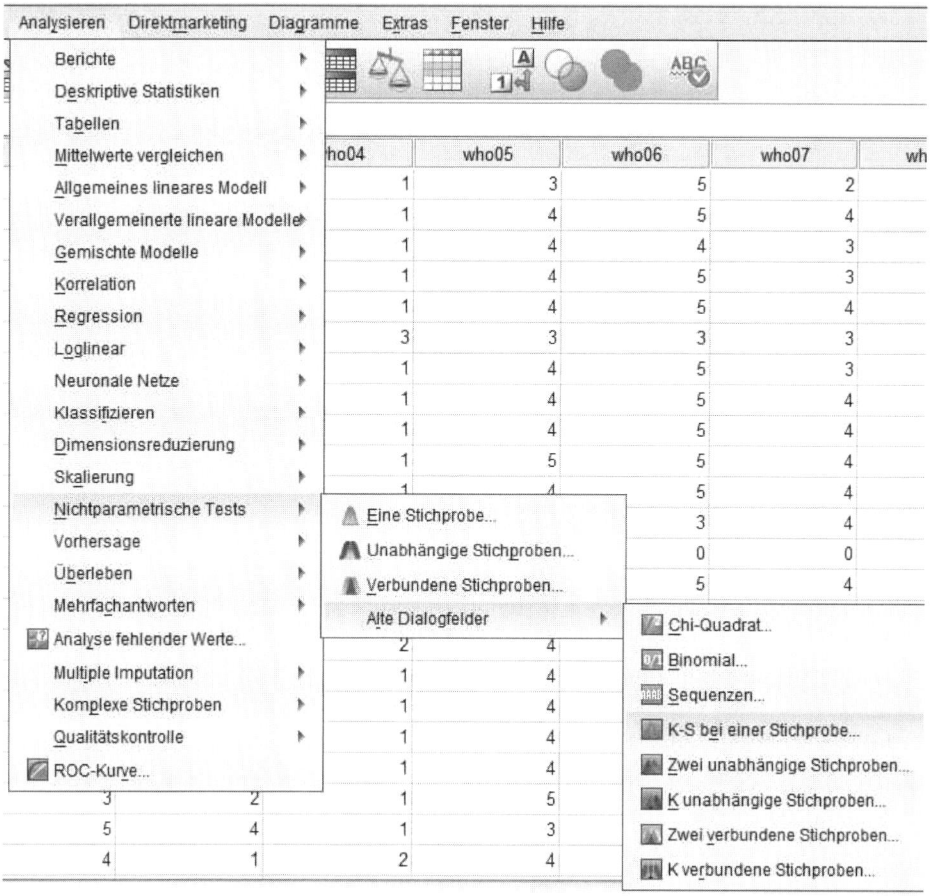

Abbildung 7.28 Menü, Kolmogorov-Smirnov-Test

Im Hauptfenster (Abb. 7.29) können Sie nun auswählen, welche Variablen auf eine
Verteilungsform getestet werden sollen und außerdem, auf welche Verteilungsform
getestet werden soll. Standardmäßig ist »Normalverteilung« markiert. Ein Klick auf
OK startet die Berechnungen.

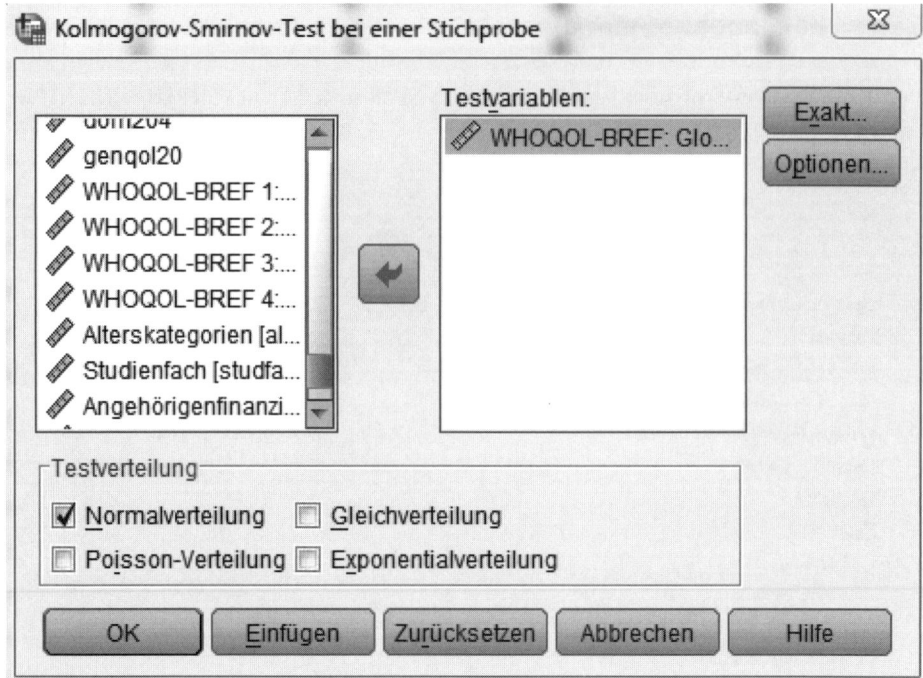

Abbildung 7.29 Kolmogorov-Smirnov-Test, Hauptfenster

Die SPSS-Ausgabe zu diesem Test ist leider ungeschickt aufgebaut und bedarf näherer Erläuterung. Zu allererst: Wie lauten die Hypothesen bei diesem Test?

▶ H0: Die eigenen Daten entsprechen (sind gleich) einer Normalverteilung.
▶ H1: Die eigenen Daten entsprechen nicht (sind nicht gleich) einer Normalverteilung.

In Tabelle 7.25 ist die Ausgabe des Tests dargestellt. Bei einem flüchtigen Blick über die Ausgabe bleibt fast jeder bei der vorletzten Zeile hängen: »Die Testverteilung ist normal«. Der Satz an sich ist richtig, bezieht sich jedoch nicht darauf, dass die eigenen Daten einer Normalverteilung entsprechen. Dieser Satz bedeutet lediglich, dass auf eine Normalverteilung geprüft wird. Dieser Satz hat also rein gar nichts mit dem Ergebnis dieser Prüfung zu tun!

Das Ergebnis dieser Prüfung steht in der Zeile »Asymptotische Signifikanz (2-seitig)« Der dazugehörige Signifikanzwert beträgt hier 0,000 (eigentlich müsste es heißen: kleiner als 0,001. Der Signifikanzwert ist nicht gleich Null, sondern eben nur kleiner als 0,001. Und da SPSS an dieser Stelle nur maximal drei Nachkommastellen anzeigt, kommt dieses 0,000 zu Stande.).

Der Signifikanzwert ist kleiner als 0,05. Wenn ein Signifikanzwert kleiner als 0,05 ist, sprechen wir von einem signifikanten Ergebnis und entscheiden uns für die H1. Was steht nun in der H1 beim Kolmogorov-Smirnov-Test? In der H1 steht: Die Verteilung der eigenen Daten entspricht nicht einer Normalverteilung. Anders ausgedrückt: Ausgehend von dieser Stichprobe kann mit einer Irrtumswahrscheinlichkeit von 5 % behauptet werden, dass der Globalwert nicht normalverteilt ist.

Tabelle 7.25 Ausgabe Kolmogorov-Smirnov-Test

Kolmogorov-Smirnov-Test bei einer Stichprobe

		WHOQOL-BREF: Globalwert
H		219
Parameter der Normalverteilung[a,b]	Mittelwert	71,1758
	Standardabweichung	16,94276
Extremste Differenzen	Absolut	,238
	Positiv	,122
	Negativ	-,238
Teststatistik		,238
Asymp. Sig. (2-seitig)		,000[c]

a. Die Testverteilung ist normal.

b. Aus Daten berechnet.

c. Signifikanzkorrektur nach Lilliefors.

7.5.2 Grafische Prüfung

Eine weitere Möglichkeit zur Prüfung auf Normalverteilung stellt die grafische Prüfung dar. Hierbei wird aus den Daten ein Balkendiagramm (Histogramm) gebildet und mit einer überlagerten Normalverteilung versehen.

In SPSS finden Sie dies unter GRAFIK → ALTE DIALOGFELDER → HISTOGRAMM.

Wie gewohnt öffnet sich ein Fenster (Abb. 7.30). Hier können Sie nun die Variable auswählen, deren Verteilung angezeigt werden soll (hier: Globalwert). Des Weiteren können Sie markieren, dass eine Normalverteilungskurve angezeigt werden soll.

Abbildung 7.30 Histogramm, Hauptfenster

Klicken Sie auf OK. Mit ein wenig Glück sieht Ihre Ausgabe genau so aus wie in Abbildung 7.31.

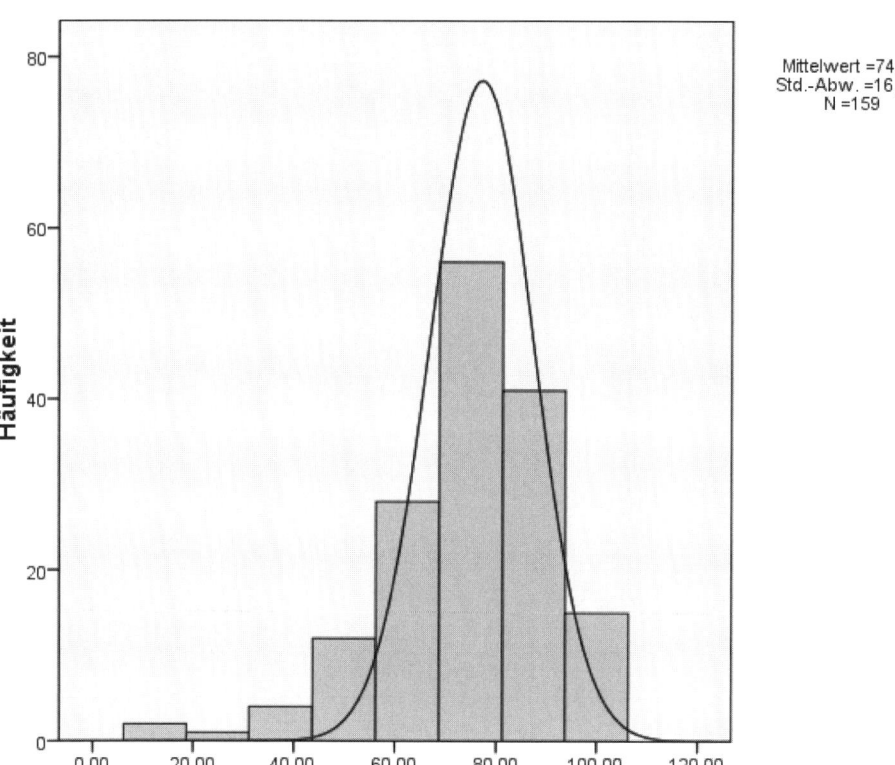

Abbildung 7.31 SPSS-Ausgabe, Histogramm mit überlagerter Normalverteilung

Die Balken stellen die Verteilung der eigenen Daten dar, die überlagerte Normalverteilung zeigt an, wie die Balken im Idealfall hätten aussehen müssen. Betrachtet man die Balken, zeigt sich – unseres Erachtens – in diesem Beispiel eine doch deutlich angenäherte Normalverteilung.

7.5.3 Shapiro-Wilk-Test

Während der Kolmogorov-Smirnov-Test auf verschiedene Verteilungen prüfen kann, wurde der Shapiro-Wilk-Test speziell für die Prüfung auf Normalverteilung entwickelt (vgl. Shapiro & Wilk, 1965). Dieser Test ist für Stichprobengrößen von N = 3 bis N = 5000 geeignet.

Den Shapiro-Wilk-Test finden Sie unter ANALYSIEREN → DESKRIPTIVE STATISTIKEN → EXPLORATIVE DATENANALYSE.

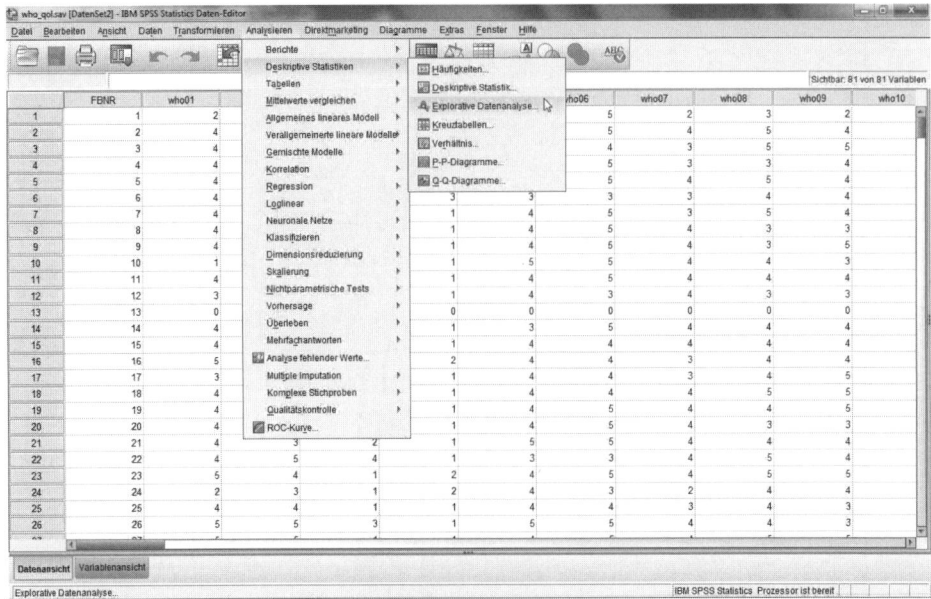

Abbildung 7.32 Explorative Datenanalyse: Shapiro-Wilk-Test

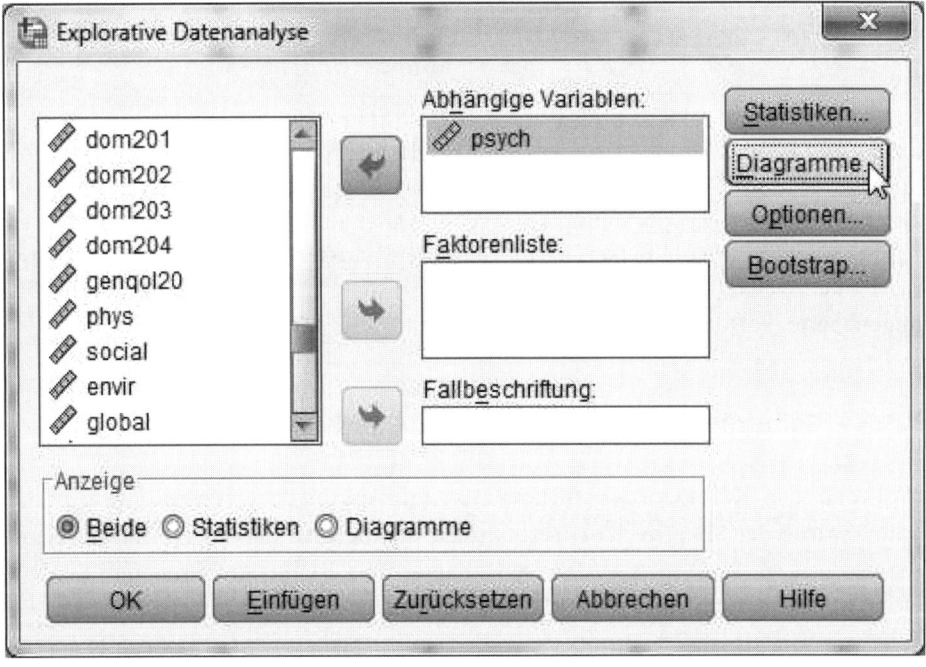

Abbildung 7.33 Explorative Datenanalyse: Variablenauswahl

In das Fenster »Explorative Datenanalyse« (Abb. 7.33) tragen Sie im Feld »Abhängige Variablen« bitte die Variablen ein, für die eine Prüfung auf Normalverteilung durchgeführt werden soll (hier: »psychisch«). Danach klicken Sie bitte auf den Button DIAGRAMME.

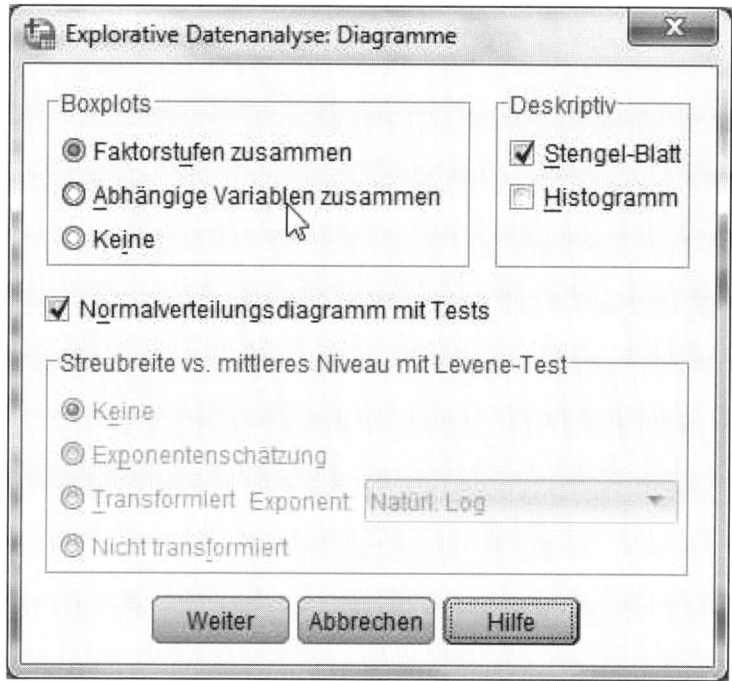

Abbildung 7.34 Explorative Datenanalyse: Diagramme

Setzen Sie ein Häkchen bei »Normalverteilungsdiagramm mit Tests«, klicken Sie auf WEITER und anschließend auf OK.

Die Ausgabe besteht nun aus drei Tabellen und vier Abbildungen.

Die Tests auf Normalverteilung stehen in der dritten Tabelle (Tab. 7.26). Hier finden Sie nun den Shapiro-Wilk-Test zusammen mit dem Lilliefors-korrigierten Kolmogorov-Smirnov-Test.

Tabelle 7.26 Ergebnistabelle der Tests auf Normalverteilung

<table>
<tr><td colspan="7" align="center">Tests auf Normalverteilung</td></tr>
<tr><td></td><td colspan="3" align="center">Kolmogorow-Smirnow[a]</td><td colspan="3" align="center">Shapiro-Wilk</td></tr>
<tr><td></td><td>Statistik</td><td>df</td><td>Sig.</td><td>Statistik</td><td>df</td><td>Sig.</td></tr>
<tr><td>WHOQOL-BREF 2: Psychisch</td><td>,146</td><td>219</td><td>,000</td><td>,968</td><td>219</td><td>,000</td></tr>
</table>

a. Signifikanzkorrektur nach Lilliefors

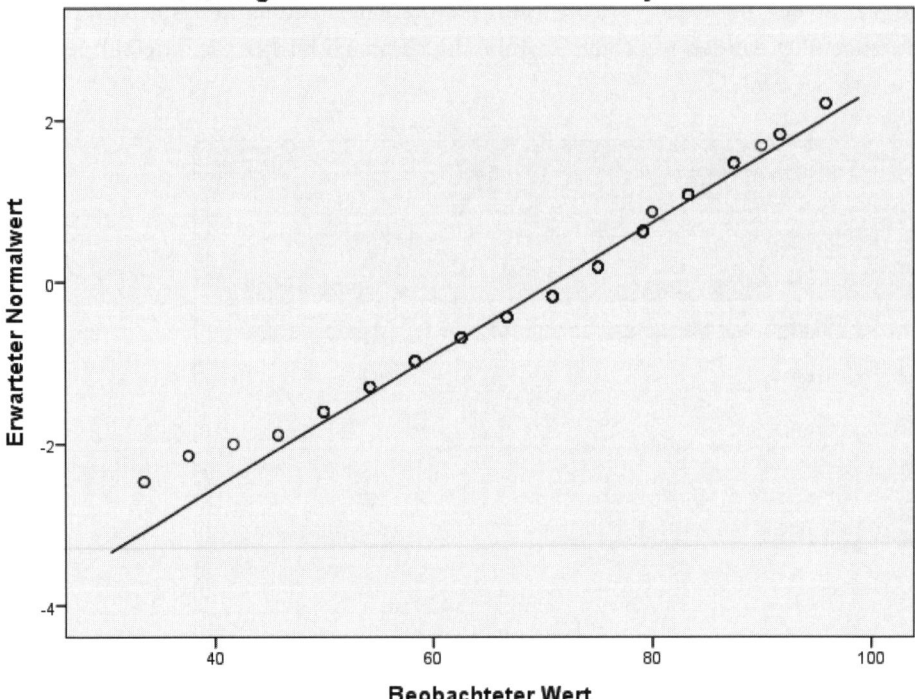

Abbildung 7.35 Explorative Datenanalyse: Shapiro-Wilk-Test, Q-Q-Diagramm

Zusätzlich erhalten Sie noch ein sogenanntes Q-Q-Diagramm (Abb. 7.35). Um es kurz zu machen: Je näher die Punkte an der Diagonalen liegen, desto mehr spricht dies für eine Normalverteilung. Je weiter entfernt die Punkte von der Diagonalen entfernt sind, umso stärker weicht die Verteilung der untersuchten Variablen von einer Normalverteilung ab. Im vorliegenden Fall ist also eher nicht von einer Normalverteilung auszugehen.

7.6 Reliabilitätsbestimmung

Interne Konsistenz als ein Maß der Reliabilität gehört thematisch in den Bereich der Testtheorie und Testkonstruktion. Da dies jedoch häufig eine Aufgabe ist, die mit SPSS gelöst wird, soll hier in angemessener Kürze dargestellt werden, wie man sich Cronbachs Alpha in SPSS berechnen lässt und wie man die zusätzlichen Informationen nutzen kann, die von SPSS geboten werden.

Die Reliabilitätsanalyse finden Sie in SPSS unter ANALYSIEREN → SKALA → RELIA-BILITÄTSANALYSE.

In das Hauptfenster (Abb. 7.36) tragen Sie bitte folgende drei Items ein:
(1) whoqol20: Wie zufrieden sind Sie mit Ihren persönlichen Beziehungen?
(2) whoqol21: Wie zufrieden sind Sie mit Ihrem Sexualleben?
(3) whoqol22: Wie zufrieden sind Sie mit der Unterstützung durch Ihre Freunde?
Klicken Sie danach bitte auf STATISTIKEN.

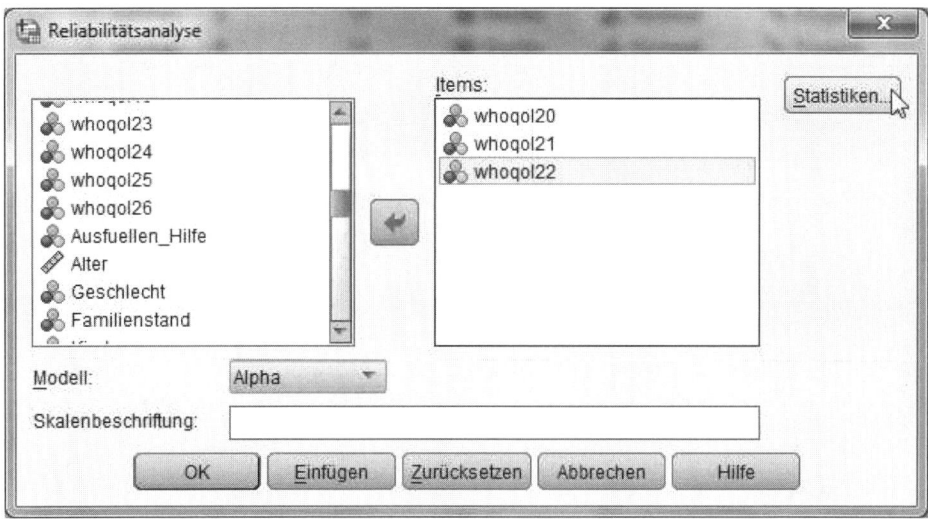

Abbildung 7.36 Reliabilitätsanalyse, Hauptfenster

In dem Fenster STATISTIKEN können Sie verschiedene Kennwerte und Berechnungen auswählen (Abb. 7.37). Markieren Sie bitte die Kästchen SKALA sowie SKALA, WENN ITEM GELÖSCHT.

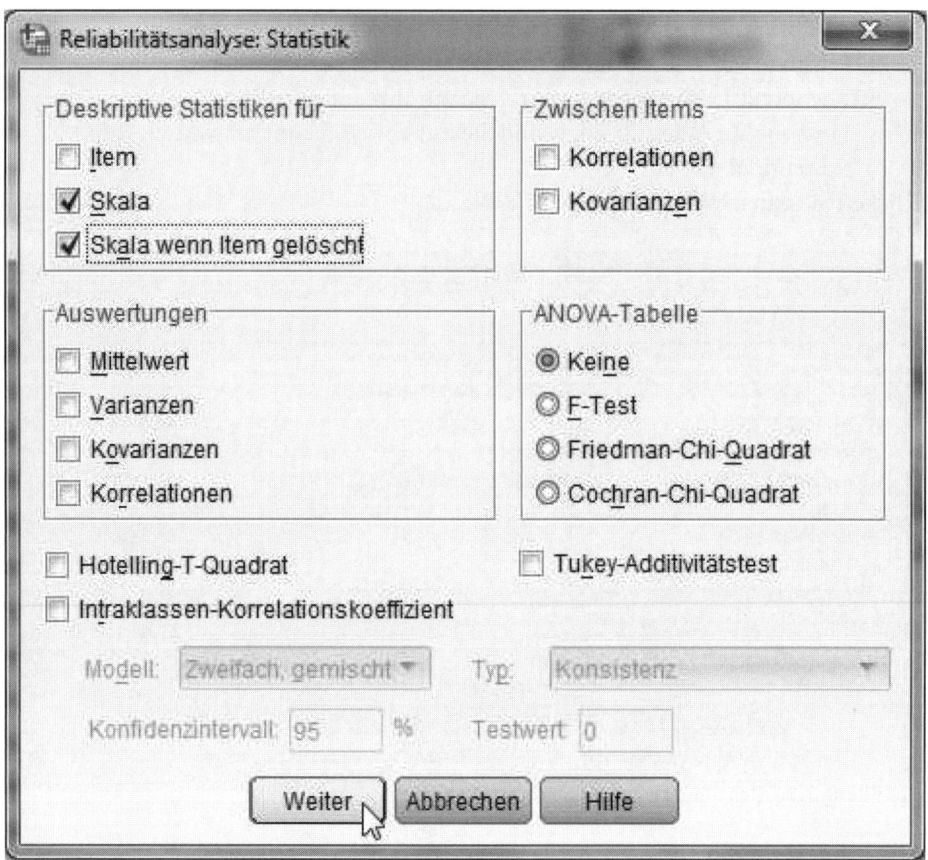

Abbildung 7.37 Reliabilitätsanalyse, Statistiken

Wenn Sie die Kästchen markiert haben, klicken Sie bitte auf WEITER und anschließend auf OK. Die Berechnungen werden durchgeführt. Die Ausgabe umfasst drei
Tabellen.

Die erste Abbildung (Tab. 7.27) zeigt Ihnen an, wie viele Datensätze zur Berechnung herangezogen werden.

Tabelle 7.27 Ausgabe Reliabilitätsanalyse, Zusammenfassung der Fallverarbeitung

Zusammenfassung der Fallverarbeitung

		N	%
Fälle	Gültig	212	95,9
	Ausgeschlossen[a]	9	4,1
	Gesamtsumme	221	100,0

a. Listenweiser Ausschluss basierend auf allen
Variablen in der Prozedur.

Die nächste Ausgabe (Tab. 7.28) zeigt Ihnen bereits den Wert für Cronbachs Alpha (hier: 0,658). Da Cronbachs Alpha nach Möglichkeit > 0,70 sein sollte, ist dieser Wert eher als schlecht zu bezeichnen.

Tabelle 7.28 Ausgabe Reliabilitätsanalyse, Zusammenfassung der Fallverarbeitung

Reliabilitätsstatistik

Cronbach-Alpha	Anzahl der Items
,658	3

Die nächste Ausgabe ist einer näheren Betrachtung wert. In der Spalte »Korrigierte Item-Skala-Korrelation« finden sich die korrigierten Trennschärfen der betreffenden Items (vgl. Abschn. 3.1.7). Trennschärfen sollten sich meistens in einem mittleren Bereich bewegen und unter gar keinen Umständen negativ sein. Dies trifft hier zu. Die Spalte »Cronbachs Alpha, wenn Item weggelassen« ist gerade unter Test-konstruktions-Aspekten extrem wichtig. Wenn man einen Fragebogen konstruiert, wird man nahezu immer auch Items haben, die nicht so gut zu den anderen Items passen, also Items, welche die interne Konsistenz drücken. In dieser letzten Spalte steht nun das Cronbachs Alpha für den Fall, dass dieses Item aus dem Fragebogen entfernt wird. Würde beispielsweise das Item »Wie zufrieden sind Sie mit Ihren persönlichen Beziehungen?« aus dem Fragebogen entfernt, würde sich die interne Konsistenz drastisch verringern (auf 0,315). Das Item »Wie zufrieden sind Sie mit der Unterstützung durch Ihre Freunde?« könnte hingegen entfernt werden und die interne Konsistenz (Cronbachs Alpha) würde sogar leicht ansteigen. Gerade am Beginn einer Testkonstruktion kann diese Spalte enorm große Hilfe leisten.

Tabelle 7.29 Ausgabe Reliabilitätsanalyse, Item-Skala-Statistiken

Item-Skala-Statistik

	Mittelwert skalieren, wenn Item gelöscht	Varianz skalieren, wenn Item gelöscht	Korrigierte Item-Skala-Korrelation	Cronbach-Alpha, wenn Item gelöscht
Wie zufrieden sind Sie mit Ihren persönlichen Beziehungen?	7,67	2,080	,657	,315
Wie zufrieden sind Sie mit Ihrem Sexualleben?	8,02	1,839	,482	,568
Wie zufrieden sind Sie mit der Unterstützung durch Ihre Freunde?	7,62	2,919	,318	,733

7.7 ROC-Analyse

Die Berechnungen in diesem Abschnitt beziehen sich auf die Datei »klf.sav«. Eine kurze Beschreibung des Datensatzes finden Sie unter »Hinweise zum Online-Material«.

Der Begriff ROC stammt aus der Signaldetektionstheorie und steht für Receiver-Operating-Characteristic (vgl. Green & Swets, 1966). Bei der ROC-Analyse geht es darum, z. B. bei einem Fragebogen einen Schwellenwert zu bestimmen, welcher die Zugehörigkeit zu einer von zwei Gruppen möglichst ohne Überlappungen festlegt. Was hier jetzt so sperrig klingt, ist eigentlich sehr einfach und auch schön an einem Beispiel zu erklären. In Abschnitt 3.1.7 wurde eine Studie zweier Studentinnen der Kindheitspädagogik, Ann-Kathrin und Stefanie, vorgestellt: die Entwicklung eines Fragebogens, der das Konstrukt »Kinderlieb sein« erfassen sollte. Ausgangspunkt war die Frage, ob Studierende der Kindheitspädagogik »kinderlieber« seien als Studierende anderer Fachrichtungen. Insgesamt kamen die beiden zu einem statistisch signifikanten Ergebnis.

Ein findiger Studienberater wollte nun wissen, ob man diesen Fragebogen eventuell auch in der Studienberatung einsetzen kann. Falls jemand einen hohen Wert erzielt, könnte ja ein Studium der Kindheitspädagogik für die oder den Betreffenden genau das Richtige sein. Aber ab wann kann man von einem hohen Wert sprechen? Gibt es sozusagen für diesen Fragebogen einen Schwellenwert, ab dem das Studium der Kindheitspädagogik empfohlen werden kann? Genau hierzu dient eine ROC-Analyse.

Aufgerufen wird sie über ANALYSIEREN → ROC-KURVE.

In das Dialogfenster (Abb. 7.38) muss nun unter »Testvariable« jene Variable eingetragen werden, für die der Schwellenwert bestimmt werden soll. Unter »Zustandsvariable« wird die Variable eingetragen, welche die Gruppenzugehörigkeit enthält (hier: Studium). Zusätzlich wird dann noch eingetragen, welcher Wert in der Zustandsvariablen als positiv (hier: »1« für das Studium der Kindheitspädagogik) angesehen wird.

Zusätzlich sollte man die Anzeigeoptionen ROC-KURVE und KOORDINATENPUNKTE DER ROC-KURVE mit Häkchen versehen.

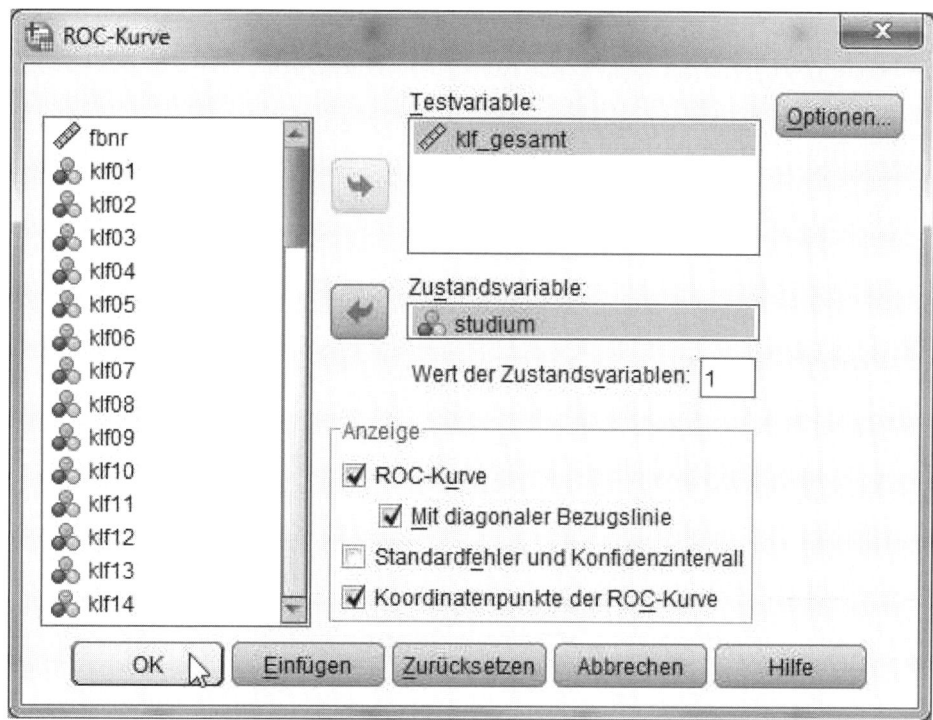

Abbildung 7.38 ROC-Kurve, Dialogfenster

Ein Klick auf OPTIONEN öffnet ein zweites Dialogfenster (Abb. 7.39). Besonders wichtig hier ist die Angabe über die Testrichtung.

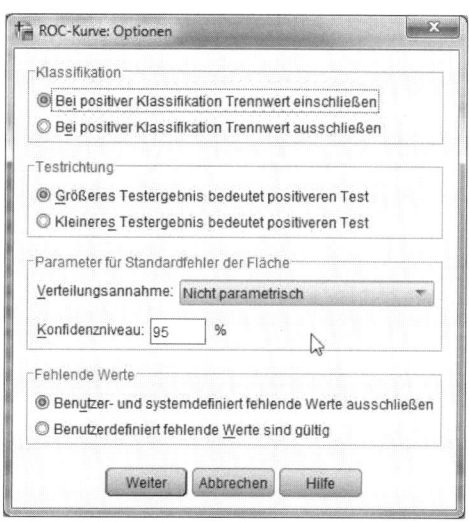

Abbildung 7.39 ROC-Kurve, Optionen

Im Beispiel aus Abschnitt 3.1.7 ging das Studium der Kindheitspädagogik mit einem höheren Wert im Fragebogen zum Konstrukt »Kinderlieb sein« einher. Für eine Klassifizierung in Richtung »Kindheitspädagogik« wäre ein hoher Wert demnach positiv.

Wird die Analyse mit den hier dargestellten Optionen gestartet, erscheinen in der Ausgabe insgesamt drei Tabellen und eine Grafik, die sogenannte ROC-Kurve (Abb. 7.40).

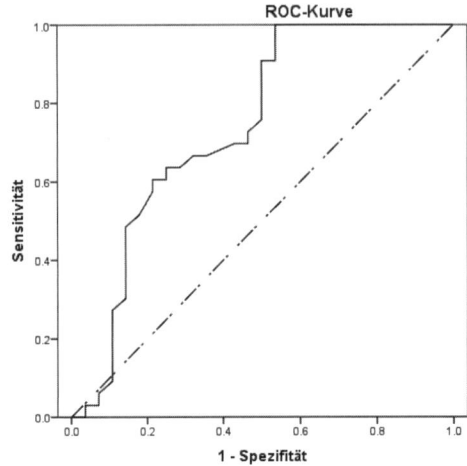

Diagonalsegmente werden nach Bindungen erzeugt.

Abbildung 7.40 ROC-Kurve

In der Theorie sollte die ROC-Kurve (für ein schönes Beispiel siehe: Goldhammer & Hartig, 2012, S. 187) natürlich sehr viel runder aussehen. In der Empirie wird sich – gerade bei vergleichsweise kleinen Datensätzen – häufiger ein Bild wie hier ergeben. Für eine Erläuterung der Begriffe »Spezifität« und »Sensitivität« sei auf Eid et al. (2013, S. 163) verwiesen.

Zusätzlich zu dieser Kurve ist die Tabelle mit den Koordinaten der Kurve relevant (Tab. 7.30).

Tabelle 7.30 ROC-Kurve, Koordinaten der Kurve (gekürzt)

Koordinaten der Kurve

Testergebnisvariable(n): klfgesamt

Positiv, wenn größer-gleich[a]	Sensitivität	1 - Spezifität
73,0000	1,000	1,000
(...)		
127,9881	1,000	,536
(...)		
142,5000	,697	,464
(...)		
165,0000	,030	,036
(...)		
171,0000	,000	,000

Mittels dieser Koordinaten kann nun ein Schwellenwert bestimmt werden, indem für jede Zeile der sogenannte Youden-Index bestimmt wird als Differenz zwischen Sensitivität und 1 - Spezifität. Der größte Wert beim Youden-Index kennzeichnet dann den Schwellenwert (Tab. 7.31).

Tabelle 7.31 ROC-Kurve, Koordinaten der Kurve (gekürzt), erweitert um die Spalte Youden-Index

Koordinaten der Kurve

Testergebnisvariable(n): klf_gesamt

Positiv, wenn größer-gleich	Sensitivität	1 - Spezifität	Youden-Index
73,0000	1,000	1,000	0,000
(…)			
127,9881	1,000	,536	0,464
(…)			
142,5000	,697	,464	0,233
(…)			
165,0000	,030	,036	-0,006
(…)			
171,0000	,000	,000	0,000

Hiermit hat man nun einen Schwellenwert von – gerundet – 128 bestimmt. Personen, die einen Wert von 128 oder höher erzielen, könnten für ein Studium der Kindheitspädagogik geeignet sein.

Selbstverständlich wird eine Studienberatung sich nicht nur auf das Ergebnis eines einzigen Fragebogens, welcher darüber hinaus (bisher) auch nur auf einer kleinen Stichprobe beruht, stützen.

7.8   Survival-Analysen

Die Berechnungen in diesem Abschnitt beziehen sich auf die Datei »survival01.sav«. Eine kurze Beschreibung des Datensatzes finden Sie unter »Hinweise zum Online-Material«.

Survival-Analysen bezeichnen eine Reihe von statistischen Methoden, die alle mehr oder minder ein gemeinsames Ziel haben: Wie lange dauert es, bis ein bestimmtes Ereignis eintritt? Häufig werden zwei oder mehr Gruppen gegenübergestellt, die sich in einem Punkt unterscheiden: Dies können beispielsweise unterschiedliche Behandlungsformen sein oder auch unterschiedliche Ausgangssituationen.

Typischerweise werden diese Analysen in der medizinischen Forschung angewendet: Wie lange bleiben Patienten gesund, wenn sie eine bestimmte Form der Therapie bekommen haben, im Vergleich zu Patienten, die eine andere Form der Therapie bekommen haben? Gibt es neben der Therapie weitere Faktoren, die einen Einfluss auf das Überleben haben? Sind bestimmte Therapieformen für spezielle Patientengruppen besser oder schlechter geeignet?

Aber auch in den Bereichen Psychologie und Forensik finden sich vermehrt Anwendungsgebiete: Wie lange dauert es, bis Klienten nach einer Psychotherapie wieder stabil sind? Welche Faktoren beeinflussen die Dauer, bis ein ehemaliger Straftäter erneut strafrechtlich auffällig wird?

7.8.1   Kaplan-Meier

Überlebenskurven nach Kaplan-Meier gehören zu den Standardverfahren im Bereich der Survival-Analysen. In Verbindung mit dem sogenannten Logrank-Test (vgl. z. B. Mould, 1995) bietet dieses Verfahren die Möglichkeit, Überlebenskurven mehrerer Gruppen inferenzstatistisch miteinander zu vergleichen und grafisch darzustellen.

Um dies rechnen zu können, sind jetzt einige Variablen nötig: Zum einen natürlich eine Zeitvariable, zum anderen eine Variable, welche die Gruppenzugehörigkeit enthält. Im Bereich der Survival-Analysen ist jetzt aber noch eine weitere Variable erforderlich: eine sogenannte Status-Variable, die angibt, ob bei der betreffenden Person zum letzten Untersuchungszeitpunkt das interessierende Ereignis eingetreten ist oder nicht. In diesem Beispiel soll bei einer Stichprobe von Krebspatientinnen, die entweder mit dem Ziel der Heilung (kurativ) oder dem Ziel der Linderung (palliativ) behandelt wurden, das rezidivfreie Überleben verglichen werden. Dazu werden die Patientinnen in regelmäßigen Abständen nach der Behandlung auf Rezidive (wiederauftretende Tumore) untersucht. Bei einigen Patientinnen werden solche Rezidive auftreten, bei anderen nicht. Für die Berechnungen ist es nun relevant, ob bei einer Patientin, die z. B. drei Jahre nach der Behandlung untersucht wird, ein Rezidiv gefunden wird oder nicht. Diese Variable muss daher auch in die Berechnung einfließen. Als weiterer Punkt sei noch angemerkt, dass selbstverständlich keine Möglichkeit besteht, alle Patienten bis zuletzt zu untersuchen. Irgendwann muss die Studie beendet werden. Insofern gibt diese Statusvariable auch an, zu welchem spätesten Zeitpunkt ein gesuchtes Ereignis noch nicht aufgetreten ist. In SPSS wird diese Variable im Feld »Status« eingetragen (Abb. 7.42).

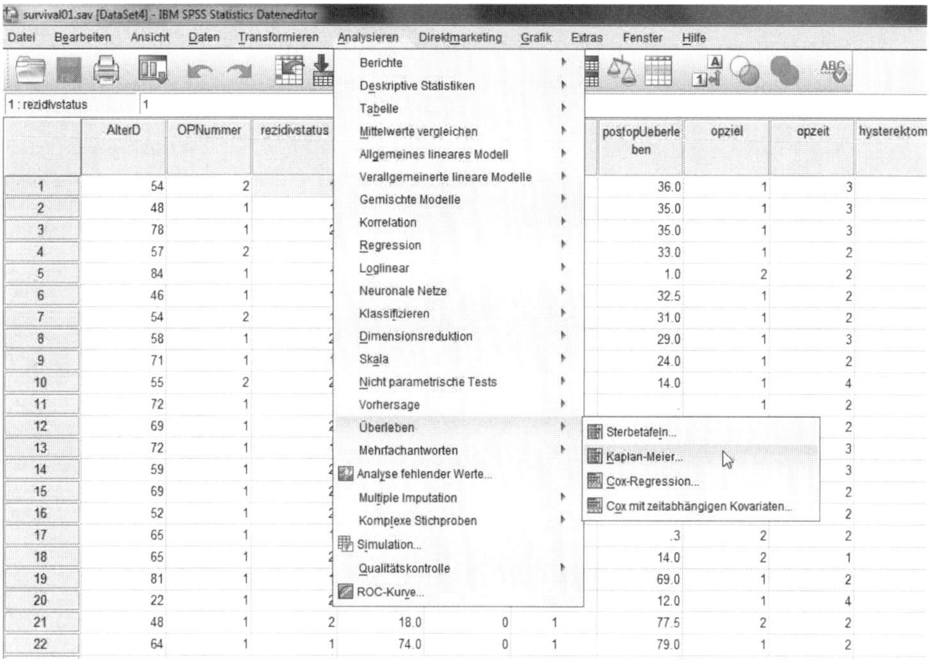

Abbildung 7.41 Analysieren → Survival → Kaplan-Meier

Im Hauptdialogfenster (Abb. 7.42) tragen Sie bitte in das Feld »Zeit« die Variable »Rezidivfreies Überleben (in Monaten; rezfrUeberleben)« ein, in das Feld »Status« die Variable »Rezidivstatus« und definieren als Ereignis »2«, da dieser Wert anzeigt, dass ein Rezidiv aufgetreten ist. Im Feld »Faktor« wird nun jene Variable eingetragen, welche die zu vergleichenden Gruppen (hier: »opziel«) definiert. Sollen die Überlebenskurven der zu vergleichenden Gruppen inferenzstatistisch überprüft werden, dann klicken Sie bitte auf den Button »Faktor vergleichen« und machen in dem sich daraufhin öffnenden Fenster (Abb. 7.43) ein Häkchen bei »Log-Rang«.

Abbildung 7.42 Kaplan-Meier; Hauptdialog

Abbildung 7.43 Kaplan-Meier; Faktorstufen vergleichen

Im Hauptdialog klicken Sie dann auf OPTIONEN und setzen ein Häkchen bei »Überleben« (Abb. 7.44), damit die Überlebenskurven auch grafisch dargestellt werden.

Abbildung 7.44 Kaplan-Meier; Optionen

SPSS liefert nun in der Ausgabe unter anderem eine Tabelle mit den Mittelwerten und Medianen für die Überlebenszeit (Tab. 7.32) sowie eine Tabelle mit dem Ergebnis des Log-Rang-Tests (Tab. 7.33).

Tabelle 7.32 Mittelwerte und Mediane für die Überlebenszeit

Mittelwerte und Mediane für Überlebenszeit

Operati-onsziel	Mittelwert[a]				Median			
	Schät-zung	Standard-fehler	95%-Konfidenzintervall		Schät-zung	Standard-fehler	95%-Konfidenzintervall	
			Unter-grenze	Ober-grenze			Unter-grenze	Ober-grenze
kurativ	52,620	4,610	43,586	61,655	48,000	15,933	16,770	79,230
palliativ	12,750	1,885	9,056	16,444	12,000	1,155	9,737	14,263
Insgesamt	50,276	4,458	41,539	59,013	30,000	12,214	6,060	53,940

a. Wenn die Schätzung zensiert ist, wird sie auf die größte Überlebenszeit begrenzt.

Das Ergebnis des Log-Rang-Tests fällt signifikant aus ($p = 0{,}004$). Das kann so interpretiert werden, dass sich die Zeitdauer des rezidivfreien Überlebens zwischen den Gruppen »Kuratives Operationsziel« und »Palliatives Operationsziel« signifikant unterscheidet.

Tabelle 7.33 Ergebnis des Log-Rang-Tests

Gesamtvergleiche

	Chi-Quadrat	df	Sig.
Log Rank (Mantel-Cox)	8,270	1	,004

Test auf Gleichheit der Überlebensverteilungen für verschiedene Stufen von Operationsziel.

Wenn man sich die Grafik der Überlebensfunktionen (Abb. 7.45) betrachtet, ist der Unterschied – wie auch nicht anders zu erwarten – doch sehr deutlich.

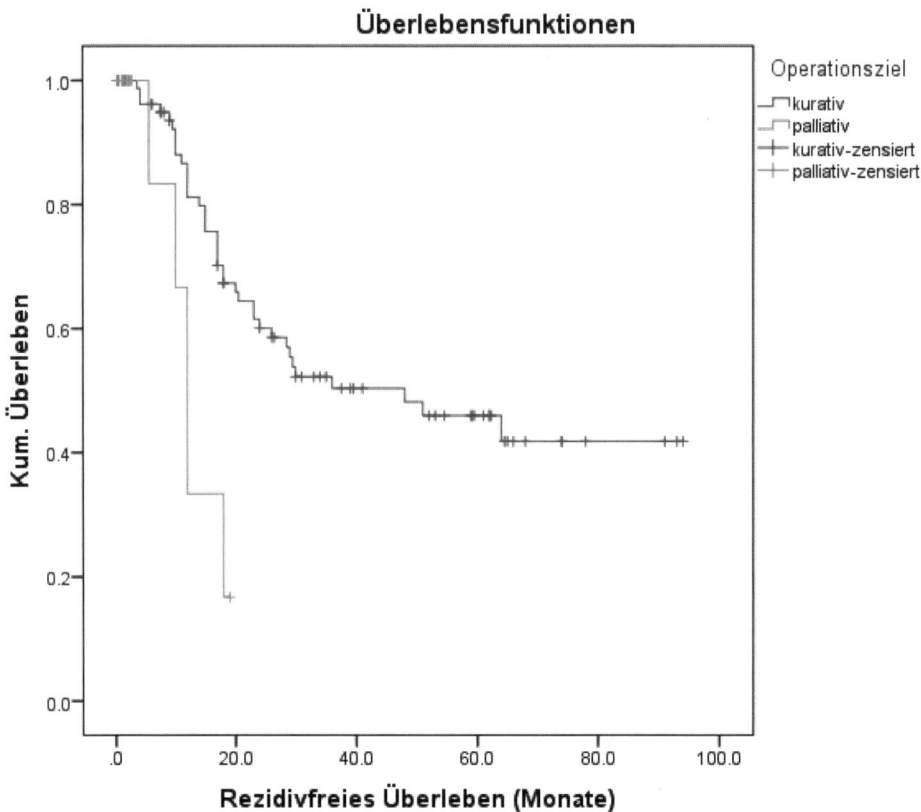

Abbildung 7.45 Grafik der Überlebensfunktionen

7.8.2 Cox-Regression

Das Verfahren der Cox-Regression zählt auch zu den Survival-Analysen, dient aber weniger der Betrachtung der tatsächlichen Überlebenszeit, sondern vielmehr der Untersuchung des Einflusses möglicher Kovariaten. Anders als bei einer Regressionsanalyse (Abschn. 7.2) können hier auch kategoriale Daten (nominalskalierte Variablen) als Kovariate eingefügt werden. Berechnet wird dann, welchen Einfluss ein Wechsel der Kategoriezugehörigkeit in der Kovariaten (z. B. wenn sich das Operationsziel von »kurativ« auf »palliativ« ändert) auf die Zeitvariable hat.

In SPSS findet sich die Cox-Regression unter ANALYSIEREN → ÜBERLEBEN → COX-REGRESSION.

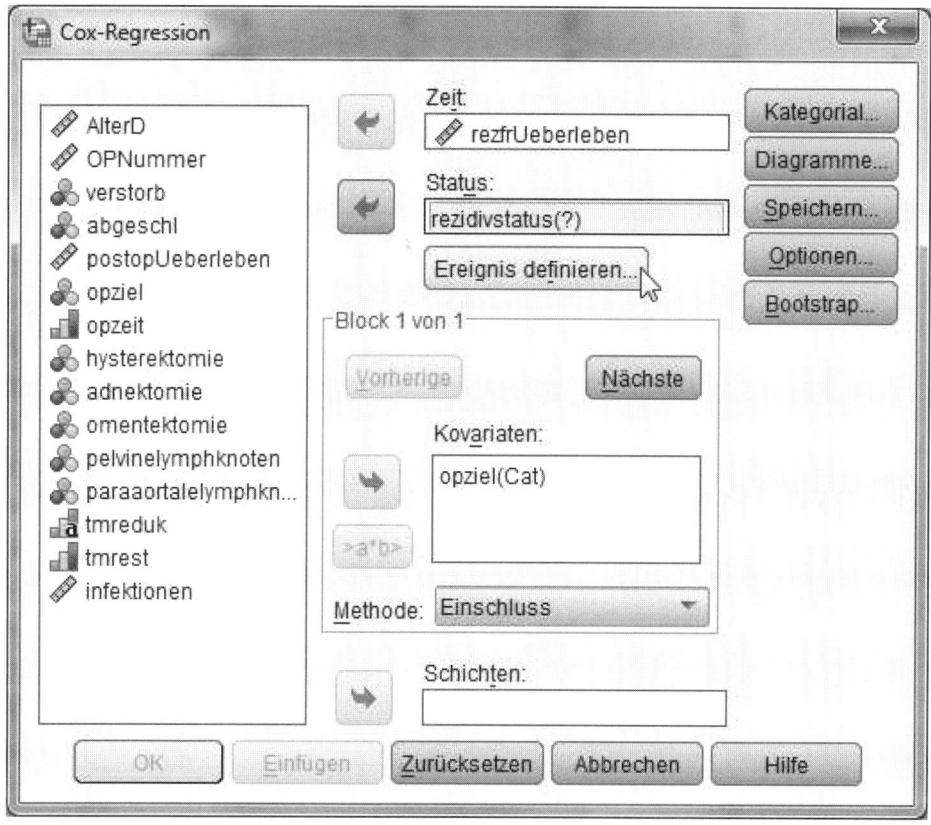

Abbildung 7.46 Hauptdialogfenster Cox-Regression

Im Hauptdialogfenster (Abb. 7.46) tragen Sie bitte in das Feld »Zeit« die Variable »Rezidivfreies Überleben (in Monaten; rezfrUeberleben)« ein, in das Feld »Status« die Variable »Rezidivstatus« und definieren als Ereignis »2« (Abb. 7.47), da dieser Wert anzeigt, dass ein Rezidiv aufgetreten ist. Im Feld »Kovariate« wird nun jene

Variable eingetragen, welche die zu vergleichenden Kategorien (hier: »opziel«) definiert. Über den Button KATEGORIAL kann diese Kovariate weiter spezifiziert werden (Abb. 7.48).

Abbildung 7.47 Cox-Regression: Ereignis für Statusvariable

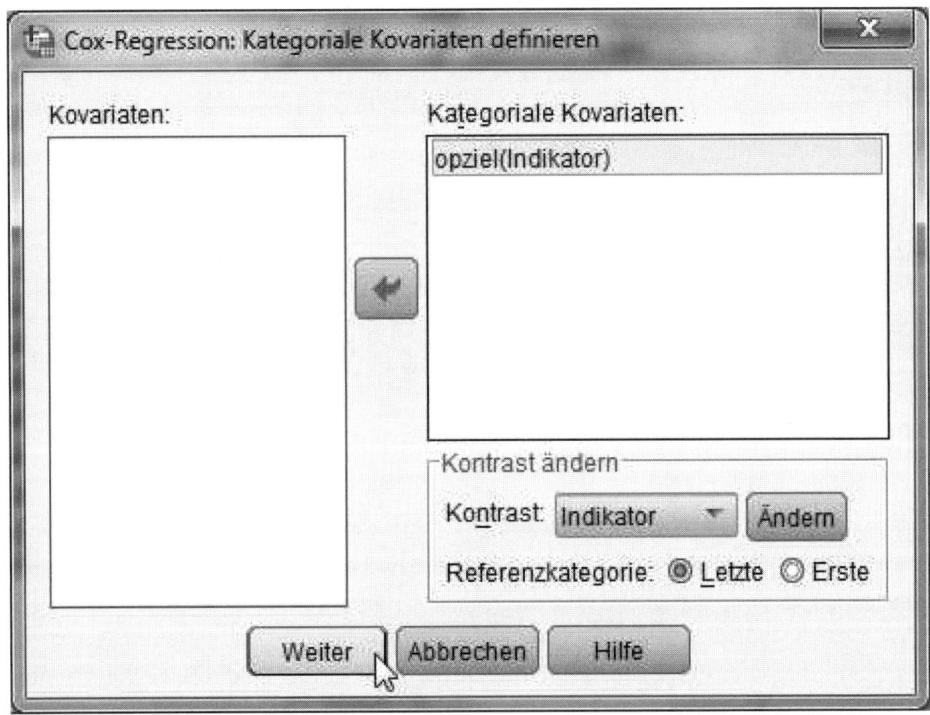

Abbildung 7.48 Cox-Regression: Kategoriale Kovariaten definieren

Die wichtigste Einstellung ist sicherlich jene, welche Kategorie als Referenzkategorie herangezogen wird. Was ist damit gemeint? Die Variable »opziel« hat zwei Ausprägungen (Kategorien), »kurativ« und »palliativ«. Man kann nun berechnen, welchen Einfluss es auf die Überlebenszeit hat, wenn von der Kategorie »kurativ« in die Kategorie »palliativ« gewechselt wird. Zum anderen könnte betrachtet werden, was passiert, wenn von der Kategorie »palliativ« in die Kategorie »kurativ« gewechselt würde. Die Angabe der Referenzkategorie entscheidet nun darüber, welche der beiden Berechnungen durchgeführt wird. Als Letztes kann über den Button »Diagramme« noch eine Grafik der Überlebensfunktionen angefordert werden (Abb. 7.49).

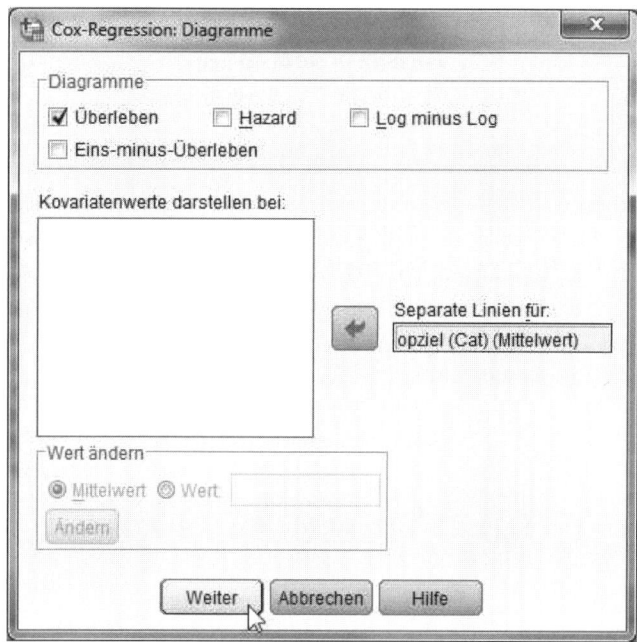

Abbildung 7.49 Cox-Regression: Diagramme

Ein Klick auf OK im Hauptdialogfenster startet die Berechnungen. In der Ausgabe verdienen insbesondere zwei Tabellen Beachtung: die Tabelle »Omnibustest der Modellkoeffizienten« (Tab. 7.34) sowie die Tabelle »Variablen in der Gleichung« (Tab. 7.35). Der Omnibustest der Modellkoeffizienten prüft, ob ein Wechsel der Kategorien zu einer signifikanten Veränderung der Zeitvariablen führt. Dies ist hier gegeben (p = 0,022). In Tabelle 7.35 kann nun das Einflussgewicht B abgelesen werden (B = -1,304).

Tabelle 7.34 Ergebnis des Omnibustests der Modellkoeffizienten

Omnibustests der Modellkoeffizienten[a]

-2 Log-Likelihood	Gesamt (Score)			Änderung vom vorherigen Schritt			Änderung vom vorherigen Block		
	Chi-Quadrat	Frei-heitsgrade	Sig.	Chi-Quadrat	Frei-heitsgrade	Sig.	Chi-Quadrat	Frei-heitsgrade	Sig.
335,835	7,974	1	,005	5,216	1	,022	5,216	1	,022

a. Anfangsblock 1. Methode = Eingabe

Tabelle 7.35 Einflussgewicht (b) für die Variablen in der Modellgleichung

Variablen in der Gleichung

	B	SE	Wald	Freiheitsgrade	Sig.	Exp(B)
opziel	-1,304	,495	6,942	1	,008	,271

Basierend auf dieser Ausgabe könnte man nun interpretieren, dass der Wechsel des Operationsziels von »kurativ« auf »palliativ« sozusagen einen stark negativen (b = -1,304) und signifikanten (p = 0,008) Einfluss auf die betrachtete Variable »Rezidivfreies Überleben (in Monaten)« hat. Dieses Ergebnis ist natürlich trivial, aber es ist auch nur ein Beispiel.

Neben diesen Tabellen produziert SPSS noch eine Grafik der Überlebensfunktion (Abb. 7.50).

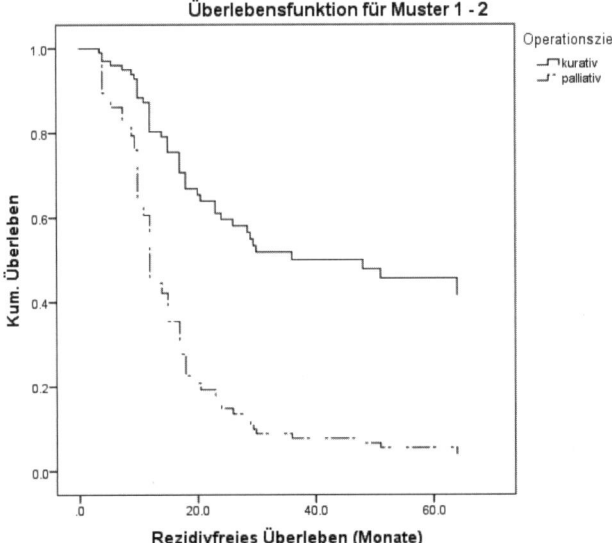

Abbildung 7.50 Grafik der Überlebensfunktionen

7.9   Clusteranalytische Verfahren

In SPSS finden sich clusteranalytische Verfahren unter ANALYSIEREN → KLASSIFI-
ZIEREN → HIERARCHISCHE CLUSTERANALYSE.

Ziel einer Clusteranalyse ist es immer, eine heterogene Gesamtheit von Objekten
(Personen, Firmen, Artikel usw.) anhand ausgewählter Eigenschaften (Attribute) in
möglichst homogene Teilmengen zu zerlegen.

Um es gleich vorneweg zu sagen: Nur in den seltensten Fällen gibt es die optimale
Lösung einer Clusteranalyse. Wie nahezu immer in der Statistik werden mehrere
Lösungen präsentiert; letztlich entscheidet der Untersuchende, welche der dargebo-
tenen Lösungen sinnvoll erscheint.

Es gibt auch nicht *die* Clusteranalyse; der Begriff Clusteranalyse umfasst vielmehr
eine Reihe von Verfahren, die alle dasselbe Ziel haben, nämlich eine heterogene
Menge von Objekten in mehrere homogene Teilmengen zu zerlegen.

Grundlage jedes clusteranalytischen Verfahrens ist es, zunächst einmal Ähnlich-
keiten zwischen den Objekten in Zahlen auszudrücken. Hierbei ist immer zu beach-
ten, was mit den Zahlen gerechnet werden darf und was nicht. Mit anderen Worten:
Erst muss das Skalenniveau bestimmt werden.

Hier sollen nun zwei verschiedene Beispiele dargestellt werden. In Abschnitt 7.9.1
folgt ein Beispiel, bei welchem Objekteigenschaften lediglich nach »vorhanden« (1)
und »nicht vorhanden« (0) für verschiedene Objekte betrachtet werden. In Abschnitt 7.9.2 wird ein Beispiel mit intervallskalierten Daten vorgestellt.

Generell muss leider gesagt werden, dass die Ausgaben einer Clusteranalyse bereits bei Stichproben größer als N = 30 relativ unübersichtlich werden. Wenn wir
Clusteranalysen durchführen, lassen wir uns verschiedene Lösungen abspeichern
und betrachten diese Lösungen im Anschluss mit Mitteln der Deskriptivstatistik.

7.9.1   Clusteranalyse bei binären Daten

*Die Berechnungen in diesem Abschnitt beziehen sich auf die Datei »daten_beispiel_Cluster01.sav«.
Eine kurze Beschreibung des Datensatzes finden Sie unter »Hinweise zum Online-Material«.*

Ein Marketingpsychologe wurde von einem namhaften Lebensmittelhersteller damit
beauftragt, sechs verschiedene Lebensmittelmärkte hinsichtlich verschiedener Attribute zu vergleichen. Die Eigenschaften waren z. B. teure Preise, großes Warenange-
bot und hohe Qualität. Die Frage war nun, ob die sechs Lebensmittelmärkte anhand
dieser Eigenschaften zu Gruppen zusammengefasst werden konnten. Im Hauptdialogfenster (Abb. 7.51) werden diese Eigenschaftsvariablen ausgewählt.

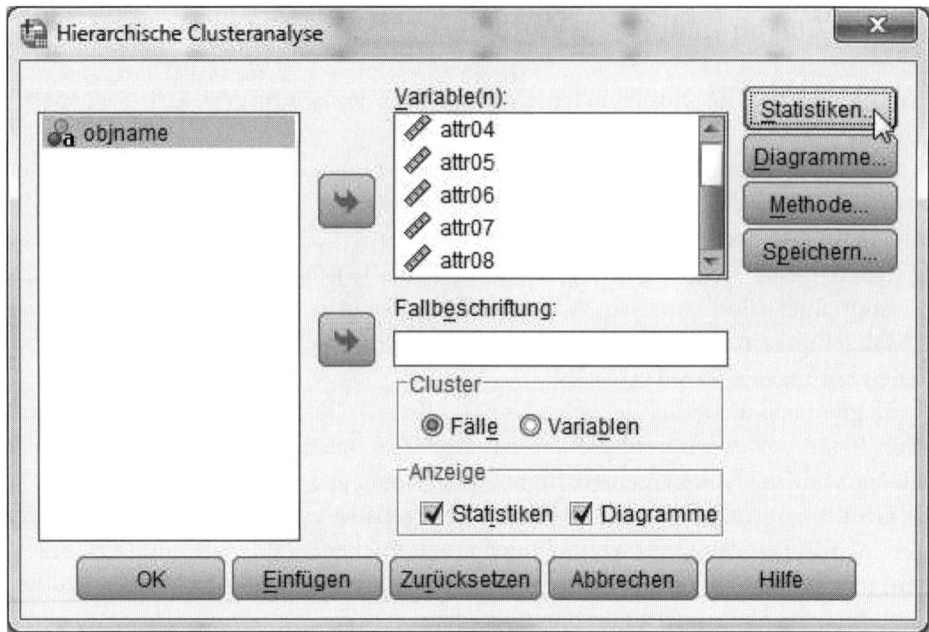

Abbildung 7.51 Hierarchische Clusteranalyse, Hauptdialogfenster

Klicken Sie auf den Button STATISTIKEN. Im sich öffnenden Fenster (Abb. 7.52) kann eine sogenannte Distanzmatrix angefordert werden. Bei kleinen Stichproben ($n \leq 30$) kann eine solche Distanzmatrix für die spätere Interpretation hilfreich sein.

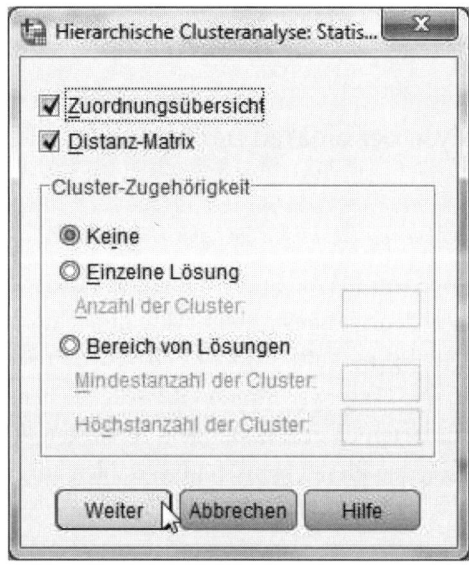

Abbildung 7.52 Hierarchische Clusteranalyse: Statistiken

Weiter geht es mit dem Button DIAGRAMME im Hauptdialogfenster.

Abbildung 7.53 Hierarchische Clusteranalyse: Diagramme

Hier fordern Sie ein sogenanntes Dendrogramm an. Ein Dendrogramm zeigt auf, welche Objekte wann zu einer Gruppe – basierend auf der Ähnlichkeit der Eigenschaften – zusammengefasst wurden. Klicken Sie dann im Hauptdialogfenster auf den Button »Methode«. Hier zeigt sich jetzt die große Vielfalt clusteranalytischer Methoden. Für einen Überblick und eine Erläuterung der einzelnen Methoden sei auf Backhaus et al. (2008) verwiesen. Bitte wählen Sie unter CLUSTERMETHODE »Nächstgelegener Nachbar«.

Im Block MASS wählen Sie bitte unter »Binär« »Quadrierte Euklidische Distanz« aus (Abb. 7.54).

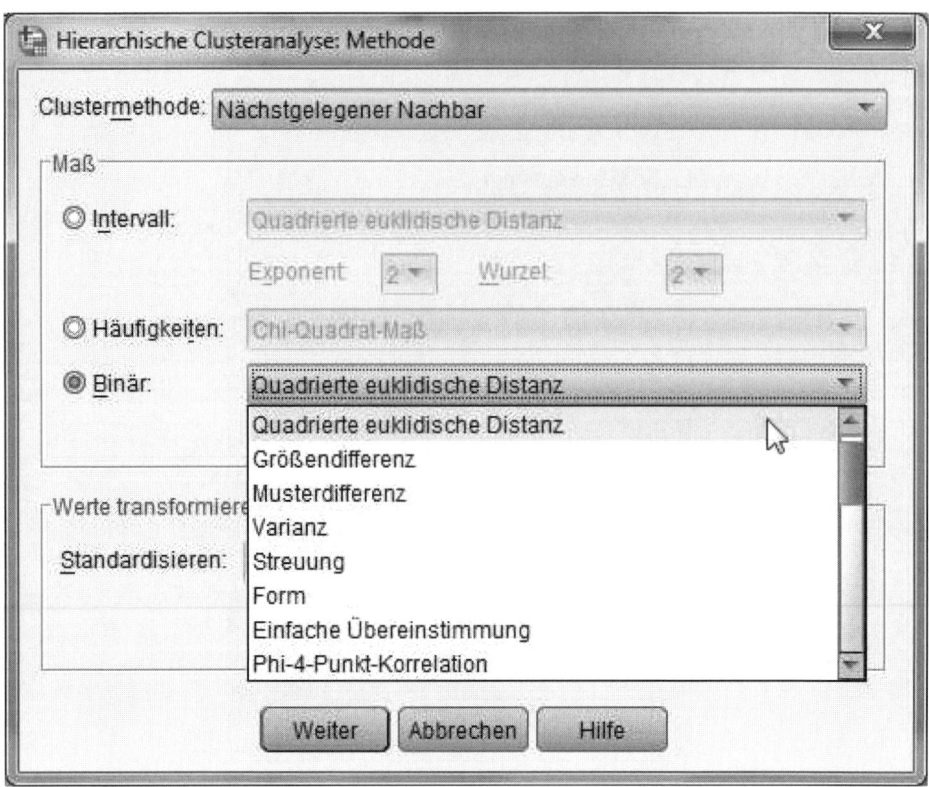

Abbildung 7.54 Hierarchische Clusteranalyse: Methode

Damit sind soweit alle Angaben gemacht, um die Clusteranalyse zu starten.

Die Ausgabe besteht aus drei Tabellen und zwei Abbildungen. In der zweiten Tabelle »Ähnlichkeitsmatrix« (Abb. 7.55) stehen Zahlen, welche hier Distanzen zwischen den einzelnen Objekten ausdrücken. Eigentlich sollte man besser von einer Unähnlichkeitsmatrix sprechen. Da es um Distanzen/Unähnlichkeiten geht, bedeuten hohe Werte eine große Unähnlichkeit, niedrige Werte eine hohe Ähnlichkeit.

Ähnlichkeitsmatrix

Fall	binäre quadrierte euklidische Distanz					
	1	2	3	4	5	6
1	0	0	1	6	4	6
2	0	0	1	6	4	6
3	1	1	0	7	5	5
4	6	6	7	0	4	2
5	4	4	5	4	0	6
6	6	6	5	2	6	0

Dies ist eine Unähnlichkeitsmatrix.

Abbildung 7.55 Distanzmatrix

Die Märkte 1 und 2 haben eine Distanz von 0, d. h. bezogen auf die hier erhobenen Eigenschaften unterscheiden sie sich nicht voneinander. Da sie sich nicht unterscheiden, werden sie im ersten Schritt der Clusteranalyse zu einer Gruppe zusammengezogen. Im Dendrogramm (Abb. 7.56) ist dies dargestellt.

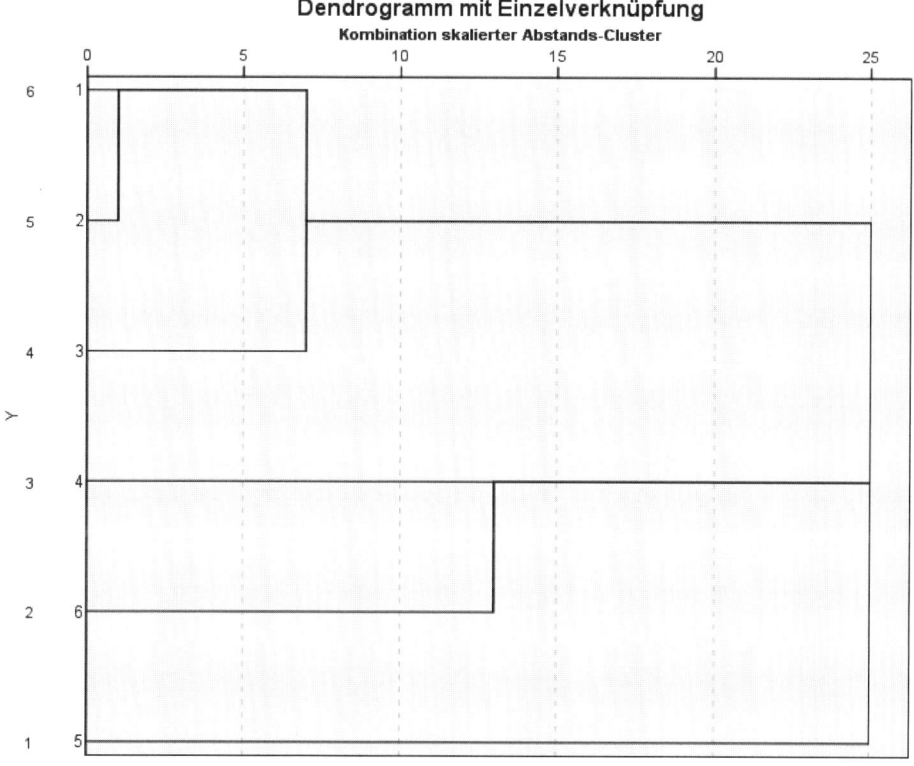

Abbildung 7.56 Hierarchische Clusteranalyse: Dendrogramm

Die nächstniedrige Distanz findet sich bei Markt 3 zu den Märkten 1 und 2. Im zweiten Schritt wird nun Markt 3 der Gruppe »Markt 1 und Markt 2« beigefügt. Basierend auf den Distanzen werden nun die Objekte zu Gruppen zusammengefügt, bis schließlich nur noch eine große Gruppe besteht. Was bringt das nun? Der letzte Schritt der Clusteranalyse, in welchem eine einzige große Gruppe gebildet wird, bringt tatsächlich nicht viel. Aber eventuell könnte der vorletzte Schritt, bei welchem es nur noch zwei Gruppen gibt (eine 2-Cluster-Lösung), sinnvoll interpretiert werden. Um sich beispielsweise die 2-Cluster-Lösung näher anzuschauen, muss im Hauptdialogfenster (Abb. 7.51) vor dem Start der Analyse noch auf den Button SPEICHERN geklickt werden. Es öffnet sich ein neues Dialogfenster (Abb. 7.57), in welchem Sie bitte die Option »Einzelne Lösung« auswählen und bei Anzahl der Cluster »2« eintragen.

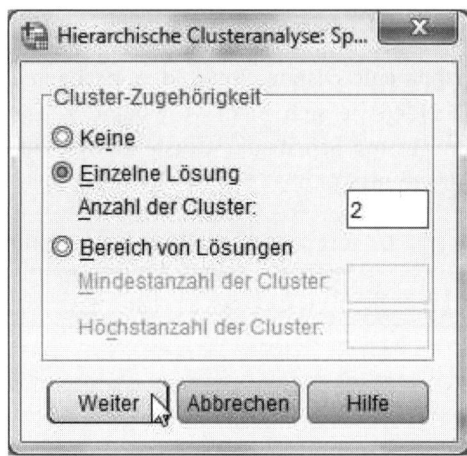

Abbildung 7.57 Hierarchische Clusteranalyse: Speichern der Clusterzugehörigkeit

Wird die Clusteranalyse nun gestartet, legt SPSS eine neue Variable an (CLU2_1), in welcher die Gruppenzugehörigkeit der Objekte bei einer 2-Cluster-Lösung gespeichert ist. Mit Hilfe dieser Variablen kann nun geprüft werden, durch welche Eigenschaft(en) sich die Cluster auszeichnen. Sehr hilfreich können hier Kreuztabellen (Abschn. 5.2) sein. Falls die 2-Cluster-Lösung sich nicht sinnvoll inhaltlich interpretieren lässt, könnte man eine 3-Cluster-Lösung abspeichern lassen, welche dann wieder untersucht werden könnte.

7.9.2 Clusteranalyse bei intervallskalierten Daten

Die Berechnungen in diesem Abschnitt beziehen sich auf die Datei »who_qol.sav«. Eine kurze Beschreibung des Datensatzes finden Sie unter »Hinweise zum Online-Material«.

Ausgangspunkt dieser Clusteranalyse war die Frage, ob es hinsichtlich der Bewertungen der verschiedenen Aspekte der Lebensqualität mittels des WHO-QOL-BREF möglich ist, Gruppen zu identifizieren, die sich in ihrer Einschätzung sehr ähnlich sind. Da bei den Skalenwerten *Physisches Wohlbefinden, Psychisches Wohlbefinden, Soziale Beziehungen, Umwelt* und *Globale Lebensqualität* von einem Intervallskalenniveau ausgegangen werden kann, sind hier andere Methoden für die Clusteranalyse nötig als bei binären Daten.

Bitte wählen Sie im Hauptdialogfenster (Abb. 7.58) die entsprechenden Variablen (phys, psych, social, envir und global) aus. Klicken Sie dann auf den Button METHODE. Es öffnet sich das entsprechende Dialogfenster (Abb. 7.59). Im Feld »Clustermethode« wählen Sie bitte »Ward-Methode« aus. Klicken Sie im Block MASS die Alternative »Intervall« an. Standardmäßig sollte dann »Quadrierte Euklidische Distanz« ausgewählt sein.

Abbildung 7.58 Hierarchische Clusteranalyse, Hauptdialogfenster

Abbildung 7.59 Hierarchische Clusteranalyse: Methode

Damit sind bereits alle Angaben getätigt, um die Analyse durchzuführen.

Die Ausgabe in SPSS ist leider sehr unübersichtlich. Daher empfiehlt es sich, die Clusterzugehörigkeit für mehrere Lösungen (z. B. für zwei, drei oder vier Cluster) abzuspeichern (vgl. Abb. 7.57) und im Anschluss deskriptivstatistisch zu betrachten.

Da hier jetzt mit intervallskalierten Variablen gearbeitet wird, bietet sich für die Deskriptivstatistik beispielsweise eine Betrachtung der Gruppen- bzw. Clustermittelwerte an (vgl. Abschn. 4.3). Für eine inferenzstatistische Prüfung könnte anschließend eine Varianzanalyse durchgeführt werden.

8 Diagramme mit SPSS erstellen

»Ein Bild sagt mehr als tausend Worte« – diese Redewendung gilt auch für empirische Erhebungen. Die Erstellung von Diagrammen erfordert etwas Fingerspitzengefühl – doch die Mühe lohnt sich. Zu Beginn dieses Abschnitts wollen wir zuerst die Sinnhaftigkeit von Diagrammen thematisieren und einen Überblick geben, wann sich welches Diagramm eignet. Im Verlauf wird detailliert beschrieben, wie Sie welches Diagramm erstellen. Zu guter Letzt werden einige Hinweise für den Feinschliff bei der Diagrammdarstellung gegeben (Diagramme bearbeiten, Farben ändern etc.).

8.1 Wann sind Diagramme mit SPSS sinnvoll?

Das Ziel einer Grafik ist es, einen scheinbar komplexen Inhalt einfach darzustellen bzw. unter Umständen auch eine Datenmenge zu reduzieren. Das klappt meistens, jedoch eignet sich nicht jede Art von Diagramm für jeden Fragetypus: Kreisdiagramme, auf denen man aufgrund zu vieler unterschiedlicher Gruppen nichts mehr erkennt, oder unklare Balkendiagramme sollten daher vermieden werden. Tabelle 8.1 zeigt, welche Diagramme sich für welchen Fragetypus eignen.

Tabelle 8.1 Übersicht Diagrammtypen

Diagramm-art	Beschreibung	Sinnvoll bei? (Beispiele)	Design
Balken	Eignet sich gut dazu, absolute Häufigkeiten oder prozentuale Werte einer Variablenausprägung grafisch darzustellen.	Häufigkeiten	
Linien	Die Ausprägungen bzw. Antworten der Variable werden mit einem Punkt in einem Koordinatensystem vermerkt. Die Punkte werden durch eine Linie miteinander verbunden und sind somit nicht mehr zu sehen. Die Höhe der Linie entspricht der Höhe der Balken in einem Balkendiagramm.	Antwortverhalten zu verschiedenen Messzeitpunkten	

Tabelle 8.1 Übersicht Diagrammtypen (Fortsetzung)

Diagramm-art	Beschreibung	Sinnvoll bei? (Beispiele)	Design
Kreis-/Polardiagramm	Der Kreis wird in verschieden große Segmente aufgeteilt. Je häufiger ein Wert vorkommt, desto größer ist das Kreisseg-ment. Diese Option sollte nur gewählt werden, wenn es nicht zu viele unterschiedliche Ausprägungen gibt, da es sonst zu unübersichtlich wird.	Häufigkeiten	
Streu-/Punktdiagramm	Mittels eines Streudiagramms kann die gemeinsame Vertei-lung der Werte von zwei Va-riablen abgetragen werden. Es entstehen »Punktwolken«, die man dann interpretieren kann (s. Abschn. 8.2.3).	Darstellung von Korrelationen	
Histogramm	Histogramme eignen sich da-zu, die Häufigkeitsverteilung einer Variablen darzustellen.	Prüfung auf Nor-malverteilung	
Boxplot	Die Werte eines Merkmals werden in Quartile aufgeteilt dargestellt. Des Weiteren werden der Median, Extrem-werte und Ausreißer-Werte gezeigt.	Verteilung und Streuung eines Merkmals	
Hoch-Tief-Diagramm	Hoch-Tief-Diagramme stellen den Datenbereich zwischen zwei oder drei Werten (dann Hoch-Tief-Schluss-Diagramm) dar, z. B. höchster und niedrigster Tageswert einer Aktie. Die Werte werden senkrecht miteinander ver-bunden.	Minimum und Maximum eines oder mehrerer Merkmale bzw. eines Merkmals über mehrere Beobach-tungstage	

Tabelle 8.1 Übersicht Diagrammtypen (Fortsetzung)

Diagramm-art	Beschreibung	Sinnvoll bei? (Beispiele)	Design
Doppelachsendiagramm	In diesem Diagramm gibt es zwei y-Achsen. So können auch zwei unterschiedliche Variablen für die y-Achse dargestellt werden. Zudem kann man auf verschiedene Grafikelemente, z. B. Balken und Linien, zurückgreifen.	Gleichzeitige Darstellung von Häufigkeiten und Mittelwerten	

8.2 Allgemeines Vorgehen bei der Erstellung eines Diagramms

Balken-, Linien, Kreis- und Flächendiagramme können allesamt zur Darstellung des gleichen Informationstypus genutzt werden. Für welches Diagramm man sich letztendlich entscheidet, ist eine Frage des persönlichen Geschmacks. An dieser Stelle wird exemplarisch gezeigt, wie man ein Balkendiagramm und ein Kreisdiagramm erstellt.

8.2.1 Balkendiagramm erstellen

Für die Erstellung eines Balkendiagrammes folgen Sie bitte folgendem Pfad: GRAFIK → ALTE DIALOGFELDER → BALKEN.

Es gibt drei Varianten von Balkendiagrammen: das einfache Balkendiagramm, das gruppierte Balkendiagramm und das gestapelte Balkendiagramm (Tab. 8.2).

Tabelle 8.2 Drei Varianten des Balkendiagramms

Einfaches Balkendiagramm	Gruppiertes Balkendiagramm	Gestapeltes Balkendiagramm
Unterschiede zwischen verschiedenen Gruppen können visualisiert werden (z. B. verschiedene Länder, verschiedene Personengruppen etc.) hinsichtlich einer Frage	Eignet sich für den Vergleich des Antwortverhaltens von zwei Gruppen (z. B. Männer und Frauen) hinsichtlich einer oder mehrerer Fragen	Eine Alternative zum Kreisdiagramm: Mit einem gestapelten Balkendiagramm können die Anteile am Ganzen (100 %) von verschiedenen Gruppen dargestellt werden.

Des Weiteren können Sie zwischen dreierlei Datenarten wählen d. h. Sie können wählen, auf welche Art von Daten sich das Diagramm beziehen soll.

► **Auswertungen über Kategorien einer Variablen:** Mit Kategorien einer Variablen sind die Antwortmöglichkeiten gemeint. Nehmen wir die Variable »Schulabschluss« als Beispiel. Mit dieser Datenart erreichen Sie, dass SPSS Ihnen die Häufigkeiten der Ausprägungen »Hauptschulabschluss«, »Realschulabschluss«, »Fachhochschulreife« etc. mit je einem einzelnen Balken anzeigt.
► **Auswertung über verschiedene Variablen:** Bei dieser Datenart greift SPSS auf mehrere Variablen zurück. Wenn Sie beispielsweise fünf Variablen hinsichtlich Ihrer Mittelwerte grafisch darstellen wollen, so eignet sich die »Auswertung über verschiedene Variablen« äußerst gut.
► **Werte einzelner Fälle:** Hier können Sie sich die einzelnen Ausprägungen nach Fallnummern (d. h. Versuchspersonen) anzeigen lassen. Diese Auswertung eignet sich primär, wenn nur eine kleinere Anzahl von Fällen betrachtet werden soll – ansonsten wird es unübersichtlich.

Nehmen wir einmal an, Sie möchten sich die Geschlechterunterschiede bei dem Item »Haben Sie genug Energie für das tägliche Leben?« hinsichtlich der einzelnen Kategorien anschauen. Gehen Sie dazu auf GRAFIK → ALTE DIALOGFELDER → BALKEN.

Dann wählen Sie bitte GRUPPIERTES BALKENDIAGRAMM sowie AUSWERTUNGEN ÜBER KATEGORIEN EINER VARIABLEN.

Klicken Sie die Variable, nach der Sie unterscheiden möchten (Frauen oder Männer) in das Feld GRUPPE DEFINIEREN DURCH und das Item »Haben Sie genug Energie für das tägliche Leben?« in das Feld KATEGORIENACHSE (Abb. 8.1).

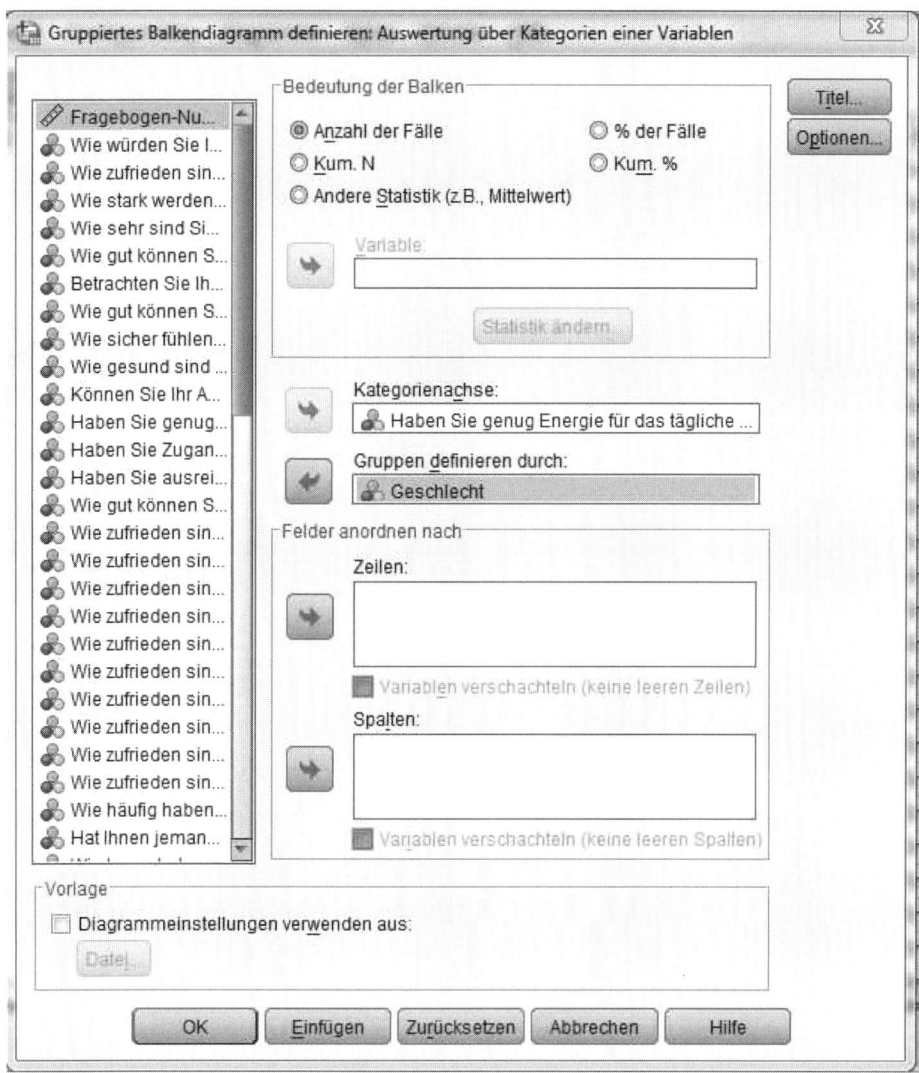

Abbildung 8.1 Erstellung eines gruppierten Balkendiagramms

Klicken Sie auf OK.

Nun erscheint folgendes Balkendiagramm (Abb. 8.2):

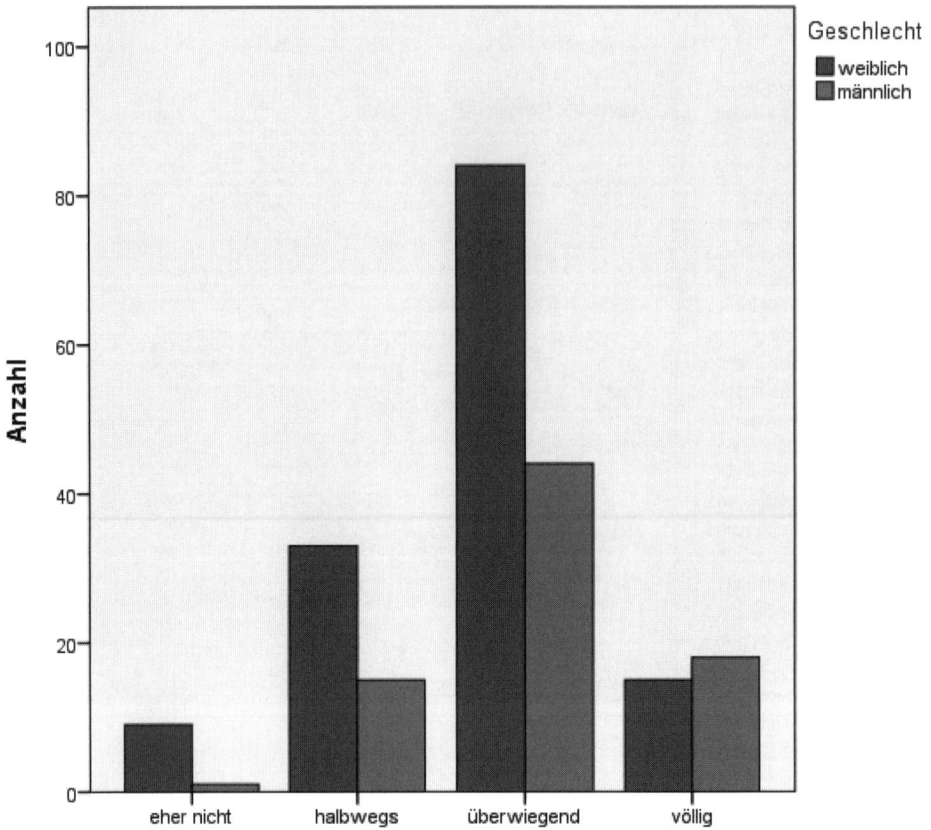

Abbildung 8.2 Gruppiertes Balkendiagramm

8.2.2 Kreisdiagramm erstellen

Kreisdiagramme, umgangssprachlich auch Tortendiagramme genannt, werden gerne für die Darstellung von Häufigkeiten genutzt. Wir möchten darauf hinweisen, dass sich ein Kreisdiagramm nicht immer dafür eignet. Sie sollten es vermeiden, sobald Sie so viele Antwortmöglichkeiten haben, dass Sie die einzelnen »Tortenstücke« nicht mehr zuordnen können (s. Abb. 8.3).

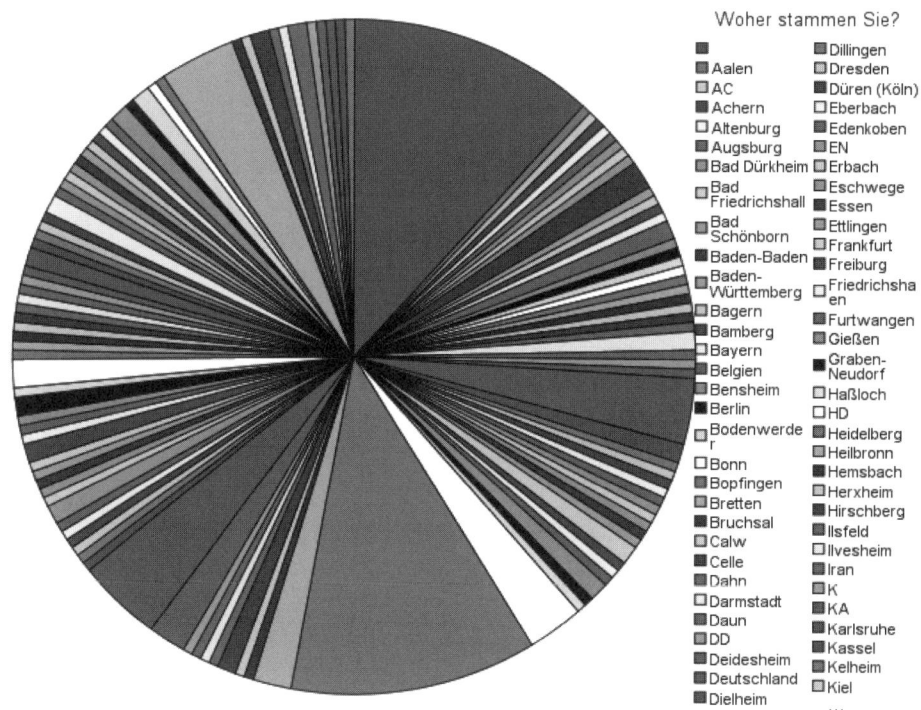

Woher stammen Sie?

	Dillingen
Aalen	Dresden
AC	Düren (Köln)
Achern	Eberbach
Altenburg	Edenkoben
Augsburg	EN
Bad Dürkheim	Erbach
Bad Friedrichshall	Eschwege
	Essen
Bad Schönborn	Ettlingen
Baden-Baden	Frankfurt
Baden-Württemberg	Freiburg
	Friedrichshafen
Bagern	
Bamberg	Furtwangen
Bayern	Gießen
Belgien	Graben-Neudorf
Bensheim	
Berlin	Haßloch
Bodenwerder	HD
	Heidelberg
Bonn	Heilbronn
Bopfingen	Hemsbach
Bretten	Herxheim
Bruchsal	Hirschberg
Calw	Ilsfeld
Celle	Ilvesheim
Dahn	Iran
Darmstadt	K
Daun	KA
DD	Karlsruhe
Deidesheim	Kassel
Deutschland	Kelheim
Dielheim	Kiel
	…

Abbildung 8.3 Unübersichtliches Kreisdiagramm

Auf Basis unserer Erfahrungen empfehlen wir Items mit drei bis acht Ausprägungs-möglichkeiten in einem Kreisdiagramm darzustellen. Weniger als drei Ausprä-gungsmöglichkeiten sind wenig aussagekräftig und bei mehr als acht wird das Dia-gramm in der Regel unübersichtlich.

Und so erstellt man ein Kreisdiagramm: GRAFIK → ALTE DIALOGFELDER → KREIS. Ähnlich wie beim Balkendiagramm sollte man auch beim Kreisdiagramm festlegen, auf welche Datenart sich das Diagramm bezieht (s. Abschn. 8.2.1).

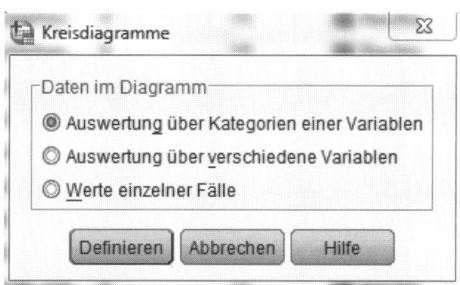

Abbildung 8.4 Daten im Kreisdiagramm

Hier nehmen wir erneut das Beispiel, dass sich die Daten auf die Kategorien einer Variablen beziehen (Abb. 8.4). Klicken Sie auf DEFINIEREN und es öffnet sich ein bekanntes Fenster.

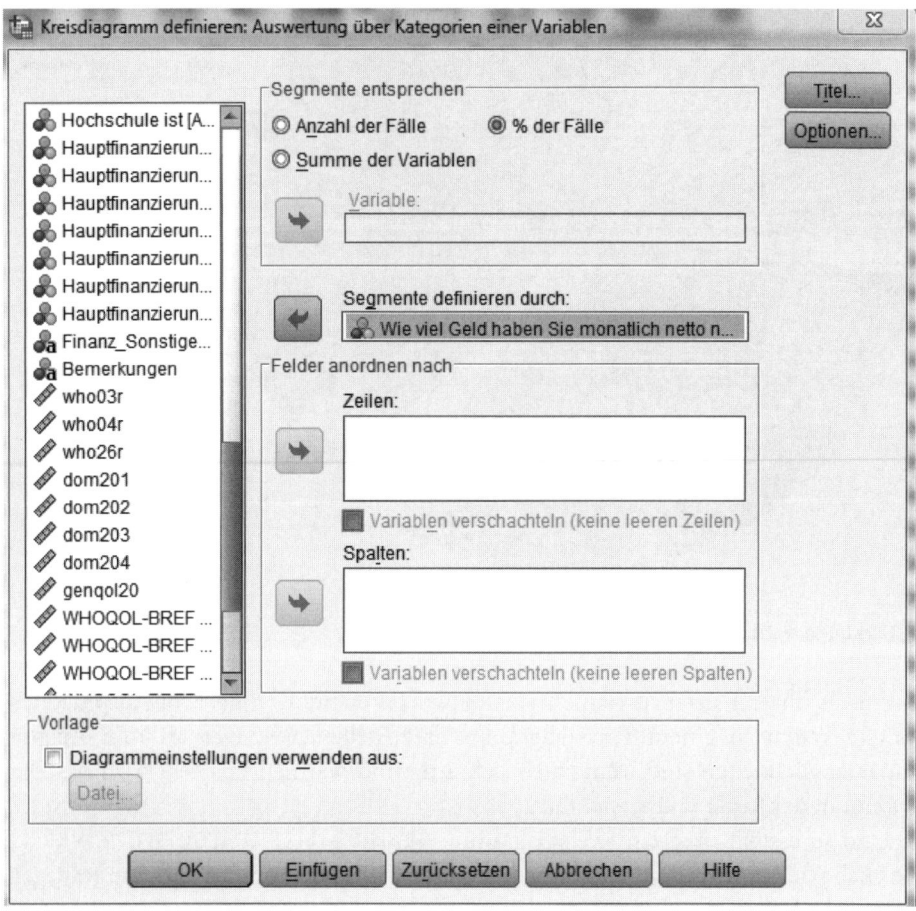

Abbildung 8.5 Kreisdiagramm erstellen

Wählen Sie das Item aus, dessen Ausprägungen das Kreisdiagramm darstellen soll, und klicken Sie es in die Box »Segment definieren durch«. In diesem Fall haben wir das Item »Wie viel Geld haben Sie monatlich netto nach Abzug aller regelmäßigen Kosten zur freien Verfügung?« ausgewählt. Des Weiteren können Sie auch auswählen, ob die absoluten Häufigkeiten oder Prozentangaben angezeigt werden sollen. Für die dritte Möglichkeit »Summe der Variablen« benötigt man – wie der Name schon sagt – mehrere Variablen als jetzt in diesem Beispiel. Hier sollen Prozentangaben dargestellt werden. Klicken Sie auf OK. Das Kreisdiagramm wird im Ausgabefenster generiert.

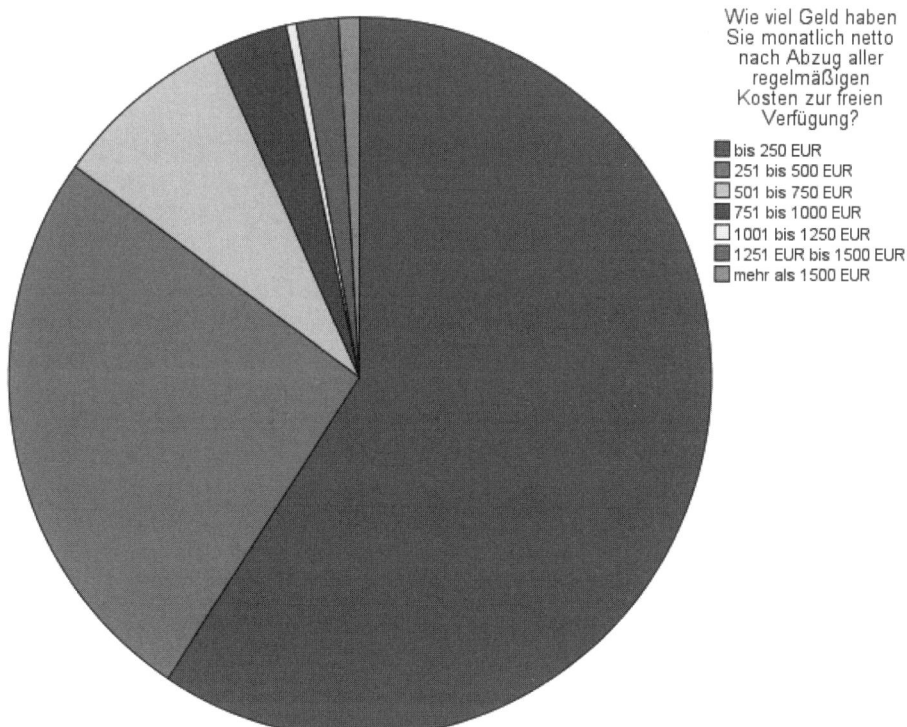

Abbildung 8.6 Kreisdiagramm im Ausgabe-Fenster

Gut! Nun kann man klar erkennen, dass über die Hälfte der befragten Personen max. 250 Euro nach Abzug aller Kosten monatlich zur Verfügung haben. Den detailverliebten Sozialwissenschaftler interessieren jedoch in der Regel noch mehr Informationen zu dieser Fragestellung. So kann man sich z. B. die konkreten Prozentzahlen anzeigen lassen. Dafür bitte Rechtsklick auf das DIAGRAMM → INHALT BEARBEITEN → IN SEPERATEM FENSTER.

Es öffnet sich der Diagramm-Editor in einem neuen Fenster. Bitte klicken Sie im Diagramm-Editor auf ELEMENTE → DATENBESCHRIFTUNGEN EINBLENDEN. Es öffnet sich das Eigenschaften-Fenster (Abb. 8.7).

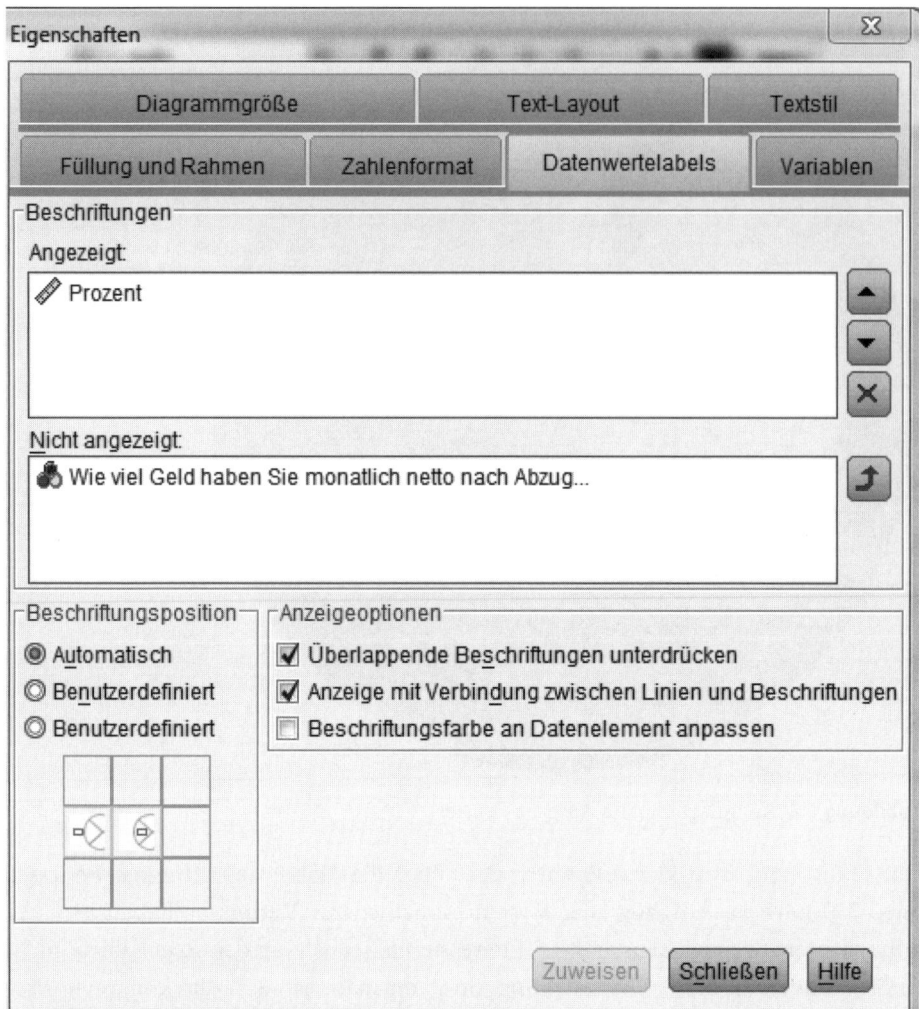

Abbildung 8.7 Kreisdiagramm Prozentwerte einfügen

Mit dem Öffnen dieses Eigenschaften-Fensters werden zeitgleich die Prozentwerte der einzelnen Kategorien (»Tortenstücke«) im Kreisdiagramm im Diagramm-Editor eingefügt. Sie haben die Option, sich zusätzlich noch die Bezeichnung der einzelnen Elemente anzeigen zu lassen (hier im Beispiel: bis 250 EUR, 251 bis 500 EUR etc.). Dafür klicken Sie das Item, welches in der Abbildung 8.7 unter »Nicht anzeigen« aufgeführt ist, mit dem Pfeil rechts daneben hoch in die Box »Angezeigt«. Klicken Sie auf ZUWEISEN. Leider kommt es immer mal wieder vor, dass, obwohl man ÜBER-LAPPENDE BESCHRIFTUNGEN UNTERDRÜCKEN möchte, die Prozentangaben-Kästchen trotzdem überlagert angezeigt werden. Nicht verzagen, man kann sie anklicken und leicht manuell verschieben.

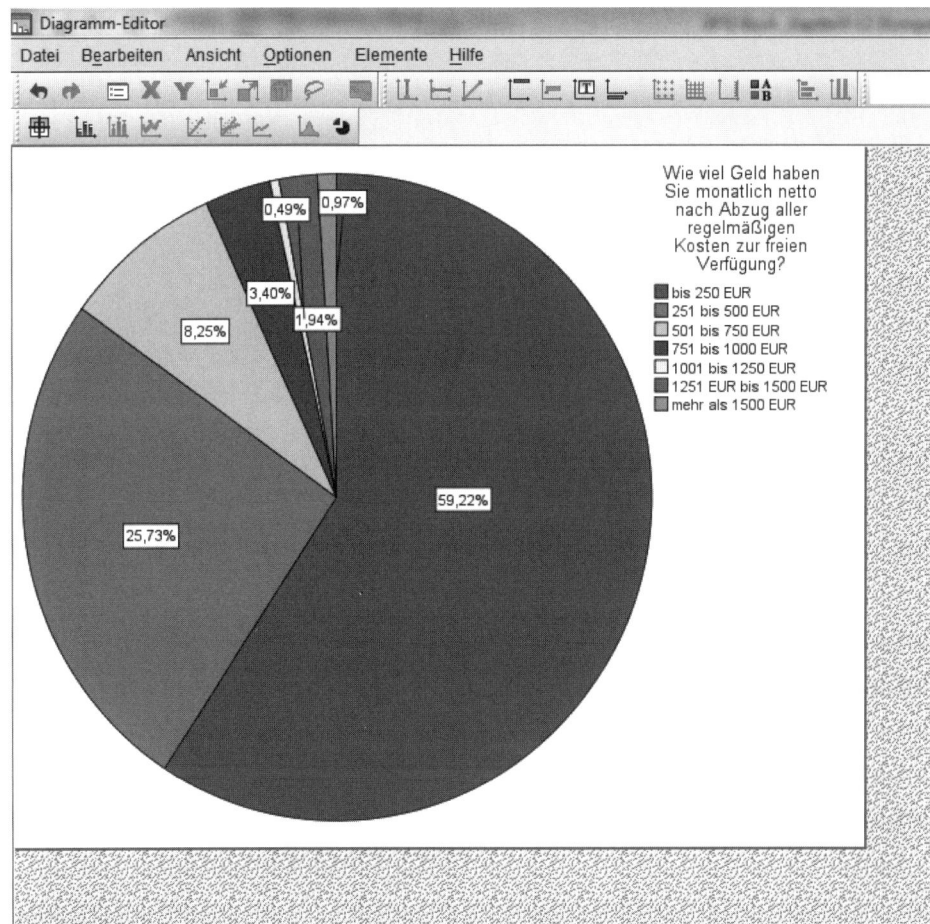

Abbildung 8.8 Kreisdiagramm mit Prozentwerte im Diagramm-Editor

Mit einem Rechtsklick auf das Diagramm und dann unter EIGENSCHAFTEN können Sie das Diagramm weiter bearbeiten (Abb. 8.9).

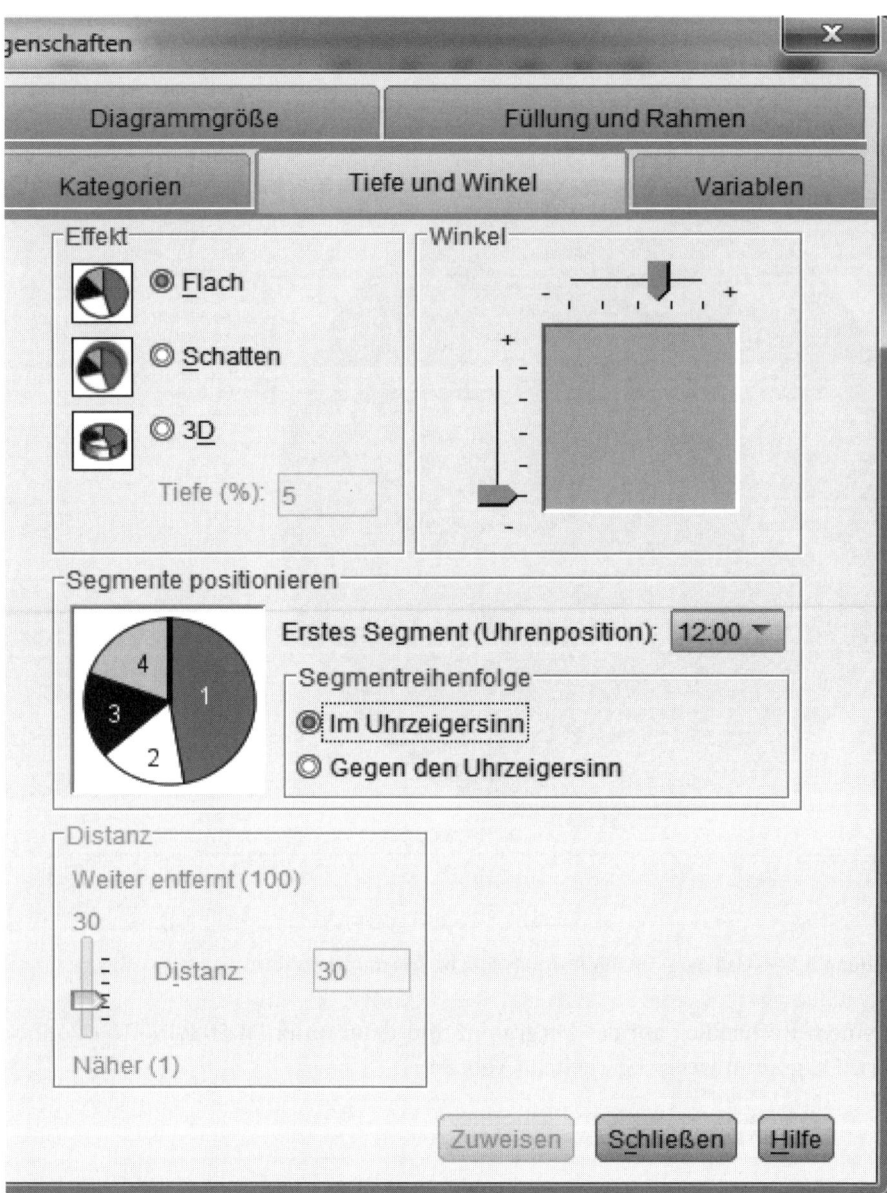

Abbildung 8.9 Eigenschaften eines Kreisdiagramms bearbeiten

Hier stehen fünf Reiter mit unterschiedlichen Bearbeitungsfunktionen zur Verfügung.

▶ **Diagrammgröße:** Hier ist das Verändern der Breite und Höhe möglich (Angaben in cm).

▶ **Füllung und Rahmen:** Hier kann man die Rahmenfarbe und die Art der Umrandung verändern.

▶ **Kategorien:** Mehrere Kategorien können zu einer Kategorie zusammengefasst werden, wenn die Prozentangaben zu klein werden. Des Weiteren kann die Reihenfolge der Elemente geändert werden. Hier ist es auch möglich, Kategorien aus dem Diagramm auszuschließen. Sie tauchen dann auch nicht mehr in der Legende auf.

▶ **Tiefe und Winkel:** Unter der Rubrik »Effekt« kann man Schatten und eine 3D-Animation des Diagramms je nach Gusto hinzufügen. Des Weiteren ist es möglich, die einzelnen Segmente unter »Segmente positionieren« im bzw. gegen den Uhrzeigersinn darzustellen.

▶ **Variablen:** Unter »Elementtyp« kann man das Kreisdiagramm in einen anderen Diagrammtyp umwandeln, z. B. in ein Pfad- oder Balkendiagramm.

8.2.3   Streu-/Punktdiagramm erstellen

Mit Hilfe eines Streu- bzw. Punktdiagramms kann man grafisch den Zusammenhang zwischen zwei Variablen überprüfen. Variable 1 wird auf der y-Achse und Variable 2 wird auf der x-Achse des Koordinatensystems abgetragen. Es bildet sich eine »Punktwolke«. Je nachdem wie schmal (oder weitläufig) diese Punktwolke ausfällt, kann man Rückschlüsse auf eine Korrelation (schmale Punktwolke) ziehen bzw. weiß man, dass die Variablen nicht miteinander korrelieren (sehr weitläufige Punktwolke).

Durch die Richtung dieser Punktwolke ist zudem erkennbar, ob die beiden Variablen positiv oder negativ miteinander zusammenhängen.

▶ **Positive Korrelationen** erkennt man daran, dass die Punktwolke von links unten nach rechts oben verläuft.

▶ Bei **negativen Korrelationen** wiederum verlaufen die Punkte der Wolke von links oben nach rechts unten.

Abbildung 8.10 zeigt eine Punktwolke zweier Variablen, die hoch positiv miteinander korrelieren.

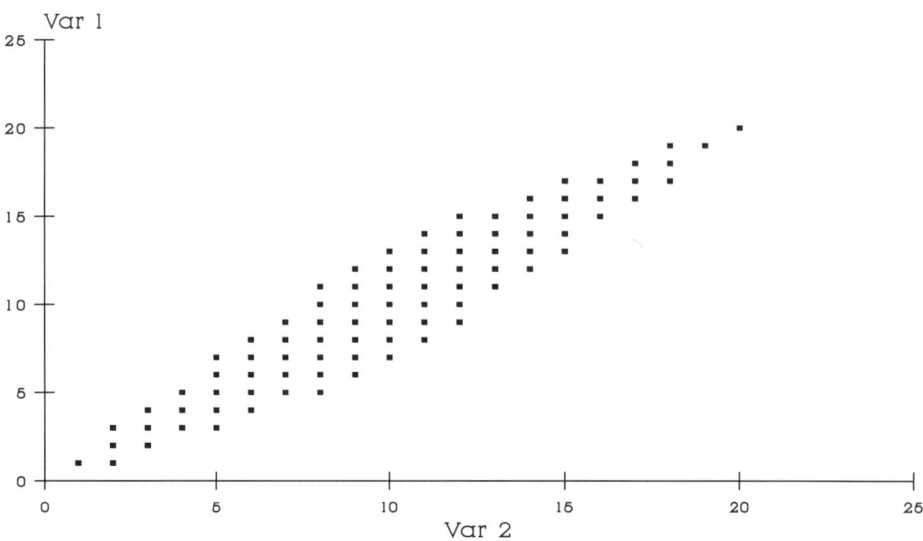

Abbildung 8.10 Beispiel für zwei stark positiv miteinander korrelierende Variablen

Wie funktioniert die Erstellung eines Punktdiagramms mit der IBM SPSS Statistics software? Ganz einfach: GRAFIK → ALTE DIALOGFELDER → STREU-/PUNKT-DIAGRAMM: Nun werden fünf verschiedene Arten von Streu- und Punktdiagrammen angeboten (Abb. 8.11).

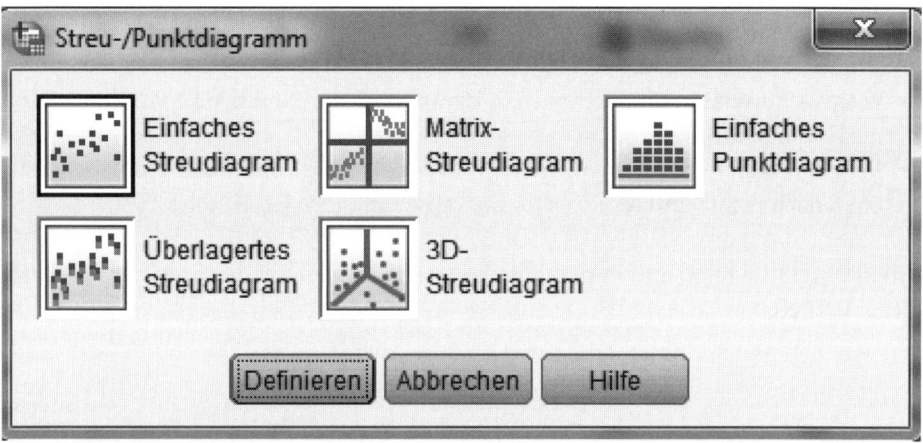

Abbildung 8.11 Auswahl eines Streu-/Punktdiagrammtyps

(1) **Einfaches Streudiagramm:** Hiermit kann die gemeinsame Verteilung zweier Variablen dargestellt werden. Abbildung 8.10 ist ein solches einfaches Streudiagramm.

(2) **Überlagertes Streudiagramm:** Wie der Name schon vermuten lässt, handelt es sich um mehrere einfache Streudiagramme, die übereinandergelegt wer-

den. So kann die Verteilung mehrerer Variablenpaare in einem Diagramm dargestellt werden. So kann man z. B. Merkmale von unterschiedlichen Zielgruppen (bspw. Frauen/Männer) übereinanderlegen und Unterschiede bzw. Gemeinsamkeiten visualisieren.

(3) **Matrix-Streudiagramm:** Hier werden mehrere einfache Streudiagramme nebeneinander in Kleinformat dargestellt. So erhält man einen schnellen Überblick über die Verteilung aller Variablenpaare – durchaus eine attraktive Alternative zu vielen einzelnen Streudiagrammen.

(4) **3D-Streudiagramm:** Durch die Hinzunahme einer dritten Achse ist es möglich, die gemeinsame Verteilung dreier Variablen im dreidimensionalen Raum darzustellen.

(5) **Einfaches Punktdiagramm:** Ähnlich wie ein einfaches Streudiagramm ist dies eine Variante, die Verteilung zwischen zwei Variablen darzustellen.

Für unser Beispiel wählen wir ein EINFACHES STREUDIAGRAMM. Klicken Sie bitte auf DEFINIEREN. Es öffnet sich ein neues Fenster.

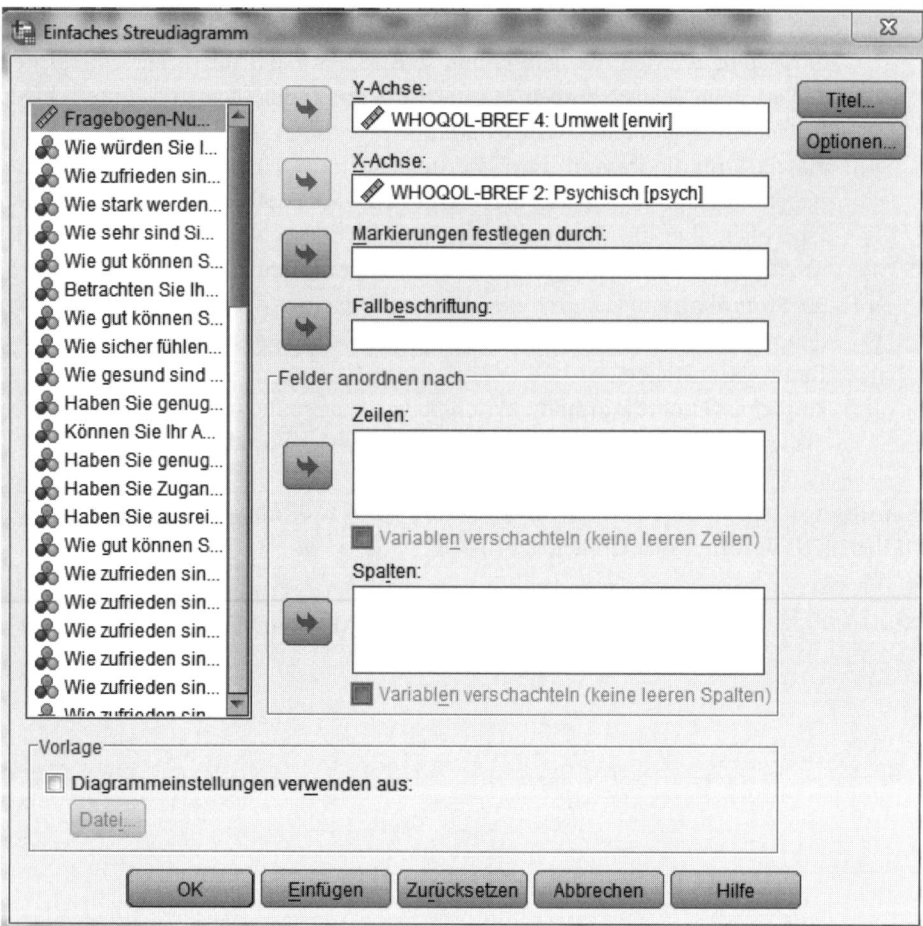

Abbildung 8.12 Streudiagramm erstellen

In diesem Bespiel soll untersucht werden, wie die Skala »Umwelt« mit der Skala »Psyche« zusammenhängt. Kurzum: Wie hängt die Wahrnehmung der eigenen psychischen Verfassung mit der Wahrnehmung der Umweltbedingungen der Probanden zusammen? Dafür werden diese beiden Skalen des WHOQOL-BREF in die Felder »X-Achse« und »Y-Achse« geklickt. Mit OK wird der Rechenbefehl abgeschlossen. Das einfache Streudiagramm erscheint im Ausgabe-Fenster.

Leider sehen nicht immer alle Streudiagramme so ideal aus wie in der oben gezeigten Abbildung 8.10.

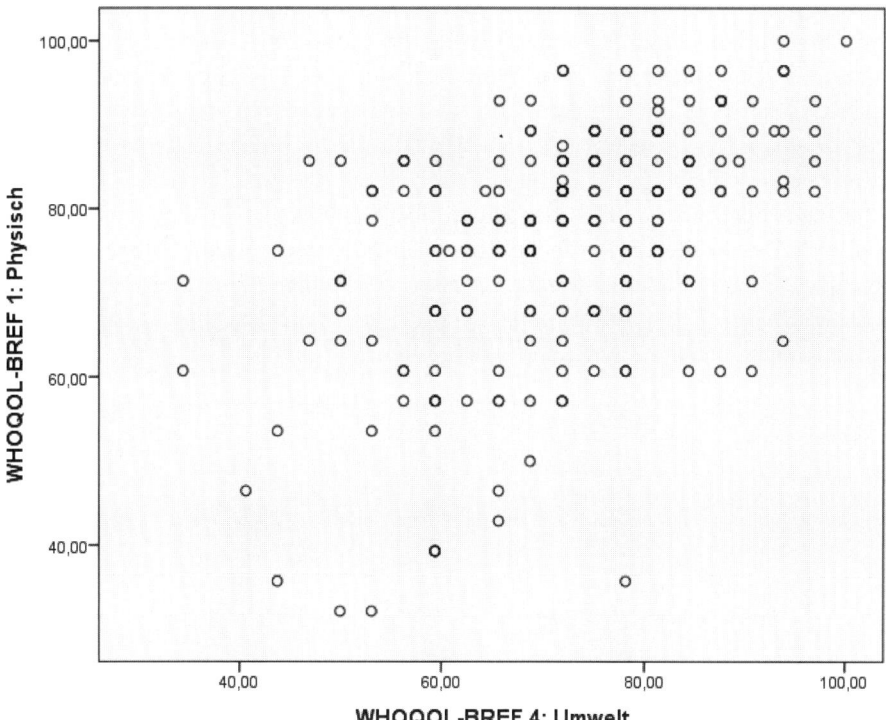

Abbildung 8.13 Streudiagramm mit zwei leicht positiv korrelierenden Variablen

Die Punktwolke ist vergleichsweise deutlich zu erkennen und die Punkte verlaufen von links unten nach rechts oben. Das bedeutet, es liegt ein positiver Zusammenhang vor. Da die Punktwolke jedoch recht breit und weitläufig ist, scheint der Zusammenhang zwischen den beiden Skalen gering zu sein.

8.2.4 Boxplot erstellen

Box-Plots eignen sich prima, um die Eigenschaften (z. B. Verteilung und Streuung) eines Merkmals informativ aufzubereiten. Zugegeben, die Diagrammdarstellung ist etwas gewöhnungsbedürftig, doch wenn man erst einmal verstanden hat, was dahintersteckt, dann kann man durchaus zum Fan werden. Box-Plots heißen eigentlich Box-Whisker-Diagramme und waren in der Vergangenheit sehr beliebt, da man sie vor dem SPSS-Zeitalter auch einmal schnell per Hand zeichnen konnte. Seit einigen Jahren werden sie wieder vermehrt in den nationalen und internationalen Journals abgedruckt. Aber wie kann man sich einem solchen Diagramm nun nähern?

Abbildung 8.14 zeigt einen beispielhaften Box-Plot. Auf der y-Achse werden die Variablenausprägungen abgetragen, in diesem Fall das Ergebnis der Skala »Psychisch«. Auf der x-Achse wird nach dem Geschlecht der Probanden unterschieden.

Arbeiten wir uns von unten nach oben vor: Der Boxplot beginnt unten mit dem Minimalwert, dann folgt das erste Quartil (die ersten 25 % der Stichprobe). Dann kommt das »Herzstück« eines Box-Plots – die Box. Die Box zeigt die beiden mittleren Quartile an, d. h. die mittleren 50 %. Der waagerechte Stich in der Mitte der Box ist der Median der Verteilung. Der Median teilt die nach der Größe sortierten Einzelwerte in zwei gleich große Hälften. Es folgt nach der Box das vierte Quartil, also die verbleibenden oberen 25 % der Stichprobe. Der Box-Plot schließt mit dem Maximalwert. Des Weiteren werden mittels kleiner Kreise einzelne Ausreißer-Werte aufgeführt. Gibt es Ausreißer-Werte, die außergewöhnlich höher oder niedriger sind als die restlichen Werte, sogenannte Extremwerte, so werden diese statt mit einem kleinen Kreis mit einem Sternchen (*) dargestellt.

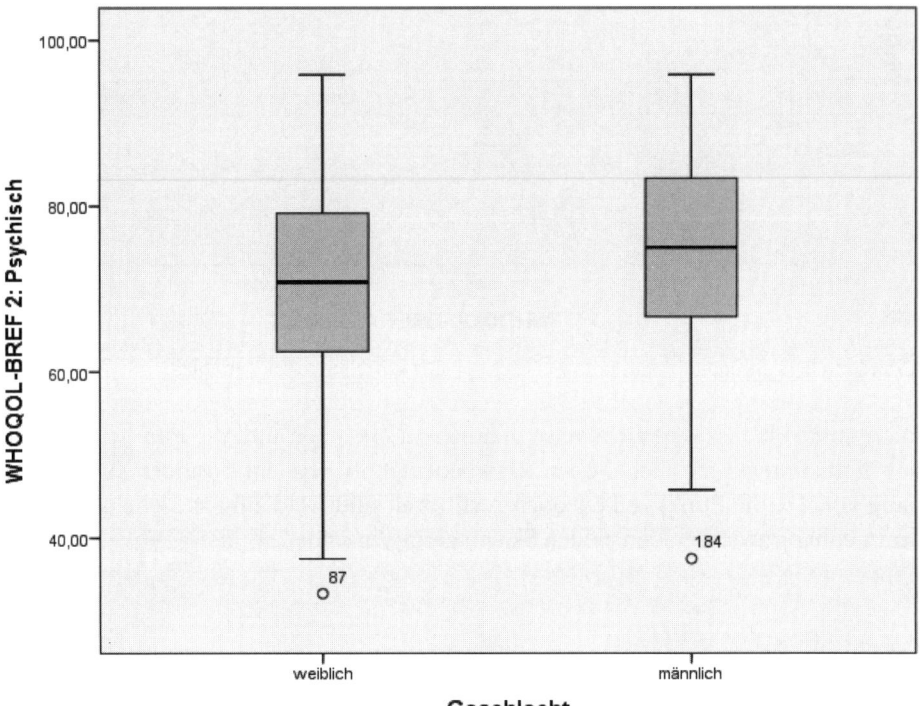

Abbildung 8.14 Erstellung eines Box-Plots

Wenn Sie einen Box-Plot mit SPSS erstellen wollen, so funktioniert das wie folgt: GRAFIK → ALTE DIALOGFELDER → BOXPLOT.

Wie schon so oft öffnet sich im ersten Schritt zuerst einmal ein kleines Fensterchen (Abb. 8.15).

Abbildung 8.15 Details zum Box-Plot auswählen

Fangen wir mit dem unteren Teil des Fensters an:

▶ **Auswertung über Kategorien einer Variablen:** Bei dieser Alternative wird pro Fallgruppe ein Box-Plot erzeugt. So ist es möglich, verschiedene Fallgruppen (Männer vs. Frauen; verschiedene Schulklassen, Raucher vs. Nicht-Raucher etc.) nach ihrem Antwortverhalten zu vergleichen (Beispiel: Abb. 8.14).

▶ **Auswertung über verschiedene Variablen:** Bei dieser Alternative wird das Antwortverhalten in der Regel von einer Fallgruppe über verschiedene Variablen dargestellt.

Nun können wir uns dem oberen Teil des Fensters zuwenden:

▶ **Einfache Box-Plots:** Dies ist die einfachste Variante eines Box-Plots. Es werden nur die Ergebnisse einer Fallgruppe in die Auswertung mit einbezogen.

▶ **Gruppierte Box-Plots:** Klickt man zusätzlich zu »Auswertungen über Kategorien einer Variablen« noch an, dass gruppierte Box Plots angefertigt werden sollen, so kann man sich das Antwortverhalten von verschiedene Fallgruppen (Männer vs. Frauen etc.) über die Ausprägungen einer Variablen hinweg ansehen.

Schauen wir uns als Beispiel die Erstellung eines solchen gruppierten Box-Plots mit einer Auswertung über die Kategorien einer Variablen an.

Klicken Sie hierzu bitte GRUPPIERT und AUSWERTUNG ÜBER KATEGORIEN EINER VARIABLEN an und anschließend auf DEFINIEREN.

Es öffnet sich folgendes Fenster:

Abbildung 8.16 Gruppierter Box-Plot mit einer Auswertung über die Kategorien einer Variablen erstellen

Die Variable für die y-Achse klicken Sie bitte in das Feld »Variable«. Die Variable für die x-Achse (hier: Geschlecht) klicken Sie in das Feld »Kategorienachse«.

Klicken Sie die Variable, die die Box-Plot-Gruppen vorgeben soll (z. B. Familienstand) in das Feld »Gruppen definieren durch:«. Für jede Untergruppe wird ein einzelner Box-Plot erstellt. Anschließend klicken Sie auf OK und im Ausgabefenster wird der Box-Plot generiert (Abb. 8.17).

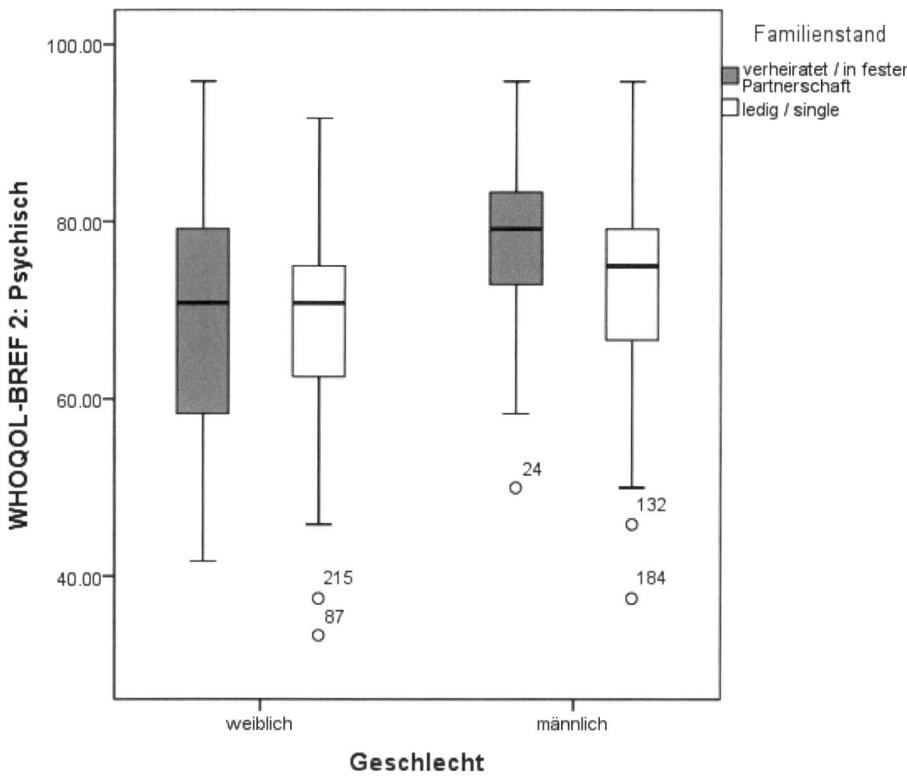

Abbildung 8.17 Gruppierter Box-Plot mit einer Auswertung über die Kategorien einer Variablen

Nun, was sieht man an dem Box-Plot? Zum einen sieht man, dass die psychische Lebensqualität der Frauen und Männer je nachdem variiert, ob sie in einer festen Partnerschaft oder ledig sind. Grob gesprochen schätzen Männer ihre psychische Lebensqualität etwas besser ein als Frauen, und Männer profitieren von einer festen Partnerschaft bezüglich ihres »Seelenheils« mehr als Frauen. Des Weiteren kann abgelesen werden, dass die Streuung der Werte der Frauen größer ist als die der Männer.

8.2.5 Histogramm erstellen und auf Normalverteilung prüfen

Mit Hilfe eines Histogramms ist es möglich, die Häufigkeitsverteilung der Werte einer bestimmten Variablen darzustellen. Zusätzlich können Sie noch eine überlagerte Normalverteilung einblenden, d. h. Sie können grafisch überprüfen, ob die Werte Ihrer Variablen normalverteilt sind.

! Eine Normalverteilung ist dadurch gekennzeichnet, dass die Extremwerte relativ selten auftreten, die mittleren Werte dafür am häufigsten. So entsteht die typische Glockenform.

Klicken Sie auf GRAFIK → ALTE DIALOGFELDER → HISTOGRAMM.

Abbildung 8.18 Erstellung eines Histogramms

Wählen Sie die Variable aus, die Sie überprüfen wollen, und vergessen Sie nicht, ein Häkchen bei»Normalverteilungskurve anzeigen« zu setzen. Klicken Sie auf OK.
Im besten Fall erhalten Sie dann ein Histogramm wie in Abbildung 8.19.

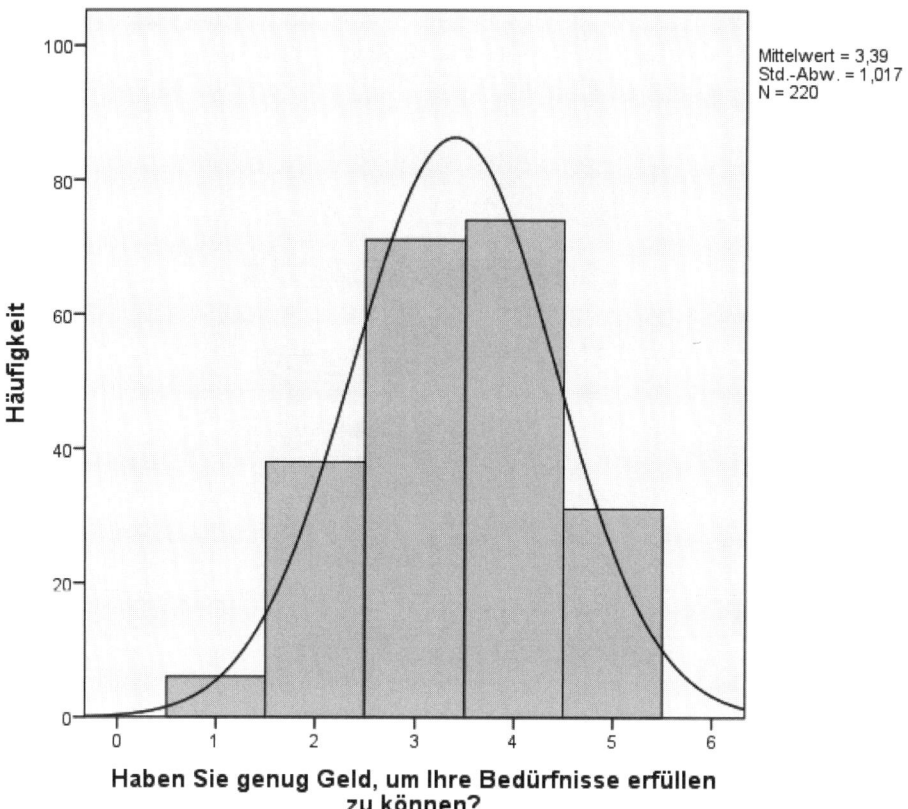

Mittelwert = 3,39
Std.-Abw. = 1,017
N = 220

Abbildung 8.19 Histogramm inklusive angezeigter Normalverteilung

Die Balken entsprechen vergleichsweise gut der überlagerten Normalverteilungskurve. Dies kann so interpretiert werden, dass die Verteilung der eigenen Daten ansatzweise einer Normalverteilung folgt.

8.3 Diagramme bearbeiten

Die Farben des Diagramms ändern

SPSS erstellt die Diagramme stets in einem optisch wenig ansprechenden Braun. Zum Glück ist das Ändern der Hintergrundfarbe und z. B. der Balkenfarbe sehr leicht, nämlich mit Rechtsklick auf DIAGRAMM → INHALTE BEARBEITEN → IN SEPARATEM FENSTER.

Es öffnet sich der Diagramm-Editor; machen Sie nun einen Doppelklick auf den Diagrammhintergrund im Editor-Fenster. Es öffnet sich ein neues Fenster, in dem Sie die Farbgebung neu definieren können. Wählen Sie eine Farbe für den Hintergrund aus (z. B. weiß) und klicken Sie auf »Zuweisen«. Für die Änderung der Balkenfarbe machen Sie einen Doppelklick auf einen der Balken. Es öffnet sich wieder das kleine Fenster, bei dem Sie sich eine Farbe für Ihre Balken aussuchen können. Ebenso können Sie unter der Rubrik RAHMENART → STIL zwischen verschiedenen Balkenbegrenzungslinien wählen.

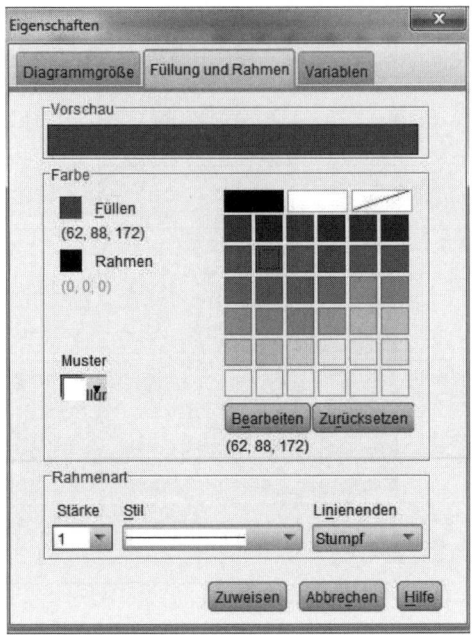

Abbildung 8.20 Farbe bei Diagramm ändern

Diagramm betiteln
Zu jedem Diagramm gehört ein Titel. Um einen Titel einzufügen, machen Sie einen Rechtsklick auf DIAGRAMM → INHALTE BEARBEITEN → IN SEPARATEM FENSTER. Es öffnet sich der Diagramm-Editor. Klicken Sie auf OPTIONEN → TITEL.

Skalierung hinzufügen
Werten Sie mittels eines Diagramms, z. B. eines Histogramms, die Verteilung Ihrer Variablen aus, so sollten Sie unbedingt die zur Variable passende Skalierung vermerken (z. B.: 1 = *trifft voll zu*; 2 = *trifft zu*, 3 = *teils, teils*, 4 = *trifft nicht zu*). Das hilft dem Leser, auf den ersten Blick das Diagramm besser zu verstehen. Fügen Sie dafür ein Textfeld oder eine Fußnote ein mit Rechtsklick auf das DIAGRAMM → INHALTE BEARBEITEN → IN SEPARATEM FENSTER. Es öffnet sich der Diagramm-Editor. Klicken Sie auf OPTIONEN → TEXTFELD bzw. FUSSNOTE.

Fehlende Werte anzeigen oder nicht?
Leider beantworten Probanden nicht immer alle Fragen. Es bleibt die Frage, ob die fehlenden Werte in einem Diagramm dargestellt werden sollen oder unter den Tisch fallen können. Entscheiden Sie in Abhängigkeit von Ihrer Fragestellung, ob es inte-

ressant ist, z. B. einen Extra-Balken darzustellen, der anzeigt, wie viele Probanden die Frage nicht beantwortet haben. Dazu GRAFIK → ALTE DIALOGFELDER → EINFACH → DEFINIEREN → OPTIONEN → FEHLENDE WERTE ALS KATEGORIE ANZEIGEN anklicken. Aus unserer Erfahrung hält sich der Informationszuwachs, der durch einen solchen Balken entsteht, allerdings in Grenzen.

Vom Ausgabeblatt in die Thesis/den Artikel etc.

Eine unkomplizierte Variante, um ein Diagramm vom SPSS-Ausgabeblatt z. B. in den Anhang Ihrer Thesis zu kopieren, funktioniert wie folgt: Rechtsklick auf DIA-GRAMM → KOPIEREN → in Ihrem Dokument an der gewünschten Stelle wieder einfügen. Wie in Kapitel 2 bereits erwähnt, können Sie aber auch die Ausgabeblätter zu jedem Zeitpunkt in ein MS Word Dokument exportieren (Abb. 8.21). Dafür DA-TEI → EXPORTIEREN klicken. Unter der Rubrik »Typ« bitte das Format Word/RTF (*.doc) auswählen und den Speicherort unter der Rubrik »Dateiname« anpassen und zum Abschluss auf OK klicken. Das Word-Dokument öffnet sich nun in der Regel nicht von selbst, befindet sich aber in dem vorher ausgewählten Ordner.

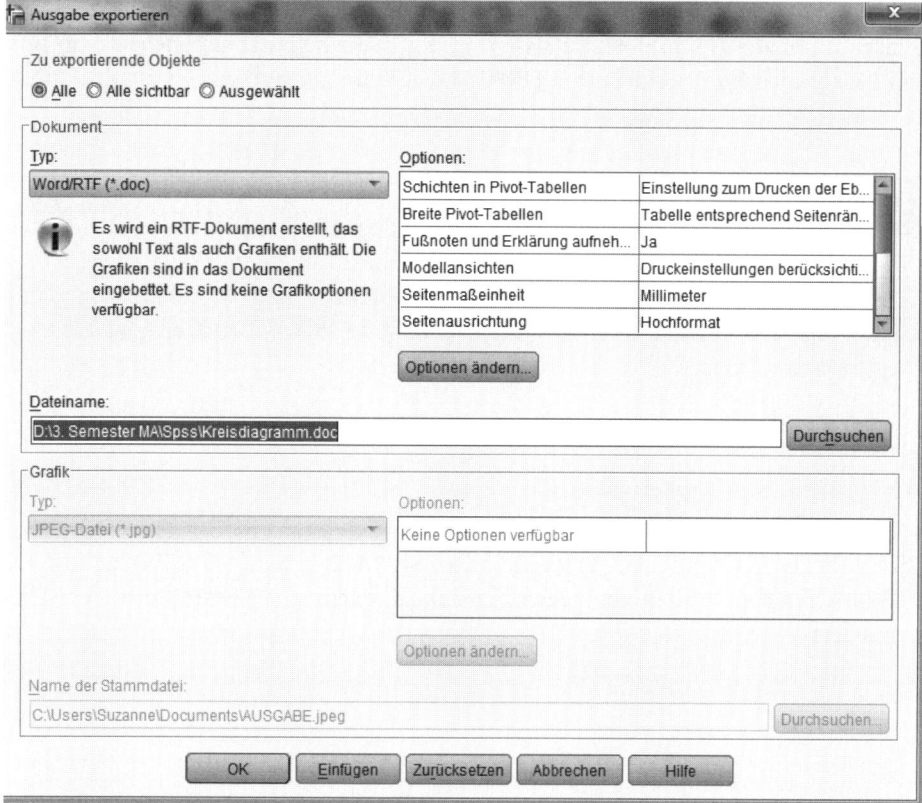

Abbildung 8.21 Ausgabeblatt exportieren

9 SPSS-Syntax

»Warum um Himmels Willen sollte man sich mit der SPSS-Programmiersprache, der SPSS-Syntax beschäftigen, wenn man doch alles über die Menüs anklicken kann?«, so lautet in der Regel die erste Frage, wenn in einer Vorlesung das Thema SPSS-Syntax angeschnitten wird.

Unseres Erachtens gibt es für die SPSS-Syntax drei Gründe:

(1) SPSS kann über die Menüs eben doch nicht alles.

(2) Mit Hilfe der Syntax können Sie Ihre Auswertungsschritte dokumentieren und damit auch später nachvollziehen.

(3) In manchen Fällen ist man über die Syntax schneller und es sieht sehr cool und beeindruckend aus, wenn man es kann!

Bevor jetzt Panik ausbricht: Es sind eigentlich nicht besonders viele Befehle, die man lernen muss! Die IBM SPSS Statistics software bietet sogar die Möglichkeit, Syntax automatisch schreiben zu lassen. In der Regel befindet sich neben dem Button OK nämlich immer ein Button EINFÜGEN. Klickt man statt auf OK auf EINFÜGEN, schreibt SPSS die entsprechende Syntax in ein Syntaxfenster.

> **! Regeln für die Syntax**
> Für die Syntax gibt es natürlich bestimmte Regeln.
> Die vielleicht wichtigste ist: Jeder SPSS-Befehl *muss* mit einem *Punkt* abgeschlossen werden! Die für uns zweitwichtigste ist: Manche Befehle laufen nicht von selbst, sondern müssen noch durch den Befehl »EXECUTE.« (oder kurz: »exe.«) angestoßen werden.

9.1 Das Syntaxfenster

Ein Syntaxfenster können Sie anlegen, indem Sie DATEI → NEU → SYNTAX anklicken.

Vor sich haben Sie dann ein leeres Fenster, in welches Sie Text in Form der SPSS-Syntax eingeben können (Abb. 9.2).

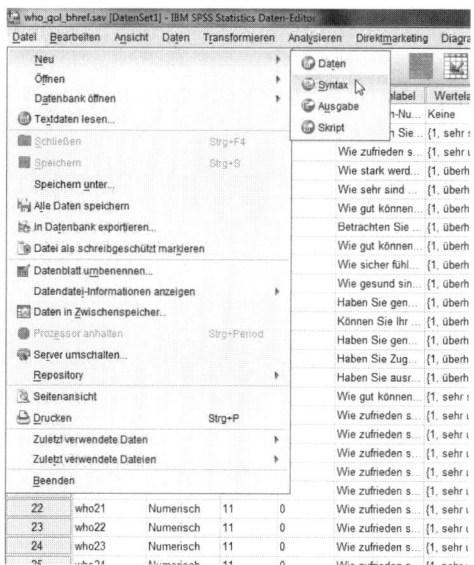

Abbildung 9.1 Anlegen eines neuen Syntaxfensters

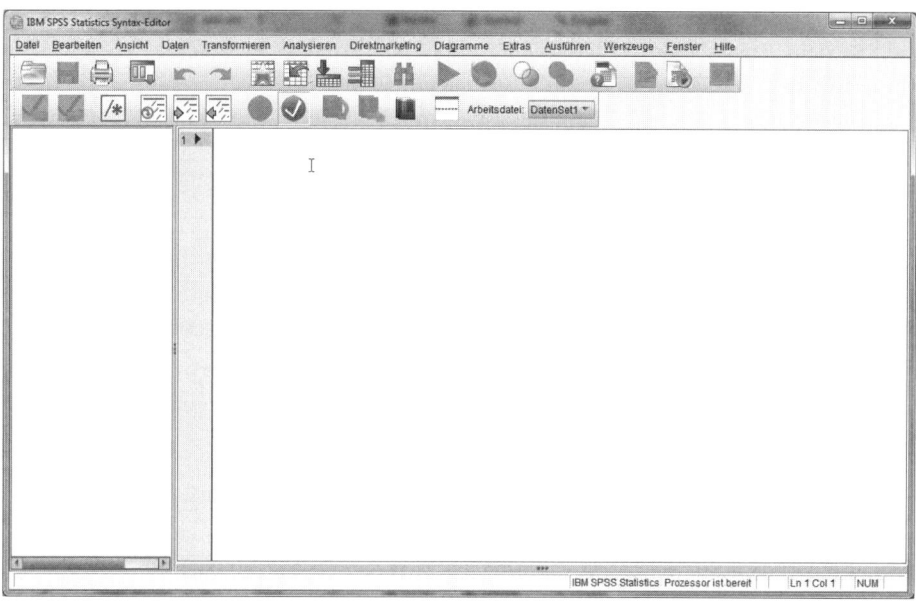

Abbildung 9.2 Leeres Syntaxfenster

In dieses Fenster können nun SPSS-Befehle (Syntax) eingegeben werden. Diese Befehle laufen nicht automatisch ab, sondern man muss die Befehle anstoßen. Dies geschieht, indem man die entsprechenden Befehle markiert und dann auf das große, grüne Dreieck (Play) klickt.

Vorneweg: Die Arbeit mit Syntax ist nur dann wirklich sinnvoll, wenn man die Syntax auch zur späteren Verwendung oder zur Dokumentation abspeichert. Wie gewohnt geschieht dies über DATEI → SPEICHERN bzw. DATEI → SPEICHERN UNTER. Eine Syntaxdatei bekommt das Suffix ».sps«.

9.2   Einstieg in Syntax

compute, execute, if, variable labels, value labels, missing value, frequency

Bitte öffnen Sie die Datendatei »whoqol.sav«, um die folgenden Syntaxbefehle nachvollziehen zu können. Öffnen Sie ein neues Syntaxfenster und geben Sie dann in das Syntaxfenster folgende Befehle ein:

```
COMPUTE alterkat=0.
EXECUTE.
```

Bitte markieren Sie die Befehle mit der Maus und klicken Sie auf PLAY.

Jetzt sollte sich eigentlich das Ausgabefenster öffnen. Wenn alles funktioniert hat, steht in dem Ausgabefenster lediglich eine Wiederholung der Befehle. Wenn nicht: Keine Panik!

Vielleicht taucht folgende Fehlermeldung auf:

```
Fehler Nr. 4381 in Spalte 1. Text: EXECUTE
Unerwartetes Ende des Ausdrucks.
Die Ausführung dieses Befehls wurde unterbrochen.
```

Dieser Fehler deutet darauf hin, dass irgendwo ein Punkt vergessen wurde. Bitte denken Sie daran: Jeder SPSS-Befehl muss mit einem Punkt beendet werden!

Vielleicht taucht aber auch folgende Fehlermeldung auf:

```
Fehler Nr. 1. Befehlsname: copmute
Das erste Wort in der Zeile wird nicht als ein SPSS
Statistics-Befehl erkannt.
Die Ausführung dieses Befehls wurde unterbrochen.
EXECUTE.
```

Dieser Fehler deutet darauf hin, dass man einen Befehl falsch geschrieben hat, hier »copmute« statt »compute«.

Die beiden genannten Fehler (Punkt vergessen oder Befehl falsch geschrieben) sind nach unserer Erfahrung die häufigsten.

Was ist hier jetzt passiert? »Compute« heißt einfach »Berechne«. Was soll berechnet werden? Eine (neue) Variable namens »alterkat«. Jeder Datensatz (jede Person) bekommt für diese neue Variable erst einmal den Wert »0«.

Bitte gehen Sie wieder in das Syntaxfenster und ergänzen Sie noch Folgendes:

```
VARIABLE LABELS alterkat "Alterskategorien".
EXECUTE.
```

Markieren Sie nun diese beiden Zeilen und klicken Sie auf PLAY.

Wenn alles gut gelaufen ist, taucht im Ausgabefenster einfach wieder nur die Wiederholung dieser beiden Zeilen auf. Mit diesem Befehl hat die Variable »alterkat« jetzt das Variablenlabel »Alterskategorien« bekommen.

Was jetzt noch fehlt, sind Bereiche für die einzelnen Alterskategorien. Hier sollen folgende Alterskategorien gebildet werden:

Tabelle 9.1 Zuordnung Altersspanne zu Alterskategorie

Alterskategorie	Alter
1	bis 25 Jahre
2	26 bis 35 Jahre
3	36 bis 45 Jahre
4	46 bis 55 Jahre
5	56 bis 65 Jahre
6	66 Jahre und älter.

Um solche Bereiche zuzuweisen, wird der Befehl IF (wenn) benötigt.

Die Struktur dieses Befehls ist relativ simpel: »Wenn – Klammer auf: Bedingung, Klammer zu – Variable ist gleich neuer Wert.« bzw. in diesem Fall: »Wenn (alter kleiner gleich 25) Alterskategorie ist gleich 1.«

Die Syntax wird auf Englisch geschrieben, »kleiner gleich« wird als »less equal« übersetzt und mit LE abgekürzt.

```
IF (alter LE 25) alterkat=1.
```

Die zweite Alterskategorie umfasst den Bereich 26 bis 35 Jahre. Das Alter muss also größer gleich (greater equal, GE) 26 *und* kleiner gleich (less equal, LE) 35 Jahre sein, damit eine Person in diese Alterskategorie fällt. Genau so muss jetzt auch der IF-Befehl aufgebaut werden:

```
IF (alter GE 26 AND alter LE 35) alterkat=2.
```

Für die übrigen Alterskategorien wird die Syntax entsprechend gebildet, also:

```
IF (alter GE 36 AND alter LE 45) alterkat=3.
IF (alter GE 46 AND alter LE 55) alterkat=4.
IF (alter GE 56 AND alter LE 65) alterkat=5.
IF (alter GE 66) alterkat=6.
```

Zum Schluss muss noch ein EXECUTE ergänzt werden.

```
EXECUTE.
```

Markieren Sie nun alles und klicken Sie auf PLAY.

Wenn es Ihnen wie uns geht, taucht jetzt erst einmal eine Fehlermeldung auf. Typische Fehler hierbei sind: Punkt, AND oder Leerzeichen vergessen.

Zum Glück ist dies aber schnell korrigiert. Jetzt fehlt nur noch ein Schritt, um schön mit diesen Alterskategorien arbeiten zu können. Die Werte der Variablen »alterkat« brauchen eine Bezeichnung. Auch dies lässt sich einfach über die Syntax regeln. Benötigt wird dazu der Befehl VALUE LABELS. Des Weiteren sollte man SPSS noch mitteilen, was als fehlender Wert gilt. Dies regelt der Befehl MISSING VALUE ().

Bitte ergänzen Sie die Syntax um folgende Zeilen:

```
VALUE LABELS alterkat 1 "bis 25 Jahre" 2 "26 bis 35 Jah-
re" 3 "36 bis 45 Jahre" 4 "46 bis 55 Jahre" 5 "56 bis 65
Jahre" 6 "66 Jahre und älter".
MISSING VALUE alterkat (0).
EXECUTE.
```

Bitte markieren Sie die Zeilen und klicken Sie auf PLAY.

Wenn kein Punkt, Leerzeichen oder Ähnliches vergessen wurde, ist es Zeit für eine Häufigkeitstabelle.

Klicken Sie auf ANALYSIEREN → DESKRIPTIVE STATISTIKEN → HÄUFIGKEITEN. Wählen Sie die Variable »alterkat« aus (ganz am Ende der Liste) und klicken Sie auf OK.

In der Ausgabe sollte nun Folgendes auftauchen (Tab. 9.2):

Tabelle 9.2 Ausgabe Häufigkeiten der Variablen Alterskategorien

Alterskategorien

		Häufigkeit	Prozent	Gültige Pro- zent	Kumulative Prozente
Gültig	bis 25 Jahre	171	77,4	81,0	81,0
	26 bis 35 Jahre	32	14,5	15,2	96,2
	36 bis 45 Jahre	7	3,2	3,3	99,5
	46 bis 55 Jahre	1	,5	,5	100,0
	Gesamtsumme	211	95,5	100,0	
Fehlend	.00	10	4,5		
Gesamtsumme		221	100,0		

Solch eine Häufigkeitstabelle lässt sich natürlich auch über die Syntax erstellen. Der englische Ausdruck für Häufigkeit ist Frequency, abgekürzt mit FREQ.

Der Befehl FREQ benötigt jetzt noch Angaben darüber, für welche Variable(n) die Häufigkeiten berechnet werden sollen. Umgesetzt in Syntax wird dies durch einen Schrägstrich, gefolgt von dem Wort Variables (abgekürzt: VAR) und schließlich dem Namen der Variable(n) (hier »alterkat«). Also:

```
FREQ /VAR alterkat.
```

Wenn Sie diese Syntax durchlaufen lassen, erscheint genau jene Tabelle, wie wir sie eben über die Menüführung erstellt haben.

Und worin besteht jetzt der Vorteil der Syntax? Bezogen auf das Beispiel mit der Variable »Alterskategorien« besteht der Vorteil darin, dass recht schnell die Grenzen der Alterskategorien abgeändert werden können, indem einfach in der Syntax die entsprechenden Werte geändert werden. Des Weiteren besteht ein Vorteil darin, dass man die Syntax wiederverwenden kann, sollten zu einem späteren Zeitpunkt noch Datensätze dazukommen.

Und nicht zuletzt dokumentiert man seine Vorgehensweise! Wem schon einmal der PC abgestürzt ist, der wird wissen, wie sinnvoll eine Dokumentation ist. Dann lassen sich nämlich alle Schritte nachvollziehen.

9.3   Der Befehl FREQUENCY

Wir haben zugegebenermaßen ein Faible für den Befehl FREQUENCY. Zum einen ist er schnell geschrieben, zum anderen lassen sich damit sehr viele deskriptivstatistische Kennwerte darstellen.

Bitte geben Sie in ein Syntaxfenster folgenden Befehl ein:

```
FREQ /VAR alter /HISTO NORM /STAT MEAN MEDIAN MODE
STDDEV MIN MAX.
```

Bitte markieren Sie den Befehl und klicken Sie auf PLAY.

Was passiert jetzt alles? Für die Variable Alter (/VAR alter) werden Häufigkeiten berechnet, des Weiteren wird ein Histogramm mit überlagerter Normalverteilung dargestellt (/HISTO NORM) und es werden die deskriptivstatistischen Kennwerte (/STAT) Mittelwert (MEAN), Median (MEDIAN), Modalwert (MODE), Standardabweichung (Standard Deviation, STDDEV), Minimum (MIN) und Maximum (MAX) berechnet und ausgegeben.

Ihre Ausgabe sollte wie folgt aussehen:

Tabelle 9.3 Ausgabe Deskriptivstatistische Kennwerte der Variablen Alter

Statistiken

Alter (in Jahren)

N	Gültig	211
	Fehlend	10
Mittelwert		23,74
Median		22,00
Modalwert		21
Standardabweichung		4,670
Minimum		18
Maximum		48

Tabelle 9.4 Ausgabe Häufigkeiten der Variablen Alter

Alter (in Jahren)

		Häufigkeit	Prozent	Gültige Prozent	Kumulative Prozente
Gültig	18	1	,5	,5	,5
	19	2	,9	,9	1,4
	20	20	9,0	9,5	10,9
	21	49	22,2	23,2	34,1
	22	42	19,0	19,9	54,0
	23	32	14,5	15,2	69,2
	24	13	5,9	6,2	75,4
	25	12	5,4	5,7	81,0
	26	8	3,6	3,8	84,8
	27	5	2,3	2,4	87,2
	28	5	2,3	2,4	89,6
	29	2	,9	,9	90,5
	30	3	1,4	1,4	91,9
	31	6	2,7	2,8	94,8
	32	1	,5	,5	95,3
	33	1	,5	,5	95,7
	35	1	,5	,5	96,2
	39	1	,5	,5	96,7
	40	3	1,4	1,4	98,1
	41	1	,5	,5	98,6
	43	1	,5	,5	99,1
	45	1	,5	,5	99,5
	48	1	,5	,5	100,0
	Gesamtsumme	211	95,5	100,0	
Fehlend	0	10	4,5		
Gesamtsumme		221	100,0		

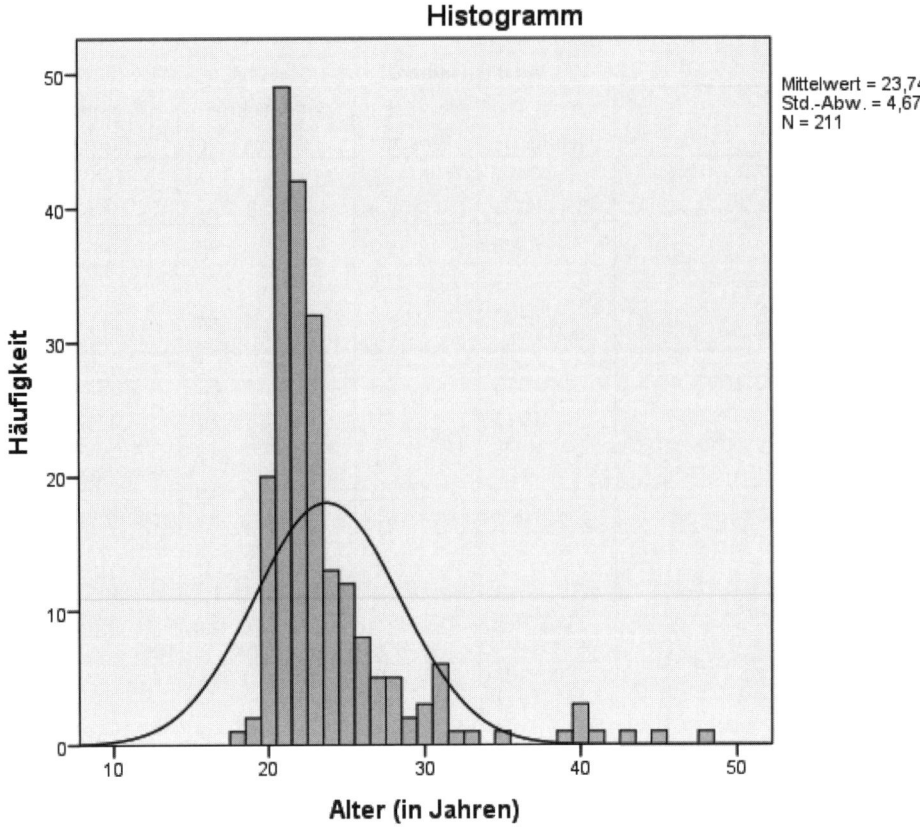

Abbildung 9.5 Histogramm der Variablen Alter mit überlagerter Normalverteilung

Manchmal ist man lediglich an den deskriptivstatistischen Kennwerten interessiert und benötigt weder die Häufigkeitstabelle noch das Histogramm.

Anders ausgedrückt soll das Ausgabeformat (FORMAT, abgekürzt FORM) keine (Häufigkeits-)Tabelle (NO TABLE, abgekürzt NOT) enthalten.

Entsprechend kann die Syntax verändert werden:

```
FREQ /VAR alter /FORM NOT /STAT MEAN MEDIAN MODE STDDEV
MIN MAX.
```

Die Ausgabe reduziert sich dann auf die Tabelle mit den deskriptivstatistischen Kennwerten (vgl. Tab. 9.3).

❗ Datenbereinigung

Ganz davon abgesehen, dass man mit dem FREQUENCY-Befehl schnell einen ersten Überblick seiner Daten erhält, lässt er sich auch gut zur Datenbereinigung (vgl. Kap. 3) einsetzen, wenn man die angeforderten deskriptivstatistischen Kennwerte auf »Minimum« und »Maximum« reduziert. Ein typischer Fehler bei der Dateneingabe besteht unserer Erfahrung nach darin, versehentlich einen Wert doppelt einzugeben, also 22 statt 2 oder 44 statt 4. Solche Eingabefehler zeigen sich dann in einem Maximum, welches so nicht auftauchen darf!

9.4 Der Befehl COMPUTE

Wenn es einen Befehl gibt, den man auf alle Fälle kennen sollte, dann ist es sicherlich der COMPUTE-Befehl. Dieser kommt zum Einsatz, wenn aus mehreren einzelnen Variablen (z. B. Items) ein Gesamtwert (Skalenwert) gebildet werden soll. Wenn man mit Fragebögen arbeitet, ist dies praktisch immer der Fall. Ebenso lassen sich mit dem COMPUTE-Befehl neue Variablen erstellen oder auch Berechnungen mit Variablen durchführen.

In der einfachsten Form kann der COMPUTE-Befehl beispielsweise so aussehen:

```
COMPUTE alterkat=0.
```

Hier wird jetzt lediglich einer (neuen) Variablen namens »alterkat« für jede Person der Wert »0« zugewiesen.

Vielleicht soll aber beispielsweise die Summe aus zwei Variablen (»whoqol01« und »whoqol02«) gebildet werden.

Dies lässt sich auf mehrere Arten mit dem COMPUTE-Befehl bewerkstelligen:

a) Einfaches Addieren mit Plus-Zeichen
```
COMPUTE NeueVariable=whoqol01+whoqol02.
```
b) Verwendung der Summenfunktion SUM
```
COMPUTE NeueVariable=SUM(whoqol01, whoqol02).
```
c) Verwendung der Mittelwertefunktion MEAN
```
COMPUTE NeueVariable=MEAN(whoqol01, whoqol02).
```

Die Varianten a) und b) kommen bei einem vollständigen Datensatz (ohne fehlende Werte) zum gleichen Ergebnis.

Sollte jedoch bei einer Person der Wert für eine der beiden Variablen fehlen, wird SPSS die einfache Addition mit Plus-Zeichen abbrechen, d. h. für die betreffende Person wird kein Wert gebildet. Bei Verwendung der Summenfunktion SUM hingegen wird ein Wert gebildet.

Variante c) bildet nicht die Summe, sondern den Mittelwert aus den Werten der beiden Variablen. Allerdings lässt sich aus dem Mittelwert schnell die Summe berechnen, wenn der Mittelwert mit der Anzahl der beteiligten Variablen (hier: zwei) multipliziert wird. Umgesetzt in die SPSS-Syntax ergäbe sich:

d) Verwendung der Mittelwertefunktion MEAN in Verbindung mit Multiplikation
```
COMPUTE NeueVariable=MEAN(whoqol01, whoqol02)*2.
```

Bei vollständigen Datensätzen kommen die Varianten a), b) und d) zum gleichen Ergebnis.

Gesetzt den Fall, eine Person hat das Item »whoqol01« nicht beantwortet, dann entstehen unterschiedliche Ergebnisse (vgl. Tab. 9.5).

Tabelle 9.5 Werte von NeueVariable je nach verwendeter Funktion bei unterschiedlichen Werten von n = 3 Personen

VPN	Wert in whoqol01	Wert in whoqol02	Variante a)	Variante b)	Variante d)
1	2	2	4	4	4
2	4	fehlend	fehlend	4	8
3	fehlend	5	fehlend	5	10

Bei den Versuchspersonen 2 und 3 tauchen speziell für die Varianten b) und d) Ergebnisse auf, die mit Vorsicht zu genießen sind! Unter Verwendung der Summenfunktion SUM (Variante b) hat VPN 2 als Wert für »NeueVariable« genau wie VPN 1 den Wert »4«. Ob diese beiden Werte jedoch die gleiche Bedeutung haben, ist fraglich! Bei Verwendung der Mittelwertefunktion MEAN wird so getan, als ob VPN 2 bei »whoqol02« den Wert »4« bzw. als ob VPN 3 bei »whoqol03« den Wert »5« hätte. Auch dies ist fraglich. Die beste Alternative bestünde sicherlich darin, nur die Datensätze solcher Versuchspersonen zu nehmen, die wirklich jedes Item beantwortet haben. Bei einer solchen geschlossenen Datentabelle – also einer Tabelle ohne fehlende Werte – spielt es keine Rolle, welche der drei Varianten man nimmt.

In der Forschungspraxis kommt es leider häufiger vor, dass Versuchspersonen gerade beim Ausfüllen von Fragebögen gerne einmal ein Item weglassen. Würde man nun den Datenbestand nur auf vollständige Datensätze reduzieren, würde dies gerade bei längeren Fragebögen massive Einbußen nach sich ziehen.

Wie also damit umgehen?

Als ganz vorsichtiger Tipp: Mindestens drei Viertel der Items, die zusammengezählt werden sollen, sollten beantwortet sein! Geht es lediglich um zwei Items, dann sollten unbedingt beide beantwortet sein. Geht es um vier Items, aus denen ein

Summenwert gebildet werden soll, könnte es ausreichen, wenn mindestens drei der vier Items beantwortet wurden. Wie lässt sich so etwas jetzt in der Syntax umsetzen?

Ganz einfach! Hinter die Funktion (SUM oder MEAN) wird ein Punkt gesetzt, gefolgt von der Mindestanzahl richtig beantworteter Items. Erst dann wird die Klammer geöffnet und die Liste der Variablen geschrieben.

e) Verwendung der Summenfunktion SUM in Verbindung mit der Mindestanzahl beantworteter Items

```
COMPUTE NeueVariable=SUM.2(whoqol01, whoqol02).
```

f) Verwendung der Mittelwertefunktion MEAN in Verbindung mit der Mindestanzahl beantworteter Items

```
COMPUTE NeueVariable=MEAN.2(whoqol01, whoqol02)*2.
```

> **Summenbildung/Skalenbildung**
> Bei vielen Testverfahren machen die Testautoren Angaben darüber, wie viele fehlende Werte noch tolerierbar sind bzw. ab wann ein Summenwert nicht mehr gebildet werden sollte.

Betrachten wir den Fragebogen zur Lebensqualität der WHO: Die Items 3, 4, 10, 15, 16, 17 und 18 sollen zu einem Wert zusammengezogen werden. Der Wertebereich der Items erstreckt sich immer von 1 bis 5. Die Items 3 und 4 sind invertierte Items und müssen folglich noch umkodiert werden (vgl. Abschn. 9.5).

Wie lässt sich dies nun in einem COMPUTE-Befehl umsetzen?

Bei sieben Items sollten unseres Erachtens mindestens sechs beantwortet sein, d. h. es wird toleriert, wenn höchstens eines dieser Items von einer Versuchsperson nicht beantwortet wurde.

Die Items 3 und 4 können entweder vorab mit dem RECODE-Befehl invertiert werden (schön) oder über eine Differenzenbildung zu dem Maximalwert plus 1 (hier: 5 + 1 = 6) direkt mit einbezogen werden (nicht ganz so schön).

```
COMPUTE NeueVariable=MEAN.6((6-whoqol03), (6-whoqol04),
whoqol10, whoqol15, whoqol16, whoqol17, whoqol18)*7.
```

Noch einmal: Der Umgang mit bzw. das Einbeziehen und Ersetzen von fehlenden Werten ist immer ein wenig kritisch! Alle weiteren Berechnungen beruhen dann zumindest teilweise auf nicht existierenden Werten! Die Vorstellung, dass z. B. bei einer Überprüfung eines neuen Medikamentes auf Nebenwirkungen mit fehlenden Werten auf die hier beschriebene Art und Weise umgegangen würde, löst bei uns dann doch ein unangenehmes Gefühl aus.

Selbstverständlich gäbe es noch sehr viel mehr zum COMPUTE-Befehl zu sagen, aber dies hier ist eine Einführung! Wer will, kann sich auf alle Fälle auch einmal die HILFE → BEFEHLSSYNTAX-REFERENZ (COMMAND SYNTAX REFERENCE) anschauen.

9.5 Der Befehl RECODE

Der RECODE-Befehl kommt eigentlich immer dann zum Einsatz, wenn es gilt, Items zu invertieren.

Beispiel: In einem Fragebogen zum Thema »Kinderlieb sein« gibt es unter anderem die folgenden beiden Items (Tab. 9.6):

Tabelle 9.6 Zwei Items des Fragebogens »Kinderlieb sein«

Item		trifft gar nicht zu	trifft nicht zu	trifft zu	trifft sehr zu
4.	Ich habe Spaß an der Arbeit mit Kindern.	☐	☐	☐	☐
26.	Es fällt mir schwer, ruhig zu bleiben, wenn Kinder schreien.	☐	☐	☐	☐

Für die Antwortskala wurde eine Kodierung von 1 = *trifft gar nicht zu* bis 4 = *trifft sehr zu* gewählt.

Eine Person, bei der die Eigenschaft »Kinderlieb sein« stark ausgeprägt ist, sollte bei Item 4 vermutlich *trifft sehr zu* ankreuzen, bei Item 26 hingegen *trifft gar nicht zu*. Wenn nun eine hohe Punktzahl in dem Fragebogen mit einer stark ausgeprägten Eigenschaft »Kinderlieb sein« einhergehen soll, müsste die Person für beide Items jeweils vier Punkte, zusammen also acht Punkte bekommen.

Das Item 26 fragt sozusagen in die dem Konstrukt »Kinderlieb sein« entgegengesetzte Richtung. Genau das ist ein invertiertes Item.

Theoretisch könnte man sich bereits *vor* der Dateneingabe überlegen, welche Items eines Fragebogens invertiert sind und dann bei diesen Items die Punktevergabe entsprechend ändern. Bitte tun Sie dies aber niemals! Nach unserer Erfahrung resultiert ein solches Vorgehen in einer sehr hohen Anzahl falsch eingegebener Zahlen! Wenn Sie Daten eines Fragebogens eingeben, dann bitte immer nach dem gleichen Schema. Im hier angesprochenen Beispiel bietet sich das Schema 1 für *trifft gar nicht zu* bis 4 für *trifft sehr zu* an.

Mittels des RECODE-Befehls können nun die Werte für das Item 26 problemlos geändert werden:

```
RECODE Variablenname (alter Wert=neuer Wert) (…).
```

Hier also:

```
RECODE item26 (4=1) (3=2) (2=3) (1=4).
```

Der RECODE-Befehl kann auch mehrere Variablen gleichzeitig verarbeiten:

```
RECODE item26 item29 item30 (4=1) (3=2) (2=3) (1=4).
```

Wir sind in der Regel immer ein wenig vorsichtig damit, die ursprünglich eingege-
benen Daten zu verändern. Stattdessen nutzen wir bei invertierten Items eine weitere Möglichkeit des RECODE-Befehls, nämlich die Rekodierung in eine neue Variable. Die neue Variable benennen wir normalerweise wie die ursprüngliche Variable,
ergänzt durch ein »i« für invertiert.

```
RECODE item26 (4=1) (3=2) (2=3) (1=4) INTO item26i.
```

Auf diese Weise bleibt das Item 26 in seiner ursprünglichen Form erhalten. Trotzdem haben wir jetzt eine neue Variable item26i, die die invertierten Werte enthält.

9.6 Der Befehl COUNT

Der COUNT-Befehl dient dazu, über mehrere Variablen hinweg auszuzählen, wie
oft in diesen Variablen ein bestimmter Wert aufgetaucht ist. Und wofür sollte man
so etwas brauchen?
Beispiel: In einer Untersuchung tauchte unter anderem folgende Frage auf:

Wie finanzieren Sie Ihr Studium?
Hauptsächlich durch …
☐ Bafög   ☐ Nebenjob   ☐ Kredit
☐ Stipendium   ☐ Eltern   ☐ Erspartes

Um die möglichen Antworten (Häkchen) auch alle in SPSS eintragen zu können,
wurden nun sechs Variablen gebildet (finanz01 bis finanz06), für welche immer
dann eine »1« eingegeben wurde, wenn die entsprechende Finanzierungsart angekreuzt wurde, und eine »0«, wenn bei der entsprechenden Finanzierungsart kein
Häkchen gesetzt wurde.
Im Zuge der Auswertung stellte sich nun die Frage, ob es auch Personen gab, die bei
allen sechs Alternativen ein Häkchen gesetzt haben oder bei fünf der Alternativen
oder bei vier usw.

Genau hier lässt sich der COUNT-Befehl hervorragend einsetzen. Die Struktur ist simpel:

```
COUNT NeueVariable = Variable1 variable2 … (Wert).
```

Hier also:

```
COUNT anzahl = finanz01 finanz02 finanz03 finanz04 fi-
nanz05 finanz06 (1).
```

Für jede Person wird nun ausgezählt, wie oft sie bei den Variablen »finanz01« bis »finanz06« ein Häkchen gesetzt hat. Diese Häufigkeit wird in die neue Variable »Anzahl« geschrieben.

Wenn die Variablen, für die der COUNT-Befehl durchgeführt wird, in der Variablenliste hintereinander stehen, kann der COUNT-Befehl auch noch abgekürzt werden, indem lediglich die erste Variable angegeben wird, gefolgt von einem TO und der letzten Variablen:

```
COUNT anzahl = finanz01 TO finanz06 (1).
```

9.7   Der Befehl DO IF

Der DO IF-Befehl ist sozusagen die Erweiterung des IF-Befehls (vgl. Abschn. 9.1) und ermöglicht es, dass mehrere Syntaxbefehle in einem Block ausgeführt werden, wenn eine bestimmte Bedingung zutrifft. Damit SPSS weiß, wann dieser Block an Syntaxbefehlen zu Ende ist, muss der DO IF-Befehl mit einem END IF abgeschlossen werden. Am einfachsten lässt sich der DO IF-Befehl anhand eines Beispiels darstellen.

Für den Fragebogen »Psychopathic Personality Inventory-Revised« (PPI-R) gibt es geschlechtsspezifische Normen, d. h. wenn eine Frau in diesem Fragebogen insgesamt 300 Punkte erzielt, sind diese 300 Punkte anders zu interpretieren, als wenn ein Mann 300 Punkte erzielt. Um dies zu kennzeichnen, werden die Gesamtwerte bei diesem Test in einer sogenannten T-Norm ausgedrückt. Eine T-Norm ist eine international verständliche Einheit, die durch einen Mittelwert $M = 50$ und eine Standardabweichung $S = 10$ gekennzeichnet ist. Eine Frau mit einem Gesamtwert im PPI-R (ppir_ges) von 300 Punkten bekommt laut Testmanual einen T-Wert $T = 60$ (ppir_ges_tw) zugewiesen, ein Mann mit einem Gesamtwert (ppir_ges) von 300 Punkten einen T-Wert $T = 55$ (ppir_ges_tw).

Wir setzen so etwas in der Syntax gerne folgendermaßen um:

```
DO IF (Geschlecht=1).
IF (ppir_ges=300) ppir_ges_tw=60.
END IF.
```

```
DO IF (Geschlecht=2).
IF (ppir_ges=300) ppir_ges_tw=55.
END IF.
```

Eine solche Struktur ist auch für andere Personen relativ leicht nachvollziehbar und lässt sich gut erweitern:

```
* T-Werte PPI-R Gesamtwert.
* geschlecht =1 -> weiblich; geschlecht =2 -> männlich.
```

(Das * am Anfang einer Syntaxzeile lässt SPSS erkennen, dass dieser Teil der Syntax nicht gerechnet wird sondern lediglich einen Kommentar darstellt.)

```
DO IF (geschlecht=1).
IF (ppir_ges LE 201) ppir_ges_tw=20.
IF (ppir_ges GE 202 AND ppir_ges LE 204) ppir_ges_tw=21.
IF (ppir_ges GE 205 AND ppir_ges LE 207) ppir_ges_tw=22.
IF (ppir_ges GE 208 AND ppir_ges LE 209) ppir_ges_tw=23.
IF (ppir_ges GE 210 AND ppir_ges LE 212) ppir_ges_tw=24.
IF (ppir_ges GE 213 AND ppir_ges LE 215) ppir_ges_tw=25.
IF (ppir_ges GE 216 AND ppir_ges LE 217) ppir_ges_tw=26.
IF (ppir_ges GE 218 AND ppir_ges LE 219) ppir_ges_tw=27.
IF (ppir_ges GE 220 AND ppir_ges LE 222) ppir_ges_tw=28.
IF (ppir_ges GE 223 AND ppir_ges LE 224) ppir_ges_tw=29.
END IF.
DO IF (geschlecht=2).
IF (ppir_ges LE 217) ppir_ges_tw=20.
IF (ppir_ges GE 218 AND ppir_ges LE 219) ppir_ges_tw=21.
IF (ppir_ges GE 220 AND ppir_ges LE 221) ppir_ges_tw=22.
IF (ppir_ges GE 222 AND ppir_ges LE 224) ppir_ges_tw=23.
IF (ppir_ges GE 225 AND ppir_ges LE 226) ppir_ges_tw=24.
IF (ppir_ges GE 227 AND ppir_ges LE 228) ppir_ges_tw=25.
IF (ppir_ges GE 229 AND ppir_ges LE 231) ppir_ges_tw=26.
IF (ppir_ges GE 232 AND ppir_ges LE 233) ppir_ges_tw=27.
IF (ppir_ges GE 234 AND ppir_ges LE 236) ppir_ges_tw=28.
IF (ppir_ges GE 237 AND ppir_ges LE 238) ppir_ges_tw=29.
END IF.
```

Diesem Beispiel folgend könnte sich jemand, der oft mit dem PPI-R arbeitet, eine vollständige Syntax zur Umrechnung der Rohwerte in T-Werte aufbauen.

9.8   Der Befehl MISSING VALUES

Der MISSING VALUES-Befehl dient dazu, für Variablen einen bestimmten Wert als fehlend zu kennzeichnen. Er hat eine einfache Struktur und ist schnell geschrieben. Soll z. B. für die Variable »Alter« als Missing Value »99« festgelegt werden, müsste dies folgendermaßen in die Syntax umgesetzt werden:

```
MISSING VALUES ALTER (99).
```

Sollen mehrere Variablen den gleichen Wert als Missing Value zugewiesen bekommen, können die Variablen alle hintereinander eingegeben werden.

10 Allgemeines

Dieses Kapitel behandelt kurz zwei Themen, »die man in Statistik mal gehört haben sollte«: Hypothesen (einseitig versus zweiseitig) und Skalenniveaus.

10.1 Hypothesen

 Eine Hypothese ist eine Fragestellung in Aussageform.

Ein Beispiel: Die Frage sei, ob sich zwei Mittelwerte unterscheiden. Diese Frage lässt sich in zwei gegensätzliche Aussagen umschreiben: Entweder
  a) die Mittelwerte unterscheiden sich nicht oder
  b) die Mittelwerte unterscheiden sich.
Eine dieser beiden Aussagen muss zutreffen; die Frage ist nur: welche. Genau nach diesem Schema werden Hypothesen formuliert.

 Die sogenannte Nullhypothese (H_0) behauptet immer, dass kein Unterschied besteht. Die sogenannte Alternativhypothese (H_1) behauptet immer, dass ein Unterschied besteht.

In der Inferenzstatistik geht es nun immer darum, Hinweise zu erhalten, für welche der beiden Hypothesen man sich auf Basis der Ergebnisse entscheiden sollte. Anders ausgedrückt: Mit verschiedenen statistischen Verfahren kann nachgeprüft werden, welche dieser beiden Aussagen (Hypothesen) wahrscheinlich zutrifft.
  Nun kann man nicht nur fragen, ob ein Unterschied besteht, sondern man kann auch fragen: Ist der eine Mittelwert (signifikant) größer als der andere Mittelwert? In diesem Fall wird die Frage in folgende zwei Aussagen umgeformt:
  a) Der Mittelwert A ist kleiner als oder gleich groß wie Mittelwert B und
  b) der Mittelwert A ist größer als der Mittelwert B.
Die Formulierung a) entspricht der Nullhypothese – schließlich steht dort auch, dass kein Unterschied besteht –, die Formulierung b) entspricht der Alternativhypothese.
  Wie schon erwähnt, gibt es in der Statistik keine Gesetze (Wenn ich dies mache, wird jenes passieren). Stattdessen werden Wahrscheinlichkeitsaussagen gemacht (Wenn ich dies mache, wird wahrscheinlich jenes passieren). Wenn man nun prüfen will, ob die Nullhypothese (H0) oder die Alternativhypothese (H1) zutrifft, geschieht dies auch über Wahrscheinlichkeitsaussagen. Mit einer Wahrscheinlichkeit von x %

trifft die Alternativhypothese (vorläufig) zu. Man hat sich darauf geeinigt, folgendermaßen zu verfahren:

> **!** Wenn die Zufallswahrscheinlichkeit dafür, dass die Alternativhypothese zutrifft, kleiner als 5 % ist, entscheidet man sich für die *Alternativhypothese*.
> Ist die Zufallswahrscheinlichkeit dafür, dass die Alternativhypothese zutrifft, größer als 5 %, entscheidet man sich für die *Nullhypothese* (bzw. behält man die Nullhypothese bei).

Die verschiedenen statistischen Testverfahren berechnen nun die Zufallswahrscheinlichkeit dafür, dass die Alternativhypothese zutrifft.

Prinzipiell gibt es also nur zwei Arten von Hypothesen:
(1) **Ungerichtete Hypothesen** (auch: unspezifische oder zweiseitige Hypothesen, vgl. Abb. 10.1)
Gefragt wird, ob sich die Werte der Gruppe A von den Werten der Gruppe B unterscheiden (=, ≠). D. h. die Werte können kleiner oder größer sein.
Mathematisch: H0: $\mu_A = \mu_B$ H1: $\mu_A \neq \mu_B$
(bei mathematischen Hypothesen werden in der Regel griechische Buchstaben verwendet)
Aussage:
Bei Entscheidung für H0: Die Werte der Gruppe A unterscheiden sich nicht von den Werten der Gruppe B.
Bei Entscheidung für H1: Die Werte der Gruppe A unterscheiden sich von den Werten der Gruppe B.

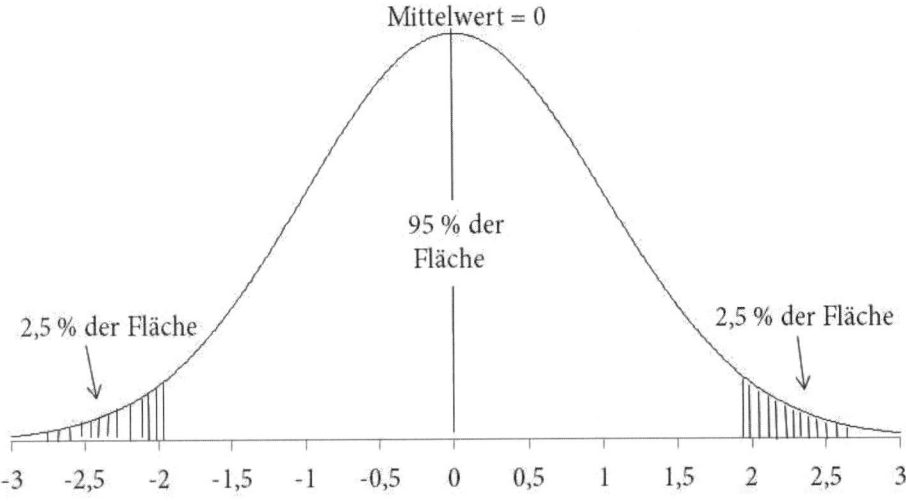

Abbildung 10.1 Annahme- bzw. Verwerfungsbereich bei zweiseitigen Hypothesen

(2) **Gerichtete Hypothesen** (auch: spezifische Hypothesen; vgl. Abb. 10.2)
Gefragt wird, ob die Werte der Gruppe A besser/schlechter sind als die Werte der Gruppe B. D. h. es wird nur in eine Richtung (nämlich nur nach größer oder nur nach kleiner) geprüft. ($\geq$, $<$ oder $>$, $\leq$)
Mathematisch: H0: $\mu_A \geq \mu_B$ H1: $\mu_A < \mu_B$ oder
                          H0: $\mu_A \leq \mu_B$ H1: $\mu_A > \mu_B$
Aussage:
Bei Entscheidung für H0: Die Werte der Gruppe A sind nicht besser/schlechter als die Werte der Gruppe B.
Bei Entscheidung für H1: Die Werte der Gruppe A sind besser/schlechter als die Werte der Gruppe B.

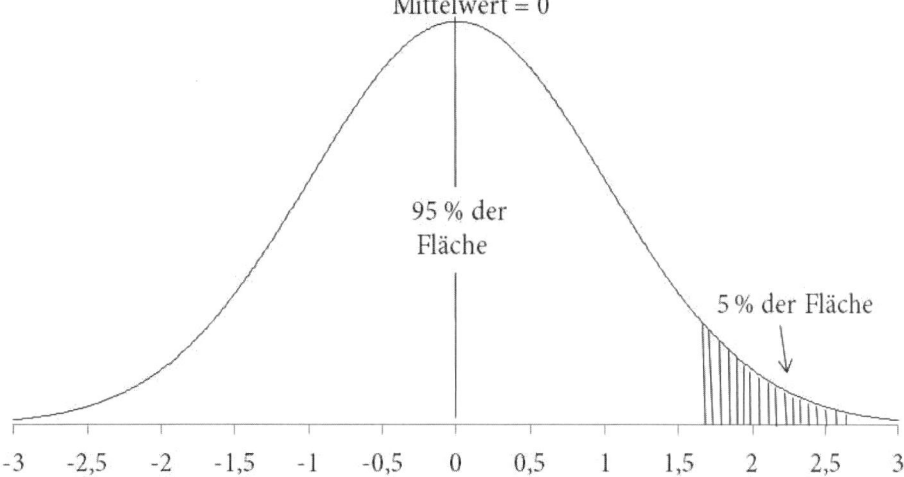

Abbildung 10.2 Annahme- bzw. Verwerfungsbereich bei einseitigen Hypothesen

10.2   Mathematische Hypothesen im Überblick

Bei den mathematischen Hypothesen wird zwischen Zusammenhangshypothesen und Unterschiedshypothesen unterschieden.

10.2.1   Zusammenhangshypothesen

a) ungerichtete Hypothesen (zweiseitige Hypothesen)
▶ Bei Produkt-Moment-Korrelation und bei Spearman-Rang-Korrelation
  H0: $\rho = 0$ Es besteht kein Zusammenhang zwischen A und B.
  H1: $\rho \neq 0$ Es besteht ein Zusammenhang zwischen A und B.

▶ Bei Phi-Korrelation
  H0: $\phi = 0$ Es besteht kein Zusammenhang zwischen A und B.
  H1: $\phi \neq 0$ Es besteht ein Zusammenhang zwischen A und B.

b) gerichtete Hypothesen (einseitige Hypothesen)
▶ Bei Produkt-Moment-Korrelation und bei Spearman-Rang-Korrelation
  Variante 1: Gibt es einen positiven Zusammenhang zwischen A und B?
  H0: $\rho \leq 0$ Es besteht kein positiver Zusammenhang zwischen A und B.
  H1: $\rho > 0$ Es besteht ein positiver Zusammenhang zwischen A und B.
  Variante 2: Gibt es einen negativen Zusammenhang zwischen A und B?
  H0: $\rho \geq 0$ Es besteht kein negativer Zusammenhang zwischen A und B.
  H1: $\rho < 0$ Es besteht ein negativer Zusammenhang zwischen A und B.

 Bei Phi-Korrelationen werden keine einseitigen Hypothesen aufgestellt.

10.2.2   Unterschiedshypothesen

a) ungerichtete Hypothesen (zweiseitige Hypothesen)
▶ Mittelwerte
  H0: $\mu_A = \mu_B$ Die Gruppen A und B unterscheiden sich (im Mittel) nicht voneinander.
  H1: $\mu_A \neq \mu_B$ Die Gruppen A und B unterscheiden sich (im Mittel) voneinander.

► Differenzen zwischen z. B. vorher und nachher

    H0: $\Delta = 0$ Zwischen vorher und nachher gibt es keinen Unterschied.

    H1: $\Delta \neq 0$ Zwischen vorher und nachher gibt es einen Unterschied.

► Varianzen

    H0: $\sigma_A^2 = \sigma_B^2$ Die Varianzen der Werte der Gruppen A und B unterscheiden sich nicht voneinander.

    H1: $\sigma_A^2 \neq \sigma_B^2$ Die Varianzen der Werte der Gruppen A und B unterscheiden sich voneinander.

b) gerichtete Hypothesen (einseitige Hypothesen)

► Mittelwerte

    Erzielt Gruppe A im Durchschnitt höhere Werte als Gruppe B?

    H0: $\mu_A \leq \mu_B$ Die Gruppe A erzielt im Durchschnitt keine höheren Werte als Gruppe B.

    H1: $\mu_A > \mu_B$ Die Gruppe A erzielt im Durchschnitt höhere Werte als Gruppe B.

    Erzielt Gruppe B im Durchschnitt höhere Werte als Gruppe A?

    H0: $\mu_A \geq \mu_B$ Die Gruppe B erzielt im Durchschnitt keine höheren Werte als Gruppe A.

    H1: $\mu_A < \mu_B$ Die Gruppe B erzielt im Durchschnitt höhere Werte als Gruppe A.

► Differenzen zwischen z. B. vorher und nachher

    Sind die Werte nachher größer als vorher (Differenz = nachher minus vorher)?

    H0: $\Delta \leq 0$ Die Werte sind nachher nicht größer als vorher.

    H1: $\Delta > 0$ Die Werte sind nachher größer als vorher.

    Sind die Werte nachher kleiner als vorher (Differenz = vorher minus nachher)?

    H0: $\Delta \geq 0$ Die Werte sind nachher nicht kleiner als vorher.

    H1: $\Delta < 0$ Die Werte sind nachher kleiner als vorher.

► Varianzen

    Für eine Prüfung der Varianzen werden normalerweise *keine* einseitigen (gerichteten) Hypothesen aufgestellt.

10.3 Skalenniveaus

! **Daten sind nicht gleich Daten!**
Mit einigen Daten kann man mehr rechnen als mit anderen. Und manchmal ergibt ein Rechnen auch überhaupt keinen Sinn.

Beispiel: Wir untersuchen bei zehn Versuchspersonen (Vpn) Geschlecht, Körpergröße, Intelligenz und Schulabschluss. Tabelle 10.1 listet die Daten auf:

Tabelle 10.1 Daten von zehn Versuchspersonen

Vpn-Nr.	Geschlecht	Intelligenz-quotient (IQ)	Körpergröße	Schulabschluss
1	männlich (m)	96	180	Gymnasium (G)
2	weiblich (w)	102	170	Hauptschule (H)
3	w	105	175	Realschule (R)
4	w	99	180	G
5	m	103	165	H
6	m	106	185	R
7	w	100	165	G
8	w	104	155	G
9	m	100	175	H
10	w	100	170	R

Was kann man mit den Daten nun alles machen? Man könnte z. B. ausrechnen, wie groß die Leute im Schnitt sind, also den Mittelwert der Körpergröße berechnen.

Wie wird ein Mittelwert berechnet? Man addiert alle Werte und teilt durch die Anzahl der Personen.

Die Anzahl an Personen wird üblicherweise mit »n« bezeichnet.

$$\bar{x} = \frac{\sum_{i=1}^{n} x_i}{n} = \frac{180+170+175+180+165+185+165+155+175+170}{10} = \frac{1720}{10} = \underline{172}$$

Der Mittelwert (abgekürzt als M oder als »x-quer« $\bar{x}$) der Körpergröße wäre also 172 cm.

Mit der Variablen »Geschlecht« kann man keinen Mittelwert berechnen. Es wäre ja gelinde gesagt auch Blödsinn zu behaupten, die Leute seien im Schnitt wännlich oder meiblich.

Mit der Variablen »Körpergröße« kann man auch noch mehr machen: Man kann beispielsweise sagen, jemand mit 170 cm ist größer als jemand mit 160 cm. Auch so eine Aussage ist beim Geschlecht strenggenommen nicht möglich. Bei der Variablen »Schulabschluss« darf so eine Aussage jedoch getroffen werden. Ein Abitur ist (oder sollte es sein) besser als ein Realschulabschluss, ein Realschulabschluss wiederum ist besser als ein Hauptschulabschluss. Auch bei der Variablen »IQ« kann gesagt werden: Jemand mit einem IQ von 105 ist intelligenter als jemand mit einem IQ von 95. Beim IQ kann man auch den Mittelwert berechnen, was wiederum beim Schulabschluss nicht möglich ist.

 Variablen unterscheiden sich darin, welche Aussagen jeweils über sie bzw. mit ihnen getroffen werden können!

Bei der Variablen »Geschlecht« kann lediglich gesagt werden: Weiblich oder männlich, gleich oder ungleich. Bei der Variablen »Schulabschluss« kann man noch eine *Rangreihe* bilden: Abitur ist besser als Realschulabschluss ist besser als Hauptschulabschluss, also gleich/ ungleich und ist besser/ schlechter. Bei den Variablen »IQ« und »Körpergröße« kann man außerdem noch angeben, um wie viel jemand intelligenter oder größer ist, man kann auch plus und minus rechnen, also gleich/ungleich und größer/kleiner und plus/minus. Bei der Variablen »Körpergröße« kann außerdem noch folgendes gesagt werden: 10 mal 10 cm sind 100cm. So eine Aussage ist beim IQ nicht möglich: 10 mal 10 IQ-Punkte sind eben nicht ein IQ von 100!

Hiervon ausgehend werden in der Statistik vier verschiedene Datentypen unterschieden (Tab. 10.2).

Tabelle 10.2 Übersicht Datenniveaus

1. Nominalskalenniveau	Die Daten unterscheiden sich nach gleich und ungleich. ($=, \neq$) Beispiel: Geschlecht; Parteizugehörigkeit
2. Ordinalskalenniveau	Die Daten unterscheiden sich nach gleich, ungleich, größer und kleiner. ($=, \neq, <, >$) Beispiel: Windstärken; Schulabschluss
3. Intervallskalenniveau	Die Daten unterscheiden sich nach gleich, ungleich, größer, kleiner, plus und minus. ($=, \neq, <, >, +, -$) Beispiel: Celsius, Intelligenzquotient Kennzeichen: Kein natürlicher Nullpunkt
4. Verhältnisskalenniveau	Die Daten unterscheiden sich nach gleich, ungleich, größer, kleiner, plus, minus, mal und geteilt. ($=, \neq, <, >, +, -, \cdot, /$) Beispiel: Meter, Zeit Kennzeichen: Natürlicher Nullpunkt vorhanden

11 Übungen

Dieser Abschnitt soll Ihnen die Möglichkeit geben, selbst ein wenig auszuprobieren!
Dazu stellen wir Datensätze online zur Verfügung. Bei den Übungen ist immer angegeben, auf welchen Datensatz sich die Übung bezieht, sowie unsere Einschätzung der Schwierigkeit und eine ungefähre Dauer zur Lösung. Die Lösungen finden Sie in Kapitel 12.

11.1 Definition von Variablen

Datensatz: keiner

Schwierigkeit: leicht Dauer: 15 Minuten

Legen Sie für nachstehenden Fragebogen zur Erfassung soziobiografischer Daten die entsprechenden Variablen in IBM SPSS Statistics software an. Achten Sie auch auf Variablen- und Wertelabels. Vergeben Sie außerdem Zahlen für fehlende Werte.

Ihr Alter: _____ Jahre   Ihr Geschlecht: ☐ weiblich
                                                 ☐ männlich

Sind Sie …?
☐ verheiratet / in fester Partnerschaft lebend
☐ ledig

Haben Sie Kinder?   ☐ ja   ☐ nein
Woher stammen Sie? Herkunftsort: _____
Welchen Bildungsabschluss haben Sie?
☐ Realschule/Mittlere Reife   ☐ (Fach-)Abitur
☐ (Fach-)Hochschulabschluss   ☐ Anderes: _____

Studium:
Studienfach: _____
Studienort: _____

Wie finanzieren Sie Ihr Studium?
Hauptsächlich über …
☐ Bafög   ☐ Nebenjob
☐ Kredit   ☐ Stipendium
☐ Eltern   ☐ Erspartes
☐ Sonstiges: _____

11.2 Erkennt man Gewaltverbrecher am Gesicht?

Datensatz: facial_appearance.sav

Schwierigkeit: mittel *Dauer: 60 bis 90 min*

Basierend auf der Studie »The accuracy of inferences about criminality based on facial appearance« von Valla et al. (2011) wurden aus einem größeren Datensatz Portraitbilder von n = 10 Gewaltverbrechern und n = 10 nicht-kriminellen Personen gesammelt und den Versuchspersonen randomisiert einzeln dargeboten. Die Aufgabe der Versuchspersonen bestand darin, für jedes Bild einzuschätzen, ob sie die betreffende Person für einen Gewaltverbrecher halten oder nicht. Des Weiteren sollten sie noch angeben, ob ihnen das Bild bekannt vorkommt oder nicht.

Zusätzlich zu diesen Bildbewertungen beantworteten die Versuchspersonen noch die deutsche Version des Psychopathic-Personality-Inventory-Revised (PPI-R; Alpers & Eisenbarth, 2008).

Öffnen Sie den Datensatz und machen Sie sich damit vertraut.
Bilder Gewaltverbrecher: 03, 11, 13, 17, 27, 28, 31, 32, 41, 42
Bilder Nicht-Kriminelle: 07, 09, 14, 19, 20, 24, 34, 37, 38, 43

a) Ergänzen Sie den nachstehenden Lückentext!
Stichprobenbeschreibung
An der Studie haben insgesamt n = _____ Personen teilgenommen.
Hiervon waren n = _____ weiblich (_____ %), n = _____ männlich (_____ %). _____ Personen machten keine Angaben zum Geschlecht.
Das Durchschnittsalter der Versuchspersonen betrug MW = _____ Jahre (Standard-Abweichung S = _____ Jahre). Der jüngste Versuchsteilnehmer war _____ Jahre alt, der älteste _____ Jahre alt.
Die Altersverteilung der männlichen Versuchsteilnehmer ergab folgende Kennwerte: MW = _____ Jahre (S = _____ Jahre), Minimum = _____ Jahre, Maximum = _____ Jahre.
Die Altersverteilung der weiblichen Versuchsteilnehmer ergab folgende Kennwerte: MW = _____ Jahre (S = _____ Jahre), Minimum = _____ Jahre, Maximum = _____ Jahre.

b) Erstellen Sie zur Stichprobenbeschreibung eine Kreuztabelle mit den Variablen Geschlecht und Migrationshintergrund!
c) Erstellen Sie zur Stichprobenbeschreibung eine Kreuztabelle mit den Variablen Geschlecht und Schulabschluss!

d) Prüfen Sie mit einem adäquaten Signifikanztest, ob sich die weiblichen und männlichen Versuchsteilnehmer hinsichtlich des Alters unterscheiden!

e) Erstellen Sie mit dem COUNT-Befehl eine Variable »Gewaltverbrecher_erkannt«, welche die Anzahl richtig erkannter Gewaltverbrecher beinhaltet!

f) Erstellen Sie mit dem COUNT-Befehl eine Variable »Nicht_Kriminelle_erkannt«, welche die Anzahl richtig erkannter Nicht-Krimineller beinhaltet!

g) Erstellen Sie für die Variablen »Gewaltverbrecher_erkannt« und »Nicht_Kriminelle_erkannt« Häufigkeitstabellen, Mittelwerte, Standardabweichungen, Minimum, Maximum und Histogramme mit überlagerter Normalverteilung!

h) Gehen Sie von Intervallskalenniveau aus und berechnen Sie den Zusammenhang zwischen den Variablen »Gewaltverbrecher_erkannt« und »Nicht_Kriminelle_erkannt«.

i) Gehen Sie von Intervallskalenniveau aus und berechnen Sie die Zusammenhänge zwischen den Skalenwerten des PPI-R einerseits und den Variablen »Gewaltverbrecher_erkannt« und »Nicht_Kriminelle_erkannt« andererseits.

j) Prüfen Sie inferenzstatistisch, ob sich Frauen und Männer hinsichtlich der Variablen »Gewaltverbrecher_erkannt« und »Nicht_Kriminelle_erkannt« überzufällig unterscheiden!

k) Ermitteln Sie die Schwierigkeitsindices P der Bilder!

l) Bilden Sie für jedes Bild eine neue Variable, die immer den Wert »1« bekommt, wenn das Bild richtig erkannt wurde, und den Wert »0«, wenn das Bild falsch erkannt wurde! Verwenden Sie dazu den RECODE-Befehl.

m) Berechnen Sie für die Bilder der Gewaltverbrecher Cronbachs Alpha sowie die korrigierten Trennschärfen!

n) Berechnen Sie für die Bilder der Nicht-Kriminellen Cronbachs Alpha sowie die korrigierten Trennschärfen!

11.3 Kohärenzgefühl und Irrationale Einstellungen

Datensatz: Kohaerenzgefuehl.sav

Schwierigkeit: mittel   *Dauer: 60 bis 90 min*

In einer kleinen Untersuchung hat die Studentin Rita M. aus H. sich die Frage gestellt, ob Kohärenzgefühl nach Antonovsky und Irrationale Einstellungen im Sinne von Ellis zusammenhängen. Dazu hat sie Studierende einmal den SOC-Fragebogen (vgl. BZgA, 2001) und einmal den FIE-Fragebogen (Klages, 1989) ausfüllen lassen.

Zur Kontrolle eines Einflusses der Persönlichkeit wurde noch der NEO-FFI vorgegeben. Des Weiteren hat sie soziobiografische Daten erfasst: Alter, Geschlecht, Studium, Familienstand, Schulabschluss, Migrationshintergrund und Religiosität.

a) Ergänzen Sie den nachstehenden Lückentext zur Stichprobenbeschreibung!
An der Studie haben insgesamt n = _____ Personen teilgenommen.

Hiervon waren n = _____ weiblich (_____ %), n = _____ männlich (_____ %). _____ Personen machten keine Angaben zum Geschlecht.

Das Durchschnittsalter der Versuchspersonen betrug MW = _____ Jahre (Standard-Abweichung S = _____ Jahre). Der jüngste Versuchsteilnehmer war _____ Jahre alt, der älteste _____ Jahre alt.

Die Altersverteilung der männlichen Versuchsteilnehmer ergab folgende Kennwerte: MW = _____ Jahre (S = _____ Jahre), Minimum = _____ Jahre, Maximum = _____ Jahre.

Die Altersverteilung der weiblichen Versuchsteilnehmer ergab folgende Kennwerte: MW = _____ Jahre (S = _____ Jahre), Minimum = _____ Jahre, Maximum = _____ Jahre.

b) Prüfen Sie inferenzstatistisch, ob es bezüglich der Geschlechtsverteilung in den beiden Studiengruppen Unterschiede gibt!

c) Prüfen Sie, ob sich die Studierenden der Sozialen Arbeit von den Studierenden der Angewandten Psychologie hinsichtlich der Persönlichkeitseigenschaften *Neurotizismus*, *Extraversion*, *Offenheit*, *Verträglichkeit* und *Gewissenhaftigkeit* statistisch bedeutsam voneinander unterscheiden!

d) Berechnen Sie für die Gesamtstichprobe den Zusammenhang zwischen den SOC-Skalenwerten einerseits und den Skalen des FIE andererseits!

e) Berechnen Sie separat für die Gruppen »Studium Soziale Arbeit« und »Studium Angewandte Psychologie« den Zusammenhang zwischen den SOC-Skalenwerten einerseits und den Skalen des FIE andererseits!

f) Führen Sie eine lineare Regressionsanalyse durch für das Kriterium »Gesamtwert SOC« (Variable socgesamt) und den unabhängigen Variablen (Prädiktoren) *Neurotizismus* (neo_N), *Extraversion* (neo_E), *Offenheit* (neo_O), *Verträglichkeit* (neo_V) und *Gewissenhaftigkeit* (neo_G). Verwenden Sie für die Regressionsanalyse die Methode »Einschluss«.

11.4   Nichts als Ärger, oder?

Datensatz: staxi.sav

Schwierigkeit: mittel   Dauer: 60 bis 90 min

Im Rahmen des Unterrichts wurden Studierende verschiedener Fachrichtungen hinsichtlich ihres Ärgerempfindens und ihres Ärgerausdrucks befragt.

Zur Erfassung von Ärger und Ärgerausdruck wurde das State-Trait-Ärger-Ausdrucks-Inventar (State-Trait-Anger-Expression-Inventory, STAXI; Schwenkmezger et al., 1992) verwendet.

a) Bitte füllen Sie im nachstehenden Text die Lücken!

An der Studie haben insgesamt n=_____ Personen teilgenommen.

Hiervon waren n= _____ weiblich (_____%), n= _____ männlich (_____%). ____ Personen machten keine Angaben zum Geschlecht.

Das Durchschnittsalter der untersuchten Studierenden betrug MW= _____ Jahre (Standard-Abweichung: _____ Jahre). Der jüngste Studierende war _____ Jahre alt, der älteste Studierende war _____ Jahre alt.

Die Altersverteilung der männlichen Studierenden ergab folgende Kennwerte:

MW= _____ Jahre (Std.-Abw. = _____ Jahre), Minimum= _____ Jahre, Maximum = _____ Jahre.

Die Altersverteilung der weiblichen Studierenden ergab folgende Kennwerte:

MW= _____ Jahre (Std.-Abw. = _____ Jahre), Minimum= _____ Jahre, Maximum = _____ Jahre.

b) Führen Sie eine Prüfung auf Normalverteilung für die Skalen »State-Ärger«, »Trait-Ärger«, »Anger-In«, »Anger-Out« und »Anger-Control« durch.

Lassen Sie sich auch die Verteilungen als Histogramm mit überlagerter Normalverteilung anzeigen!

c) Berechnen Sie die Skaleninterkorrelation jeweils mit einem angemessenen Verfahren!

Tabelle 11.1 Skaleninterkorrelationen des State-Trait-Ärgerausdrucks-Inventars

	Trait-Skala	Anger-In	Anger-Out	Anger-Control
State-Skala				
Trait-Skala	- - -			
Anger-In		- - -		
Anger-Out			- - -	
Anger-Control				- - -

Ziel der explorativen Studie war es herauszufinden, ob sich hinsichtlich der Konstrukte »State-Ärger«, »Trait-Ärger« sowie der Ärgerausdrucksdimensionen »Anger In«, »Anger Out« und »Anger Control« Unterschiede zwischen Frauen und Männern (Variable sex), zwischen den Studienrichtungen (Variable studium) oder zwischen Alterskategorien (Variable alterkat; 19 bis 20, 21 bis 25, 26 bis 30, 31 Jahre und älter) zeigen.

d) Erstellen Sie eine Kreuztabelle mit der Spaltenvariablen »sex« und der Zeilenvariablen »studium«. Lassen Sie in der Kreuztabelle auch die prozentualen Werte bezüglich der Studienrichtungen anzeigen. Gehen Sie außerdem folgender Untersuchungsfrage nach: Unterscheiden sich die Studienrichtungen hinsichtlich der Geschlechtsverteilungen? Falls ja, beschreiben Sie bitte, welche Studienrichtungen in welche Richtung abweichen.

e) Erstellen Sie eine neue Variable »alterkat«. In dieser Variablen soll immer dann eine »1« stehen, wenn das Alter der untersuchten Person 19 oder 20 Jahre war, eine »2«, wenn das Alter der untersuchten Person 21 bis 25 Jahre betrug, eine »3«, wenn das Alter der untersuchten Person 26 bis 30 Jahre betrug, und eine »4«, wenn die untersuchte Person 31 Jahre oder älter war.

f) Erstellen Sie eine Kreuztabelle mit der Spaltenvariablen »sex« und der Zeilenvariablen »alterkat«. Lassen Sie in der Kreuztabelle auch die Prozentwerte bezüglich der Alterskategorien anzeigen (Variable alterkat). Gehen Sie auch folgender Untersuchungsfrage nach: Unterscheiden sich die Alterskategorien hinsichtlich der Geschlechtsverteilungen? Falls ja, beschreiben Sie bitte, welche Alterskategorien in welche Richtung abweichen.

g) Für die nachfolgenden Berechnungen gehen Sie bitte davon aus, dass die Variablen »Trait-Ärger«, »Anger In«, »Anger Out« und »Anger Control« intervallskaliert sind.
Gehen Sie folgender Untersuchungsfrage nach: Unterscheiden sich die Studienrichtungen sowie Frauen und Männer bezüglich des »Trait-Ärgers«?
Führen Sie eine Varianzanalyse mit der AV »Trait-Ärger« und den UVs (Feste Faktoren) »sex« und »studium« durch. Lassen Sie sich deskriptive Statistiken anzeigen und eine geschlechtsspezifische Grafik der Mittelwerte, wobei die Ausprägungen der Variablen »studium« die horizontale Achse bilden.
g1) Unterscheiden sich die Zellenmittelwerte insgesamt (determinierte Quadratsumme/korrigiertes Modell)?
(F=_____; df=_____; p=_____)
g2) Unterscheiden sich die Zellenmittelwerte von Frauen und Männern (sex)?
(F=_____; df=_____; p=_____)
g3) Unterscheiden sich die Zellenmittelwerte der verschiedenen Studienrichtungen (studium)?
(F=_____; df=_____; p=_____)
g4) Gibt es eine Wechselwirkung zwischen Geschlecht und Studienrichtung (sex*studium)?
(F=_____; df=_____; p=_____)

Führen Sie die Berechnungen für die Aufgaben h) bis j) analog zu g) durch!

h) Unterscheiden sich die Studienrichtungen sowie Frauen und Männer bezüglich »Anger In«?

i) Unterscheiden sich die Studienrichtungen sowie Frauen und Männer bezüglich »Anger Out«?

j) Unterscheiden sich die Studienrichtungen sowie Frauen und Männer bezüglich »Anger Control«?

k) Gibt es Unterschiede zwischen den Alterskategorien bezüglich »Trait-Ärger«?

l) Gibt es Unterschiede zwischen den Alterskategorien bezüglich »Anger In«?

m) Gibt es Unterschiede zwischen den Alterskategorien bezüglich »Anger Out«?

n) Gibt es Unterschiede zwischen den Alterskategorien bezüglich »Anger Control«?

o) Überlegen Sie, warum eventuelle Unterschiede zwischen den Alterskategorien eher mit Vorsicht zu interpretieren sind!

p) Rechnen Sie eine Clusteranalyse mit den Variablen AI, AO und AC. Verwenden Sie euklidische Distanzen und die Ward-Methode. Bitte lassen Sie drei Cluster bilden und speichern Sie dann diese Gruppenzugehörigkeiten ab. Versuchen Sie eine inhaltliche Interpretation der drei Gruppen!

11.5 Zur Lebensqualität von Krebspatienten

Datensatz: qlq_t1t2t3.sav

Schwierigkeit: mittel   *Dauer: 60 bis 90 min*

Fragestellung: Verändert sich die Lebensqualität von Krebspatienten im Verlauf einer Strahlentherapie? Gibt es geschlechtsspezifische Unterschiede? Macht es einen Unterschied, ob die Patienten primär ambulant oder primär stationär behandelt werden?

Kann der Body-Mass-Index BMI (Gewicht (in kg) durch [Größe (in Metern)^2]) mit Lebensqualitätsskalen in Zusammenhang gebracht werden?

Methode: Zur Messung der Lebensqualität wurde der EORTC-QLQ-C30[3] zu Beginn (MZP 1), während (MZP 2) und sechs Wochen nach der Strahlentherapie (MZP 3) den Patienten zur Beantwortung vorgelegt. Nach Angaben der Testautoren kann von einem Intervallskalenniveau der Daten ausgegangen werden.

a) Beschreiben Sie die Stichprobe

An der Studie haben insgesamt _____ Patienten teilgenommen. Hiervon waren _____ weiblich (____%) und _____ männlich (_____ %).

Das Durchschnittsalter (Variable alter) der Patienten betrug _____ Jahre (SD=_____). Die jüngste Person war _____ Jahre alt, die älteste Person _____ Jahre.

In Tabelle 1 sind die Diagnosen (Variable diagcode »Codierung Diagnose«) nach Geschlecht (Variable sex) dargestellt.

Tabelle 11.2 Häufigkeiten der Diagnosen nach Geschlecht

Diagnose	Geschlecht		Gesamt
	männlich	weiblich	
Mamma-Ca			
Kopf-Hals-Ca			
Bronchial-Ca			
Gastrointestinal			
Genital Frau			
Genital/Uro Mann			
maligne Lymphome			
anderes			
Hirntumore			
Gesamt			

Zum ersten Messzeitpunkt (Variable visit1 »Fragebogen zu MZP 1«) wurden _____ Patienten befragt, zum zweiten Messzeitpunkt (Variable visit2 »Fragebogen zu MZP 2«) _____ Patienten und zum dritten Messzeitpunkt (Variable visit3 »Fragebogen zu MZP 3«) _____ Patienten. Insgesamt liegen von _____ Patienten vollständige Datensätze vor.

---

[3] European Organisation for the Research and Treatment in Cancer; Quality of Life Questionnaire; Core version with 30 Items

b) Body-Mass-Index BMI

Berechnen Sie den Body-Mass-Index (BMI) als

$$BMI = \frac{K\ddot{o}rpergewicht}{K\ddot{o}rpergr\ddot{o}\beta e^2} = \frac{kg}{m^2}$$

Verwenden Sie dazu eine Syntax!

c) BMI und Geschlecht

Prüfen Sie inferenzstatistisch, ob es bezüglich des BMI Geschlechtsunterschiede gibt.
Der durchschnittliche BMI der Patienten betrug _____ .
Bezüglich des BMI zeigten sich (keine) statistisch bedeutsamen Geschlechtsunter-
schiede (t = _____; df = _____; p = _____).

d) BMI nach primärer Behandlungssituation (stationär vs. ambulant)

Prüfen Sie inferenzstatistisch, ob es bezüglich des BMI Unterschiede zwischen den
primären Behandlungssituationen (Variable behandlg; stationär vs. ambulant) gibt.
Bezüglich der primären Behandlungssituation (Variable behandlg; stationär vs.
ambulant) zeigten sich (keine) statistisch bedeutsamen Unterschiede im BMI
(t = _____; df = _____; p = _____).

e) Lebensqualität – Deskriptive Kennwerte

Berechnen Sie für die fünf Funktionsskalen (physical functioning – PF; role
functioning – RF; cognitive functioning – CF; emotional functioning – EF; social
functioning – SF) sowie für den globalen Gesundheitszustand/die globale Lebensqualität des EORTC-QLQ-C30 Mittelwerte und Standardabweichungen für die Gesamtstichprobe.

f) Lebensqualitätsparameter und BMI

Berechnen Sie den Zusammenhang zwischen BMI und Lebensqualitätsparametern.
Gehen Sie von einem Intervallskalenniveau der Variablen aus.

g) Veränderungen der Lebensqualität

Führen Sie zur Überprüfung auf statistisch bedeutsame Veränderungen der Lebens-
qualitätsparameter im Verlauf der Strahlentherapie eine Varianzanalyse mit Messwiederholung (Messwiederholungsfaktor MZP mit drei Stufen) durch.

12 Lösungen

Dieser Abschnitt enthält die Lösungen zu den Übungen in Kapitel 11. Einige Lösungen sind eindeutig, über andere Lösungen lässt sich trefflich streiten. Auch existieren oftmals mehrere Wege zu den gleichen Lösungen. Daher sind viele der Lösungen nur als Vorschlag zu betrachten!

12.1 Definition von Variablen

Vorneweg sei gesagt, dass die hier dargestellten Variablendefinitionen selbstverständlich nur Vorschläge sind. Ein tatsächliches »Richtig« oder »Falsch« gibt es eigentlich nicht. Trotzdem seien Ihnen insbesondere die hier dargestellten Definitionen zur Finanzierung ans Herz gelegt. Obwohl bei der Frage: »Wie finanzieren Sie Ihr Studium? Hauptsächlich über ...« eigentlich nur eine Antwort zu erwarten wäre, werden bei solchen Fragen doch viele Personen mehrere Häkchen setzen. Nach unserer Erfahrung empfiehlt es sich dringend, bei solchen Fragen jede einzelne Antwortmöglichkeit separat als Variable in SPSS anzulegen. Die Wertelabels bei solchen Fragen benennen wir dann gerne mit 1 = *angekreuzt* und 0 = *nicht angekreuzt*. Mit einer solchen Struktur lässt sich dann schnell überprüfen, ob es bestimmte Kombinationen gab, die häufiger angekreuzt wurden, wie viele Personen wie viele Häkchen hier insgesamt gemacht haben und Ähnliches.

Weitere Hürden bei dieser Aufgabe bestehen darin, für die Variablen »Bildung« und »Finanzierung« jeweils noch eine zusätzliche Variable vom Typ »String« anzulegen, um eventuelle Textangaben eingeben zu können.

Tabelle 12.1 Vorgeschlagene Variablendefinitionen

Variable	Typ	Variablenlabel	Wertelabels	Fehlende Werte
Alter	numerisch	Alter (in Jahren)	keine	99
Geschlecht	numerisch	Geschlecht	1 = weiblich 2 = männlich	0
Famstand	numerisch	Familienstand	1 = verheiratet 2 = ledig	0
Kinder	numerisch	Haben Sie Kinder?	1 = ja 2 = nein	0

Tabelle 12.1 Vorgeschlagene Variablendefinitionen (Fortsetzung)

Variable	Typ	Variablenlabel	Wertelabels	Fehlende Werte
Herkunft	String	Herkunftsort	keine	keine
Bildung	numerisch	Bildungsabschluss	1 = Realschule 2 = (Fach-)Abitur 3 = Hochschulabschluss 4 = Anderes	0
Bildung_text	String	Bildung Anderes Text	keine	keine
Studfach	String	Studienfach	keine	keine
Studort	String	Studienort	keine	keine
Finanz01	numerisch	Finanzierung Studium: Bafög	0 = nicht angekreuzt 1 = angekreuzt	9
Finanz02	numerisch	Finanzierung Studium: Nebenjob	0 = nicht angekreuzt 1 = angekreuzt	9
Finanz03	numerisch	Finanzierung Studium: Kredit	0 = nicht angekreuzt 1 = angekreuzt	9
Finanz04	numerisch	Finanzierung Studium: Stipendium	0 = nicht angekreuzt 1 = angekreuzt	9
Finanz05	numerisch	Finanzierung Studium: Eltern	0 = nicht angekreuzt 1 = angekreuzt	9
Finanz06	numerisch	Finanzierung Studium: Erspartes	0 = nicht angekreuzt 1 = angekreuzt	9
Finanz07	numerisch	Finanzierung Studium: Sonstiges	0 = nicht angekreuzt 1 = angekreuzt	9
Finanz07_text	String	Finanzierung Studium Sonstiges: Text	keine	keine

12.2   Erkennt man Gewaltverbrecher am Gesicht?

a) Ergänzen Sie den nachstehenden Lückentext!

Es gibt verschiedene Wege, sich die Werte für die Stichprobenbeschreibung in SPSS berechnen zu lassen. Hier werden ausnahmsweise mehrere Wege vorgestellt.

Menü:

ANALYSIEREN → DESKRIPTIVE STATISTIKEN → HÄUFIGKEITEN; Statistiken

Ausgabe:

Geschlecht

		Häufigkeit	Prozent	Gültige Prozente	Kumulierte Prozente
	weiblich	52	82,5	82,5	82,5
Gültig	männlich	11	17,5	17,5	100,0
	Gesamt	63	100,0	100,0	

Abbildung 12.1 Ausgabe Häufigkeiten der Variable Geschlecht

Statistiken

Alter (in Jahren)

N	Gültig	63
	Fehlend	0
Mittelwert		22,90
Standardabweichung		2,388
Minimum		19
Maximum		34

Abbildung 12.2 Ausgabe Deskriptivstatistische Kennwerte der Variable Geschlecht

Menü:

ANALYSIEREN → DESKRIPTIVE STATISTIKEN → EXPLORATIVE DATENANALYSE; AV: Alter; Faktorenliste: Geschlecht

Ausgabe:

Deskriptive Statistik

	Geschlecht			Statistik	Standardfeh-ler
Alter (in Jahren)	weiblich	Mittelwert		22,73	,313
		95% Konfidenzintervall des Mittelwerts	Unter-grenze	22,10	
			Obergren-ze	23,36	
		5% getrimmtes Mittel		22,51	
		Median		23,00	
		Varianz		5,103	
		Standardabweichung		2,259	
		Minimum		19	
		Maximum		34	
		Spannweite		15	
		Interquartilbereich		2	
		Schiefe		2,674	,330
		Kurtosis		11,710	,650
	männlich	Mittelwert		23,73	,875
		95% Konfidenzintervall des Mittelwerts	Unter-grenze	21,78	
			Obergren-ze	25,68	
		5% getrimmtes Mittel		23,64	
		Median		23,00	
		Varianz		8,418	
		Standardabweichung		2,901	
		Minimum		20	
		Maximum		29	
		Spannweite		9	
		Interquartilbereich		4	
		Schiefe		,751	,661
		Kurtosis		-,516	1,279

Abbildung 12.3 Ausgabe Explorative Datenanalyse der Variablen Geschlecht und Alter

Menü:

ANALYSIEREN → MITTELWERTE VERGLEICHEN → MITTELWERTE; AV: alter; UV: Geschlecht; Optionen

Ausgabe:

Bericht

Alter (in Jahren)

Geschlecht	Mittelwert	N	Standardabweichung	Minimum	Maximum
weiblich	22,73	52	2,259	19	34
männlich	23,73	11	2,901	20	29
Insgesamt	22,90	63	2,388	19	34

Abbildung 12.4 Ausgabe Mittelwerte der Variablen Geschlecht und Alter

An der Studie haben insgesamt n = 63 Personen teilgenommen.

Hiervon waren n = 52 weiblich (82,5 %), n = 11 männlich (17,5 %). Null Personen machten keine Angaben zum Geschlecht.

Das Durchschnittsalter der Versuchspersonen betrug MW = 22,90 Jahre (Standard-Abweichung S = 2,39 Jahre). Der jüngste Versuchsteilnehmer war 19 Jahre alt, der älteste 34 Jahre alt.

Die Altersverteilung der männlichen Versuchsteilnehmer ergab folgende Kennwerte: MW = 23,73 Jahre (S = 2,90 Jahre), Minimum = 20 Jahre, Maximum = 29 Jahre.

Die Altersverteilung der weiblichen Versuchsteilnehmer ergab folgende Kennwerte: MW = 22,73 Jahre (S = 2,26 Jahre), Minimum = 19 Jahre, Maximum = 34 Jahre.

b) Erstellen Sie zur Stichprobenbeschreibung eine Kreuztabelle mit den Variablen Geschlecht und Migrationshintergrund!

Menü:

ANALYSIEREN → DESKRIPTIVE STATISTIKEN → KREUZTABELLEN

Ausgabe:

Migrationshintergrund * Geschlecht Kreuztabelle

Anzahl

		Geschlecht		Gesamt
		weiblich	männlich	
Migrationshintergrund	ja	5	0	5
	nein	47	11	58
Gesamt		52	11	63

Abbildung 12.5 Ausgabe Kreuztabelle der Variablen Geschlecht und Alter

Gerade bei größeren Stichproben (n > 100) empfiehlt es sich, nicht nur die beobachteten Häufigkeiten anzeigen zu lassen, sondern ebenfalls entsprechende Prozentangaben, bspw. Prozentwerte bezogen auf das Geschlecht.

Migrationshintergrund * Geschlecht Kreuztabelle

			Geschlecht		Gesamt
			weiblich	männlich	
Migrationshintergrund	ja	Anzahl	5	0	5
		% innerhalb von Geschlecht	9,6%	0,0%	7,9%
	nein	Anzahl	47	11	58
		% innerhalb von Geschlecht	90,4%	100,0%	92,1%
Gesamt		Anzahl	52	11	63
		% innerhalb von Geschlecht	100,0%	100,0%	100,0%

Abbildung 12.6 Ausgabe Kreuztabelle der Variablen Migrationshintergrund und Geschlecht

c) Erstellen Sie zur Stichprobenbeschreibung eine Kreuztabelle mit den Variablen Geschlecht und Schulabschluss!

Ausgabe:

Schulabschluss * Geschlecht Kreuztabelle

			Geschlecht		Gesamt
			weiblich	männlich	
Schulabschluss	Fachabitur	Anzahl	9	5	14
		% innerhalb von Geschlecht	17,3%	45,5%	22,2%
	Abitur	Anzahl	41	6	47
		% innerhalb von Geschlecht	78,8%	54,5%	74,6%
	Sonstiges	Anzahl	2	0	2
		% innerhalb von Geschlecht	3,8%	0,0%	3,2%
Gesamt		Anzahl	52	11	63
		% innerhalb von Geschlecht	100,0%	100,0%	100,0%

Abbildung 12.7 Ausgabe Kreuztabelle der Variablen Schulabschluss und Geschlecht

d) Prüfen Sie mit einem adäquaten Signifikanztest, ob sich die weiblichen und männlichen Versuchsteilnehmer hinsichtlich des Alters unterscheiden!

Wenn man davon ausgeht, dass die Variable »Alter« mindestens Intervallskalenniveau hat und dass problemlos Mittelwerte berechnet werden dürfen, wird zur Prüfung auf statistisch bedeutsame Geschlechtunterschiede nun ein Test benötigt, der die Mittelwerte zweier, in diesem Fall unabhängiger Gruppen miteinander vergleicht.

Menü:
ANALYSIEREN → MITTELWERTE VERGLEICHEN → T-TEST BEI UNABHÄNGIGEN STICHPROBEN; Testvariable Alter; Gruppenvariable Geschlecht

Ausgabe:

Gruppenstatistiken

	Geschlecht	N	Mittelwert	Standardabweichung	Standardfehler des Mittelwertes
Alter (in Jahren)	weiblich	52	22,73	2,259	,313
	männlich	11	23,73	2,901	,875

Abbildung 12.8 Ausgabe t-Test bei unabhängigen Stichproben Gruppenstatistik

Test bei unabhängigen Stichproben

		Levene-Test der Varianzgleichheit		T-Test für die Mittelwertgleichheit		
		F	Sig.	t	df	Sig. (2-seitig)
Alter (in Jahren)	Varianzgleichheit angenommen	2,934	,092	-1,264	61	,211
	Varianzgleichheit nicht angenommen			-1,072	12,688	,304

Abbildung 12.9 Ausgabe t-Test bei unabhängigen Stichproben

Es zeigen sich keine statistisch signifikanten Altersunterschiede zwischen Frauen und Männern (t[61] = -1,26; p = 0,21).

e) Erstellen Sie mit dem COUNT-Befehl eine Variable »Gewaltverbrecher_erkannt«, welche die Anzahl richtig erkannter Gewaltverbrecher beinhaltet!
Bilder Gewaltverbrecher: 03, 11, 13, 17, 27, 28, 31, 32, 41, 42
Bilder Nicht-Kriminelle: 07, 09, 14, 19, 20, 24, 34, 37, 38, 43

```
COUNT Gewaltverbrecher_erkannt=bild03a bild11a bild13a
bild17a bild27a bild28a bild31a bild32a bild41a bild42a
(1).
EXECUTE.
```

f) Erstellen Sie mit dem COUNT-Befehl eine Variable »Nicht_Kriminelle_erkannt«, welche die Anzahl richtig erkannter Nicht-Krimineller beinhaltet!

```
COUNT Nicht_Kriminelle_erkannt=bild07a bild09a bild14a
bild19a bild20a bild24a bild34a bild37a bild38a bild43a
(1).
EXECUTE.
```

g) Erstellen Sie für die Variablen »Gewaltverbrecher_erkannt« und »Nicht_Kriminelle_erkannt« Häufigkeitstabellen, Mittelwerte, Standardabweichungen, Minimum, Maximum und Histogramme mit überlagerter Normalverteilung!

Menü:
ANALYSIEREN → DESKRIPTIVE STATISTIKEN → HÄUFIGKEITEN; Statistiken; Diagramme

Ausgabe:

Statistiken

		gewaltverbrecher_erkannt	nicht_kriminelle_erkannt
N	Gültig	63	63
	Fehlend	0	0
Mittelwert		5,4603	4,9048
Standardabweichung		2,02266	2,24840
Minimum		,00	,00
Maximum		9,00	10,00

Abbildung 12.10 Ausgabe Deskriptivstatistische Kennwerte der Variablen Gewaltverbrecher erkannt und Nicht-Kriminelle erkannt

gewaltverbrecher_erkannt

		Häufigkeit	Prozent	Gültige Prozente	Kumulierte Prozente
Gültig	.00	1	1,6	1,6	1,6
	1.00	2	3,2	3,2	4,8
	2.00	3	4,8	4,8	9,5
	3.00	2	3,2	3,2	12,7
	4.00	11	17,5	17,5	30,2
	5.00	12	19,0	19,0	49,2
	6.00	11	17,5	17,5	66,7
	7.00	10	15,9	15,9	82,5
	8.00	9	14,3	14,3	96,8
	9.00	2	3,2	3,2	100,0
	Gesamt	63	100,0	100,0	

Abbildung 12.11 Ausgabe Häufigkeiten der Variable Gewaltverbrecher erkannt

nicht_kriminelle_erkannt

		Häufigkeit	Prozent	Gültige Prozente	Kumulierte Prozente
Gültig	.00	1	1,6	1,6	1,6
	1.00	3	4,8	4,8	6,3
	2.00	5	7,9	7,9	14,3
	3.00	6	9,5	9,5	23,8
	4.00	14	22,2	22,2	46,0
	5.00	12	19,0	19,0	65,1
	6.00	7	11,1	11,1	76,2
	7.00	6	9,5	9,5	85,7
	8.00	5	7,9	7,9	93,7
	9.00	2	3,2	3,2	96,8
	10.00	2	3,2	3,2	100,0
	Gesamt	63	100,0	100,0	

Abbildung 12.12 Ausgabe Häufigkeiten der Variable Nicht-Kriminelle erkannt

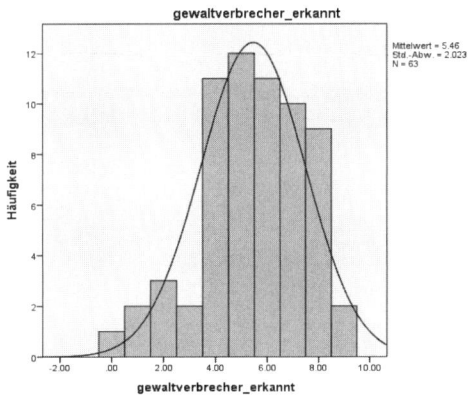

Abbildung 12.13 Histogramm der Variable Gewaltverbrecher erkannt

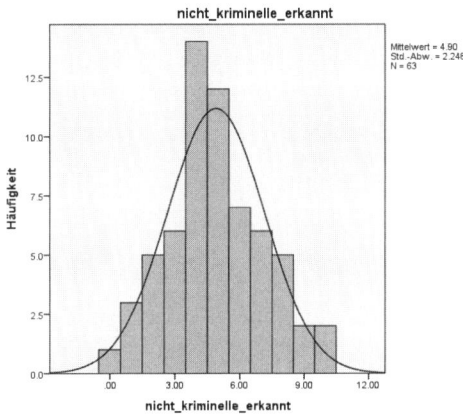

Abbildung 12.14 Histogramm der Variable Nicht-Kriminelle erkannt

h) Gehen Sie von Intervallskalenniveau aus und berechnen Sie den Zusammenhang zwischen den Variablen »Gewaltverbrecher_erkannt« und »Nicht_Kriminelle_erkannt«.

Menü:
ANALYSIEREN → KORRELATION → BIVARIAT;

Ausgabe:

Korrelationen

		gewaltverbrecher_erkannt	nicht_kriminelle_erkannt
gewaltverbrecher_erkannt	Korrelation nach Pearson	1	-,519**
	Signifikanz (2-seitig)		,000
	N	63	63
nicht_kriminelle_erkannt	Korrelation nach Pearson	-,519**	1
	Signifikanz (2-seitig)	,000	
	N	63	63

**. Die Korrelation ist auf dem Niveau von 0,01 (2-seitig) signifikant.

Abbildung 12.15 Korrelationstabelle der Variablen Gewaltverbrecher erkannt und Nicht-Kriminelle erkannt

i) Gehen Sie von Intervallskalenniveau aus und berechnen Sie die Zusammenhänge zwischen den Skalenwerten des PPI-R einerseits und den Variablen »Gewaltverbrecher_erkannt« und »Nicht_Kriminelle_erkannt« andererseits.

Menü:
ANALYSIEREN → KORRELATION → BIVARIAT; Syntax einfügen; nach PPI-R-Variablen ein WITH einfügen.

```
CORRELATIONS
/VARIABLES=ppirsk01 ppirsk02 ppirsk03 ppirsk04 ppirsk05
ppirsk06 ppirsk07 ppirsk08 ppirsk09 ppir_ges WITH ge-
waltverbrecher_erkannt nicht_kriminelle_erkannt
/PRINT=TWOTAIL NOSIG
/MISSING=PAIRWISE.
```

Ausgabe (Ausschnitt):

Korrelationen

		gewaltverbre-cher_erkannt	nicht_kriminelle_erkannt
PPIR: Schuldexternalisierung	Pearson-Korrelation	-,114	,017
	Sig. (2-seitig)	,372	,898
	N	63	63
PPIR: Rebellische Risiko-freude	Pearson-Korrelation	-,259*	,336**
	Sig. (2-seitig)	,040	,007
	N	63	63
PPIR: Stressimmunität	Pearson-Korrelation	-,138	,002
	Sig. (2-seitig)	,281	,990
	N	63	63
PPIR: Sozialer Einfluss	Pearson-Korrelation	-,049	,121
	Sig. (2-seitig)	,705	,343
	N	63	63
PPIR: Kaltherzigkeit	Pearson-Korrelation	-,135	-,058
	Sig. (2-seitig)	,296	,657
	N	62	62
PPIR: Machiavellistischer Egoismus	Pearson-Korrelation	-,094	,043
	Sig. (2-seitig)	,465	,736
	N	63	63
PPIR: Sorglose Planlosigkeit	Pearson-Korrelation	-,067	,119
	Sig. (2-seitig)	,599	,355
	N	63	63
PPIR: Furchtlosigkeit	Pearson-Korrelation	-,169	,082
	Sig. (2-seitig)	,185	,522
	N	63	63

*. Korrelation ist bei Niveau 0,05 signifikant (zweiseitig).

**. Korrelation ist bei Niveau 0,01 signifikant (zweiseitig).

Abbildung 12.16 Ausgabe Korrelationstabelle der Variablen Gewaltverbrecher erkannt und Nicht-kriminelle erkannt je mit den Variablen des PPIR (Ausschnitt)

Korrelationen

		gewaltverbre-cher_erkannt	nicht_kriminelle_erkannt
PPIR: Unaufrichtige Beant-wortung	Pearson-Korrelation	,095	-,285*
	Sig. (2-seitig)	,462	,025
	N	62	62
PPI-R: Gesamtwert	Pearson-Korrelation	-,241	,141
	Sig. (2-seitig)	,059	,273
	N	62	62

*. Korrelation ist bei Niveau 0,05 signifikant (zweiseitig).

**. Korrelation ist bei Niveau 0,01 signifikant (zweiseitig).

Abbildung 12.17 Ausgabe Korrelationstabelle der Variablen Gewaltverbrecher erkannt und Nicht-kriminelle erkannt je mit den Variablen des PPIR (Fortsetzung)

j) Prüfen Sie inferenzstatistisch, ob sich Frauen und Männer hinsichtlich der Variablen »Gewaltverbrecher_erkannt« und »Nicht_Kriminelle_erkannt« überzufällig unterscheiden!

Wenn man davon ausgeht, dass die beiden Variablen mindestens Intervallskalenniveau haben und dass problemlos Mittelwerte berechnet werden dürfen, wird zur Prüfung auf statistisch bedeutsame Geschlechtsunterschiede nun ein Test benötigt, der die Mittelwerte zweier, in diesem Fall unabhängiger Gruppen miteinander vergleicht.

Menü:

ANALYSIEREN → MITTELWERTE VERGLEICHEN → T-TEST BEI UNABHÄNGIGEN STICH-PROBEN; Testvariable Gewaltverbrecher_erkannt Nicht_Kriminelle_erkannt; Gruppenvariable Geschlecht

Ausgabe:

Gruppenstatistiken

	Ge-schlecht	N	Mittel-wert	Standardab-weichung	Standardfeh-ler des Mit-telwertes
gewaltverbre-cher_erkannt	weiblich	52	5,7500	1,86689	,25889
	männlich	11	4,0909	2,25630	,68030
nicht_kriminelle_erkan nt	weiblich	52	4,8462	2,04253	,28325
	männlich	11	5,1818	3,15652	,95173

Abbildung 12.18 Ausgabe t-Test bei unabhängigen Stichproben Gewaltverbrecher erkannt und Nicht Kriminelle erkannt Gruppenstatistik

		Levene-Test der Varianzgleichheit		T-Test für die Mittelwertgleichheit		
		F	Sig.	t	df	Sig. (2-seitig)
gewaltverbrecher_erkannt	Varianzgleichheit angenommen	,297	,588	2,582	61	,012
	Varianzgleichheit nicht angenommen			2,279	13,052	,040
nicht_kriminelle_erkannt	Varianzgleichheit angenommen	3,092	,084	-,447	61	,657
	Varianzgleichheit nicht angenommen			-,338	11,832	,741

Abbildung 12.19 Ausgabe t-Test bei unabhängigen Stichproben Gewaltverbrecher erkannt und Nicht Kriminelle erkannt

Bezüglich der Variablen Gewaltverbrecher_erkannt zeigen sich statistisch signifikante Geschlechtsunterschiede (t[61] = 2,58; p = 0,01); Frauen erkennen mehr Gewaltverbrecher richtig.

k) Ermitteln Sie die Schwierigkeitsindices P der Bilder!

Der Schwierigkeitsindex P ist definiert als »richtig gelöste Aufgaben in Prozent«. Da jedes Bild danach beurteilt werden sollte, ob es sich dabei um einen Gewaltverbrecher handelt oder nicht, und bei jedem Bild bekannt ist, ob es sich um einen Gewaltverbrecher handelt oder nicht, können die Schwierigkeitsindices einfach über die Häufigkeitstabellen errechnet werden.
  Beispiele:

Bild03: Straftäter

		Häufigkeit	Prozent	Gültige Prozente	Kumulierte Prozente
	Straftäter	39	61,9	61,9	61,9
Gültig	Nicht Straftäter	24	38,1	38,1	100,0
	Gesamt	63	100,0	100,0	

Abbildung 12.20 Ausgabe Häufigkeiten Bild 3

Bild 3 zeigte einen Straftäter, 61,9 % der Probanden haben hier richtig einen Straftäter erkannt, also P = 62.

Bild07: Nicht Straftäter

		Häufigkeit	Prozent	Gültige Prozente	Kumulierte Prozente
	Straftäter	34	54,0	54,0	54,0
Gültig	Nicht Straftäter	29	46,0	46,0	100,0
	Gesamt	63	100,0	100,0	

Abbildung 12.21 Ausgabe Häufigkeiten Bild 7

Bild 7 zeigte einen Nicht-Kriminellen, 46 % haben hier richtig einen Nicht-Kriminellen erkannt, also P = 46.

l) Bilden Sie für jedes Bild eine neue Variable, die immer den Wert »1« bekommt, wenn das Bild richtig erkannt wurde, und den Wert »0«, wenn das Bild falsch erkannt wurde! Verwenden Sie dazu den RECODE-Befehl.

Es sollten neue Variablen gebildet werden. Wir haben uns dazu entschieden, die Namen für die neuen Variablen so aufzubauen, dass hinter der Bildnummer immer noch ein »r« auftauchte für »richtig«.

Hatte jemand z. B. bei Bild03 »Straftäter« diesen auch als Straftäter erkannt, stand in der Variablen Bild03a eine »1«. Hatte jemand dieses Bild als Nicht-Kriminellen erkannt, stand in der Variablen Bild03a eine »2«. Dementsprechend musste jetzt für dieses Bild03 folgendermaßen umkodiert werden:

▶ Bild03a = 1 → Bild03r = 1
▶ Bild03a = 2 → Bild03r = 0.

Hatte jemand bei Bild07 »Nicht-Krimineller« diesen als Straftäter eingeschätzt, stand in der Variablen Bild07a eine »1«. Hatte jemand dieses Bild als Nicht-Kriminellen erkannt, stand in der Variablen Bild07a eine »2«. Dementsprechend musste jetzt für dieses Bild07 folgendermaßen umkodiert werden:

▶ Bild07a = 1 → Bild07r = 0
▶ Bild07a = 2 → Bild07r = 1.

```
RECODE bild03a (1=1) (2=0) INTO bild03rit.
RECODE bild07a (2=1) (1=0) INTO bild07rit.
EXECUTE.
```

In gleicher Weise müssen die anderen Bilder entsprechend umkodiert werden.

m) Berechnen Sie für die Bilder der Gewaltverbrecher Cronbachs Alpha sowie die korrigierten Trennschärfen!

Menü:
ANALYSIEREN → SKALA → RELIABILITÄTSANALYSE; Statistiken: Skala wenn Item gelöscht

Syntax:
```
RELIABILITY
  /VARIABLES=bild03a bild11a bild13a bild17a bild27a
bild28a bild31a bild32a bild41a bild42a
  /SCALE('Gewaltverbrecher') ALL
  /MODEL=ALPHA
  /SUMMARY=TOTAL.
```

Ausgabe:

Item-Skala-Statistik

	Mittelwert skalieren, wenn Item gelöscht	Varianz skalieren, wenn Item gelöscht	Korrigierte Item-Skala-Korrelation	Cronbach-Alpha, wenn Item gelöscht
Bild03: Straftäter	13,16	3,232	,352	,361
Bild11: Straftäter	13,17	3,469	,214	,412
Bild13: Straftäter	13,02	3,597	,126	,443
Bild17: Straftäter	13,06	3,609	,120	,445
Bild27: Straftäter	13,21	3,489	,212	,413
Bild28: Straftäter	12,95	3,756	,046	,469
Bild31: Straftäter	13,17	3,566	,158	,431
Bild32: Straftäter	13,11	3,294	,303	,378
Bild41: Straftäter	13,06	3,512	,173	,426
Bild42: Straftäter	12,94	3,641	,110	,448

Abbildung 12.22 Ausgabe Cronbachs-Alpha und Trennschärfen bei den Bildern der Gewaltverbrecher

n) Berechnen Sie für die Bilder der Nicht-Kriminellen Cronbachs Alpha sowie die korrigierten Trennschärfen!

Menü:
ANALYSIEREN → SKALA → RELIABILITÄTSANALYSE; Statistiken: Skala wenn Item gelöscht

Syntax:
```
RELIABILITY
  /VARIABLES= bild07rit bild09rit bild14rit bild19rit
bild20rit bild24rit bild34rit bild37rit bild38rit
bild43rit
  /SCALE('Gewaltverbrecher') ALL
  /MODEL=ALPHA
  /SUMMARY=TOTAL.
```

Ausgabe:

Item-Skala-Statistik

	Mittelwert skalieren, wenn Item gelöscht	Varianz skalieren, wenn Item gelöscht	Korrigierte Item-Skala-Korrelation	Cronbach-Alpha, wenn Item gelöscht
Bild07: Nicht Straftäter	13,50	4,025	,301	,526
Bild09: Nicht Straftäter	13,47	4,286	,165	,563
Bild14: Nicht Straftäter	13,68	3,993	,373	,509
Bild19: Nicht Straftäter	13,31	4,642	,007	,600
Bild20: Nicht Straftäter	13,45	4,252	,182	,558
Bild24: Nicht Straftäter	13,58	3,985	,336	,517
Bild34: Nicht Straftäter	13,60	4,179	,235	,544
Bild37: Nicht Straftäter	13,31	3,888	,408	,498
Bild38: Nicht Straftäter	13,34	4,031	,315	,523
Bild43: Nicht Straftäter	13,48	4,188	,214	,550

Abbildung 12.23 Ausgabe Cronbachs-Alpha und Trennschärfen bei den Bildern der Nicht-kriminellen

12.3 Kohärenzgefühl und Irrationale Einstellungen

a) Ergänzen Sie den nachstehenden Lückentext!

Menü:
ANALYSIEREN → DESKRIPTIVE STATISTIKEN → HÄUFIGKEITEN
sowie
ANALYSIEREN → MITTELWERTE VERGLEICHEN → MITTELWERTE; OPTIONEN

Syntax:
```
FREQUENCIES VARIABLES=Geschlecht
  /ORDER=ANALYSIS.
```

Ausgabe:

Geschlecht

		Häufigkeit	Prozent	Gültige Prozente	Kumulierte Prozente
Gültig	weiblich	83	84,7	84,7	84,7
	männlich	15	15,3	15,3	100,0
	Gesamt	98	100,0	100,0	

Abbildung 12.24 Ausgabe Häufigkeiten der Variable Geschlecht

Syntax:
```
MEANS TABLES=Alter BY Geschlecht
  /CELLS MEAN COUNT STDDEV MIN MAX.
```

Bericht

Alter

Geschlecht	Mittelwert	N	Standardab- weichung	Minimum	Maximum
weiblich	21,45	83	2,476	19	34
männlich	22,73	15	1,981	20	27
Insgesamt	21,64	98	2,442	19	34

Abbildung 12.25 Ausgabe deskriptivstatistische Kennwerte der Variable Geschlecht

An der Studie haben insgesamt n = 98 Personen teilgenommen.

Hiervon waren n = 83 weiblich (84,7 %), n = 15 männlich (15,3 %).

Das Durchschnittsalter der Versuchspersonen betrug M = 21,64 Jahre (Standard-Abweichung S = 2,44 Jahre). Der jüngste Versuchsteilnehmer war 19 Jahre alt, der älteste 34 Jahre alt.

Die Altersverteilung der männlichen Versuchsteilnehmer ergab folgende Kennwerte:

M = 22,73 Jahre (S = 1,98 Jahre), Minimum = 20 Jahre, Maximum = 27 Jahre.

Die Altersverteilung der weiblichen Versuchsteilnehmer ergab folgende Kennwerte: M = 21,45 Jahre (S = 2,48 Jahre), Minimum = 19 Jahre, Maximum = 34 Jahre.

b) Prüfen Sie inferenzstatistisch, ob es bezüglich der Geschlechtsverteilung in den beiden Studiengruppen Unterschiede gibt!

Menü:
ANALYSIEREN → DESKRIPTIVE STATISTIKEN → KREUZTABELLEN; Statistik: Chi² (Optional: Zellen: Prozentwerte anzeigen für)

Syntax:
```
CROSSTABS
   /TABLES=Geschlecht BY Studium
   /FORMAT=AVALUE TABLES
   /STATISTICS=CHISQ
   /CELLS=COUNT COLUMN
   /COUNT ROUND CELL.
```

Ausgabe:

Geschlecht * Studium Kreuztabelle

			Studium		Gesamt
			Apsy	BASA	
Geschlecht	weiblich	Anzahl	35	48	83
		% innerhalb von Studium	92,1%	80,0%	84,7%
	männlich	Anzahl	3	12	15
		% innerhalb von Studium	7,9%	20,0%	15,3%
Gesamt		Anzahl	38	60	98
		% innerhalb von Studium	100,0%	100,0%	100,0%

Abbildung 12.26 Ausgabe Kreuztabelle der Variablen Geschlecht und Studium

Chi-Quadrat-Tests

	Wert	df	Asymptotische Signifikanz (2-seitig)	Exakte Signifikanz (2-seitig)	Exakte Signifikanz (1-seitig)
Chi-Quadrat nach Pearson	2,630	1	,105		
Kontinuitäts-korrektur	1,779	1	,182		
Likelihood-Quotient	2,846	1	,092		
Exakter Test nach Fisher				,151	,088
Anzahl der gültigen Fälle	98				

Abbildung 12.27 Ausgabe Chi Quadrat Test

c) Prüfen Sie, ob sich die Studierenden der Sozialen Arbeit von den Studierenden der Angewandten Psychologie hinsichtlich der Persönlichkeitseigenschaften Neurotizismus, Extraversion, Offenheit, Verträglichkeit und Gewissenhaftigkeit statistische bedeutsam voneinander unterscheiden!

Menü:
ANALYSIEREN → MITTELWERTE VERGLEICHEN → T-TEST BEI UNABHÄNGIGEN STICH-PROBEN; Gruppenvariable: Studium (BASA, Apsy); Testvariable(n): neo_N, neo_E, neo_O, neo_V, neo_G

Syntax:
```
T-TEST GROUPS=Studium('Apsy' 'BASA')
  /MISSING=ANALYSIS
  /VARIABLES=neo_N neo_E neo_O neo_V neo_G
  /CRITERIA=CI(.95).
```

Ausgabe:

Gruppenstatistiken

	Studium	N	Mittelwert	Standard-abweichung	Standardfehler des Mittelwertes
neo_N	Apsy	38	22,9474	6,29434	1,02108
	BASA	60	20,5833	7,55386	,97520
neo_E	Apsy	38	28,6053	6,65578	1,07971
	BASA	60	30,0000	6,99879	,90354
neo_O	Apsy	38	32,4737	5,88969	,95543
	BASA	60	30,0500	5,79721	,74842
neo_V	Apsy	38	33,1053	5,25454	,85240
	BASA	60	33,5167	6,10221	,78779
neo_G	Apsy	38	33,6842	8,11773	1,31687
	BASA	60	31,5833	7,24462	,93528

Abbildung 12.28 Ausgabe t-Test bei unabhängigen Stichproben der NEO-Variablen Gruppenstatistiken

Test bei unabhängigen Stichproben

		Levene-Test der Varianzgleichheit		T-Test für die Mittelwertgleichheit		
		F	Sig.	t	df	Sig. (2-seitig)
neo_N	Varianzgleichheit angenommen	3,408	,068	1,607	96	,111
	Varianzgleichheit nicht angenommen			1,674	88,899	,098
neo_E	Varianzgleichheit angenommen	,134	,715	-,979	96	,330
	Varianzgleichheit nicht angenommen			-,991	81,807	,325
neo_O	Varianzgleichheit angenommen	,052	,820	2,004	96	,048
	Varianzgleichheit nicht angenommen			1,997	77,935	,049
neo_V	Varianzgleichheit angenommen	,775	,381	-,343	96	,733
	Varianzgleichheit nicht angenommen			-,354	87,272	,724
neo_G	Varianzgleichheit angenommen	1,133	,290	1,335	96	,185
	Varianzgleichheit nicht angenommen			1,301	72,218	,198

Abbildung 12.29 Ausgabe t-Test bei unabhängigen Stichproben der NEO-Variablen

d) Berechnen Sie für die Gesamtstichprobe den Zusammenhang zwischen den SOC-Skalenwerten einerseits und den Skalen des FIE andererseits!

Menü:
ANALYSIEREN → KORRLEATIONEN → BIVARIAT;
Variablen: socgesamt, socsk01, socsk02, socsk03, fiesk01, fiesk02, fiesk03, fiesk04

Achtung! Nicht OK klicken, sondern EINFÜGEN!

Es öffnet sich ein Syntaxfenster, in welchem der CORRELATIONS-Befehl abgebildet ist. Fügen Sie nun zwischen socsk03 und fiesk01 das Wort WITH ein. Markieren Sie die Syntax und klicken Sie bitte auf den großen grünen Pfeil!

Syntax:
```
CORRELATIONS
  /VARIABLES=socsk01 socsk02 socsk03 with fiesk01
fiesk02 fiesk03 fiesk04
  /PRINT=TWOTAIL NOSIG
  /MISSING=PAIRWISE.
```

Ausgabe:

Korrelationen

		fiesk01	fiesk02	fiesk03	fiesk04
socsk01	Korrelation nach Pearson	-,510	-,081	-,447	-,394
	Signifikanz (2-seitig)	,000	,426	,000	,000
	N	98	98	98	98
socsk02	Korrelation nach Pearson	-,522	-,349	-,413	-,343
	Signifikanz (2-seitig)	,000	,000	,000	,001
	N	98	98	98	98
socsk03	Korrelation nach Pearson	-,496	-,036	-,228	-,258
	Signifikanz (2-seitig)	,000	,725	,024	,010
	N	98	98	98	98

Abbildung 12.30 Ausgabe Korrelationstabelle Gesamtstichprobe

e) Berechnen Sie separat für die Gruppen Studium Soziale Arbeit und Studium Angewandte Psychologie den Zusammenhang zwischen den SOC-Skalenwerten einerseits und den Skalen des FIE andererseits!

Hier bietet es sich an, SPSS zuerst mitzuteilen, dass die kommenden Analysen getrennt für bestimmte Gruppen durchgeführt werden sollen. Klicken Sie dazu auf DATEN → AUFGETEILTE DATEI. Es öffnet sich ein Dialogfenster. Wählen Sie die Option »Ausgabe nach Gruppen aufteilen«. Nun wählen Sie die Variable »studium« aus und klicken auf den Pfeil.

Hiermit ist SPSS angewiesen, alle künftigen Analysen getrennt für die in der Variable »studium« definierten Gruppen (Hier: BASA und Apsy) durchzuführen.

Berechnen Sie nun wie in d) beschrieben die Korrelationen zwischen den Skalen des SOC und den Skalen des FIE!

Syntax:
```
SORT CASES  BY Studium.
SPLIT FILE SEPARATE BY Studium.
CORRELATIONS
   /VARIABLES=socsk01 socsk02 socsk03 with fiesk01
fiesk02 fiesk03 fiesk04
   /PRINT=TWOTAIL NOSIG
   /MISSING=PAIRWISE.
SPLIT FILE OFF.
```

Ausgabe: Studium APSY

Korrelationen

		fiesk01	fiesk02	fiesk03	fiesk04
socsk01	Korrelation nach Pearson	-,514	-,218	-,256	-,210
	Signifikanz (2-seitig)	,001	,189	,120	,207
	N	38	38	38	38
socsk02	Korrelation nach Pearson	-,561	-,587	-,608	-,303
	Signifikanz (2-seitig)	,000	,000	,000	,065
	N	38	38	38	38
socsk03	Korrelation nach Pearson	-,470	,009	,013	-,067
	Signifikanz (2-seitig)	,003	,955	,937	,689
	N	38	38	38	38

Abbildung 12.31 Ausgabe Korrelationstabelle Studium APSY

Ausgabe Studium BASA

Korrelationen

		fiesk01	fiesk02	fiesk03	fiesk04
socsk01	Korrelation nach Pearson	-,509	-,014	-,568	-,480
	Signifikanz (2-seitig)	,000	,916	,000	,000
	N	60	60	60	60
socsk02	Korrelation nach Pearson	-,515	-,201	-,262	-,365
	Signifikanz (2-seitig)	,000	,123	,043	,004
	N	60	60	60	60
socsk03	Korrelation nach Pearson	-,506	-,059	-,373	-,351
	Signifikanz (2-seitig)	,000	,657	,003	,006
	N	60	60	60	60

Abbildung 12.32 Ausgabe Korrelationstabelle Studium BASA

f) Führen Sie eine lineare Regressionsanalyse durch für das Kriterium »Gesamt-wert SOC« (Variable socgesamt) und den unabhängigen Variablen (Prädikto-ren) Neurotizismus (neo_N), Extraversion (neo_E), Offenheit (neo_O), Verträg-lichkeit (neo_V) und Gewissenhaftigkeit (neo_G). Verwenden Sie für die Regressionsanalyse die Methode »Einschluss«.

Syntax:

```
REGRESSION
  /MISSING LISTWISE
  /STATISTICS COEFF OUTS R ANOVA
  /CRITERIA=PIN(.05) POUT(.10)
  /NOORIGIN
  /DEPENDENT socgesamt
  /METHOD=ENTER neo_N neo_E neo_O neo_V neo_G.
```

Ausgabe:

Modellzusammenfassung

Modell	R	R-Quadrat	Korrigiertes R-Quadrat	Standardfehler des Schätzers
1	,772	,596	,574	9,51957

Abbildung 12.33 Ausgabe Regressionsanalyse Modellzusammenfassung

ANOVA

Modell		Quadratsum-me	df	Mittel der Quadrate	F	Sig.
1	Regression	12295,648	5	2459,130	27,136	,000
	Nicht standardisierte Residuen	8337,235	92	90,622		
	Gesamt	20632,884	97			

Abbildung 12.34 Ausgabe Regressionsanalyse ANOVA

Koeffizienten

Modell		Nicht standardisierte Koeffi-zienten		Standardi-sierte Koeffi-zienten	T	Sig.
		Regressionsk oeffizientB	Standardfeh-ler	Beta		
1	(Konstan-te)	134,198	11,950		11,230	,000
	neo_N	-1,218	,150	-,598	-8,101	,000
	neo_E	,175	,168	,082	1,041	,301
	neo_O	-,066	,172	-,027	-,382	,703
	neo_V	,252	,189	,100	1,334	,185
	neo_G	,518	,134	,271	3,856	,000

Abbildung 12.35 Ausgabe Regressionsanalyse Regressionskoeffizienten

g) Führen Sie nochmals die in f) beschriebene Regressionsanalyse durch, diesmal jedoch mit der Methode »Rückwärts«.

Syntax:

```
REGRESSION
  /MISSING LISTWISE
  /STATISTICS COEFF OUTS R ANOVA
  /CRITERIA=PIN(.05) POUT(.10)
  /NOORIGIN
  /DEPENDENT socgesamt
  /METHOD=BACKWARD neo_N neo_E neo_O neo_V neo_G.
```

Ausgabe:

Aufgenommene/Entfernte Variablen

Modell	Aufgenommene Variablen	Entfernte Variablen	Methode
1	neo_G, neo_V, neo_N, neo_O, neo_E	.	Einschluß
2	.	neo_O	Rückwärts (Kriterium: Wahrscheinlichkeit von F-Wert für Ausschluß >= ,100).
3	.	neo_E	Rückwärts (Kriterium: Wahrscheinlichkeit von F-Wert für Ausschluß >= ,100).

Abbildung 12.36 Ausgabe Regressionsanalyse Rückwärts aufgenommene/entfernte Variable

Modellzusammenfassung

Modell	R	R-Quadrat	Korrigiertes R-Quadrat	Standardfehler des Schätzers
1	,772	,596	,574	9,51957
2	,772	,595	,578	9,47576
3	,769	,591	,578	9,47879

Abbildung 12.37 Ausgabe Regressionsanalyse Rückwärts Modellzusammenfassung

ANOVA

Modell		Quadrat-summe	df	Mittel der Quadrate	F	Sig.
1	Regression	12295,648	5	2459,130	27,136	,000
	Nicht standardisierte Residuen	8337,235	92	90,622		
	Gesamt	20632,884	97			
2	Regression	12282,408	4	3070,602	34,198	,000
	Nicht standardisierte Residuen	8350,476	93	89,790		
	Gesamt	20632,884	97			
3	Regression	12187,215	3	4062,405	45,214	,000
	Nicht standardisierte Residuen	8445,668	94	89,848		
	Gesamt	20632,884	97			

Abbildung 12.38 Ausgabe Regressionsanalyse Rückwärts ANOVA

Koeffizienten

Modell		Nicht standardisierte Koeffizienten		Standardisierte Koeffizienten	T	Sig.
		RegressionskoeffizientB	Standardfehler	Beta		
1	(Konstante)	134,198	11,950		11,230	,000
	neo_N	-1,218	,150	-,598	-8,101	,000
	neo_E	,175	,168	,082	1,041	,301
	neo_O	-,066	,172	-,027	-,382	,703
	neo_V	,252	,189	,100	1,334	,185
	neo_G	,518	,134	,271	3,856	,000
2	(Konstante)	131,200	8,974		14,620	,000
	neo_N	-1,214	,149	-,596	-8,131	,000
	neo_E	,172	,167	,081	1,030	,306
	neo_V	,271	,182	,107	1,488	,140
	neo_G	,529	,131	,276	4,036	,000
3	(Konstante)	134,452	8,402		16,002	,000
	neo_N	-1,268	,140	-,622	-9,039	,000
	neo_V	,331	,172	,131	1,920	,058
	neo_G	,558	,128	,292	4,365	,000

Abbildung 12.39 Ausgabe Regressionsanalyse Rückwärts Regressionskoeffizienten

Ausgeschlossene Variablen

Modell		Beta In	T	Sig.	Partielle Korre-lation	Kollinearitätsstatistik
						Toleranz
2	neo_O	-,027	-,382	,703	-,040	,896
3	neo_O	-,024	-,337	,737	-,035	,897
	neo_E	,081	1,030	,306	,106	,702

Abbildung 12.40 Ausgabe Regressionsanalyse Rückwärts ausgeschlossene Variablen

12.4 Nichts als Ärger, oder?

a) Bitte füllen Sie im nachstehenden Text die Lücken!

Menü:
ANALYSIEREN → DESKRIPTIVE STATISTIKEN → HÄUFIGKEITEN; Variable: sex

Syntax:
FREQUENCIES VARIABLES=sex /ORDER=ANALYSIS.
Ausgabe:

Geschlecht

		Häufigkeit	Prozent	Gültige Pro-zent	Kumulative Prozente
Gültig	männlich	352	33,6	38,6	38,6
	weiblich	560	53,5	61,4	100,0
	Gesamtsumme	912	87,1	100,0	
Fehlend	9	135	12,9		
Gesamtsumme		1047	100,0		

Abbildung 12.41 Ausgabe Häufigkeiten der Variable Geschlecht

Menü:
ANALYSIEREN → DESKRIPTIVE STATISTIKEN → HÄUFIGKEITEN; Variable Alter; Statistiken: Mittelwert, Standardabweichung, Minimum, Maximum

Syntax:
FREQUENCIES VARIABLES=alter /STATISTICS=STDDEV MINIMUM
MAXIMUM MEAN /ORDER=ANALYSIS.

Ausgabe:

Statistiken

Alter (in Jahren)

N	Gültig	869
	Fehlend	178
Mittelwert		22,06
Standardabweichung		3,304
Minimum		18
Maximum		48

Abbildung 12.42 Ausgabe deskriptivstatistische Auswertung der Variable Alter

Menü:

ANALYSIEREN → MITTELWERTE VERGLEICHEN → MITTELWERTE; AV: Alter, UV: sex; Optionen: Mittelwert, Anzahl der Fälle, Standardabweichung, Minimum, Maximum

Syntax:

```
MEANS TABLES=alter BY sex /CELLS=MEAN COUNT STDDEV MIN
MAX.
```

Ausgabe:

Bericht

Alter (in Jahren)

Geschlecht	Mittelwert	H	Standardabweichung	Minimum	Maximum
männlich	22,71	324	3,955	19	48
weiblich	21,64	536	2,748	18	39
Gesamtsumme	22,04	860	3,295	18	48

Abbildung 12.43 Ausgabe deskriptivstatistische Auswertung der Variable Geschlecht

An der Studie haben insgesamt n = 1047 Personen teilgenommen.

Hiervon waren n = 560 weiblich (53,5 %), n = 352 männlich (33,6 %). 135 Personen machten keine Angaben zum Geschlecht.

Das Durchschnittsalter der untersuchten Studierenden betrug M = 22,06 Jahre (Standard-Abweichung: S = 3,30 Jahre). Der jüngste Studierende war 18 Jahre alt, der älteste Studierende war 48 Jahre alt.

Die Altersverteilung der männlichen Studierenden ergab folgende Kennwerte: M = 22,71 Jahre (S = 3,96 Jahre), Minimum = 19 Jahre, Maximum = 48 Jahre.

Die Altersverteilung der weiblichen Studierenden ergab folgende Kennwerte: M = 21,64 Jahre (S = 2,75 Jahre), Minimum = 18 Jahre, Maximum = 39 Jahre.

b) Führen Sie eine Prüfung auf Normalverteilung für die Skalen »State-Ärger«, »Trait-Ärger«, »Anger-In«, »Anger-Out« und »Anger-Control« durch. Lassen Sie sich auch die Verteilungen als Histogramm mit überlagerter Normalverteilung anzeigen!

Menü:
ANALYSIEREN → NICHT PARAMETRISCHE TESTS → ALTE DIALOGFELDER → K-S BEI EINER STICHPROBE; Testvariablen: State, Trait, AI, AO, AC

Syntax:
```
NPAR TESTS
/K-S(NORMAL)=staxi_state staxi_trait staxi_ai staxi_ao
staxi_ac
/MISSING ANALYSIS.
```

Ausgabe:

Kolmogorov-Smirnov-Test bei einer Stichprobe

		STAXI: State Anger	STAXI: Trait Anger	STAXI: Anger In	STAXI: Anger Out	STAXI: Anger Control
H		1047	1047	1047	1047	1047
Parameter der Normalverteilung[a,b]	Mittelwert	12,88	19,20	15,88	12,67	23,45
	Standardabweichung	3,761	4,181	4,484	3,362	4,116
Extremste Differenzen	Absolut	,229	,067	,088	,132	,056
	Positiv	,229	,067	,088	,132	,052
	Negativ	-,222	-,038	-,039	-,083	-,056
Teststatistik		.229	,067	,088	,132	,056
Asymp. Sig. (2-seitig)		.000[c]	,000[c]	,000[c]	,000[c]	,000[c]

a. Die Testverteilung ist normal.
b. Aus Daten berechnet.
c. Signifikanzkorrektur nach Lilliefors.

Abbildung 12.44 Ausgabe Kolmogorov-Smirnov-Test STAXI

Alternativ:

Menü:
ANALYSIEREN → DESKRIPTIVE STATISTIKEN → EXPLORATIVE DATENANALYSE; Abhängige Variablen: State, Trait, AI, AO, AC; Diagramme: Normalverteilungsdiagramm mit Tests

Syntax:

```
EXAMINE VARIABLES=staxi_state staxi_trait staxi_ai
staxi_ao staxi_ac
  /PLOT HISTOGRAM
  /COMPARE GROUPS
  /STATISTICS DESCRIPTIVES
  /CINTERVAL 95
  /MISSING LISTWISE
  /NOTOTAL.
```

Ausgabe:

Tests auf Normalverteilung

	Kolmogorow-Smirnow[a]			Shapiro-Wilk		
	Statistik	df	Sig.	Statistik	df	Sig.
STAXI: State Anger	,229	1047	,000	,739	1047	,000
STAXI: Trait Anger	,067	1047	,000	,989	1047	,000
STAXI: Anger In	,088	1047	,000	,971	1047	,000
STAXI: Anger Out	,132	1047	,000	,918	1047	,000
STAXI: Anger Control	,056	1047	,000	,987	1047	,000

a. Signifikanzkorrektur nach Lilliefors

Abbildung 12.45 Ausgabe Normalverteilung STAXI

Für die Verteilungen mit überlagerter Normalverteilung:

Menü:

GRAFIK → ALTE DIALOGFELDER → HISTOGRAMM; Variable: State (Trait, AI, AO, AC); Normalverteilungskurve anzeigen

Syntax:

```
GRAPH /HISTOGRAM(NORMAL)=staxi_state.
```

Ausgabe:

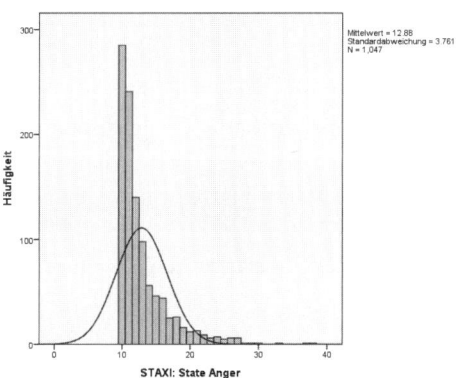

Abbildung 12.46 Ausgabe Histogramm STAXI: State Anger

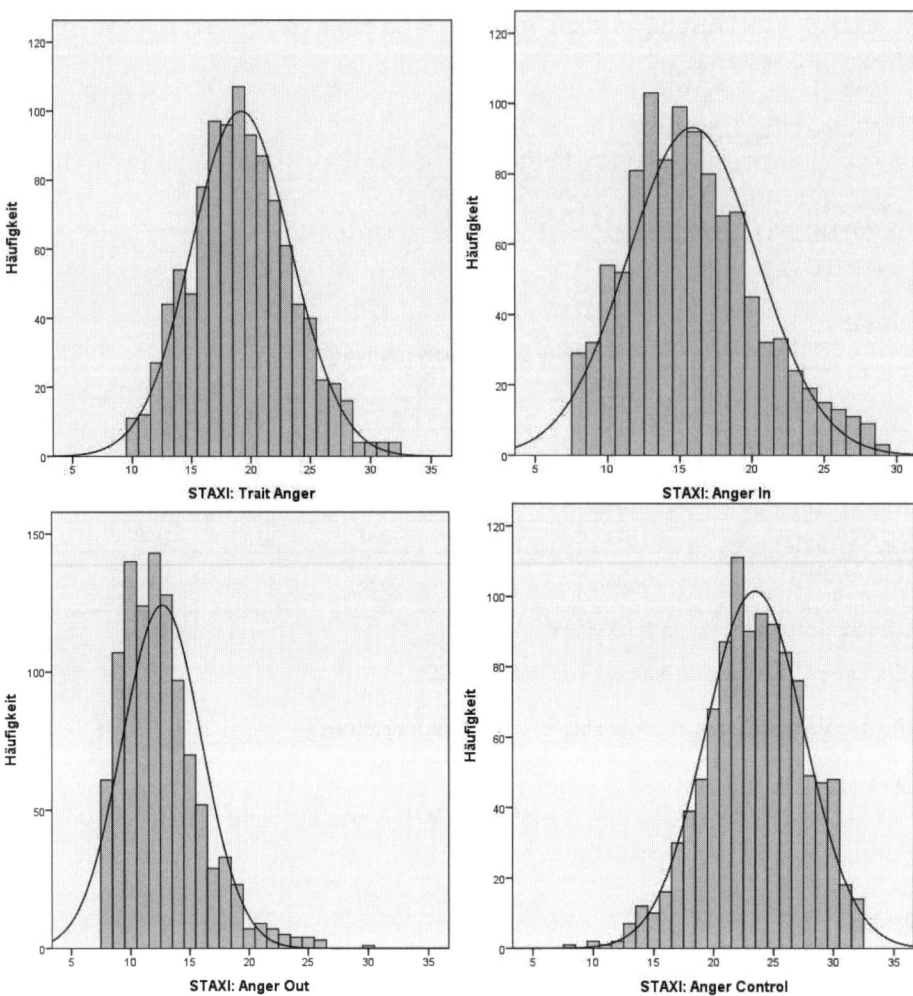

Abbildung 12.47 Verteilungen für Staxi-Trait, Staxi-AI, Staxi-AO und Staxi-AC mit überlagerter Normalverteilung

Während »Staxi-State« eindeutig von einer Normalverteilung abweicht, ist dies bei den anderen Variablen diskutabel: Anhand der grafischen Darstellungen kann behauptet werden, dass diese vier Skalen (Trait, AI, AO, AC) ansatzweise einer (asymmetrischen, d. h. schiefen) Normalverteilung folgen.

c) Berechnen Sie die Skaleninterkorrelation jeweils mit einem angemessenen Verfahren!

Für diese Berechnungen wird hier jetzt davon ausgegangen, dass Staxi-State ordinalskaliert ist, Staxi-Trait, -AI, -AO und -AC hingegen intervallskaliert.

Menü:

ANALYSIEREN → KORRELATION → BIVARIAT; Variablen: Staxi-State, -Trait, -AI, -AO, -AC; Korrelationskoeffizienten: Pearson, Spearman

Syntax:

a)
```
NONPAR CORR
  /VARIABLES=staxi_state with staxi_trait staxi_ai
staxi_ao staxi_ac
  /PRINT=SPEARMAN TWOTAIL NOSIG
  /MISSING=PAIRWISE.
```
b)
```
CORRELATIONS
  /VARIABLES=staxi_trait staxi_ai staxi_ao staxi_ac
  /PRINT=TWOTAIL NOSIG
  /MISSING=PAIRWISE.
```

Ausgabe:

a)

Korrelationen

			STAXI: Trait Anger	STAXI: Anger In	STAXI: Anger Out	STAXI: Anger Control
Spear-man-Rho	STAXI: State Anger	Korrelations-koeffizient	,287**	,195**	,194**	-,053
		Sig. (2-seitig)	,000	,000	,000	,089
		N	1047	1047	1047	1047

**. Korrelation ist bei Niveau 0,01 signifikant (zweiseitig).

Abbildung 12.48 Ausgabe Spearman-Rang-Korrelation STAXI

b)

Korrelationen

			STAXI: Trait Anger	STAXI: Anger In	STAXI: Anger Out	STAXI: Anger Control
STAXI: Trait Anger	Pearson-Korrelation		1	,184**	,560**	-,323**
	Sig. (2-seitig)			,000	,000	,000
	N		1047	1047	1047	1047
STAXI: Anger In	Pearson-Korrelation		,184**	1	,011	,275**
	Sig. (2-seitig)		,000		,714	,000
	N		1047	1047	1047	1047
STAXI: Anger Out	Pearson-Korrelation		,560**	,011	1	-,448**
	Sig. (2-seitig)		,000	,714		,000
	N		1047	1047	1047	1047
STAXI: Anger Control	Pearson-Korrelation		-,323**	,275**	-,448**	1
	Sig. (2-seitig)		,000	,000	,000	
	N		1047	1047	1047	1047

**. Korrelation ist bei Niveau 0,01 signifikant (zweiseitig).

Abbildung 12.49 Ausgabe Pearson-Korrelation STAXI

Tabelle 12.2 Skaleninterkorrelationen des State-Trait-Ärgerausdrucks-Inventars

	Trait-Skala	Anger-In	Anger-Out	Anger-Control
State-Skala	,287	,195	,194	-,053
Trait-Skala	- - -	,184	,560	-,323
Anger-In		- - -	,011	,275
Anger-Out			- - -	-,448
Anger-Control				- - -

Ziel der explorativen Studie war es herauszufinden, ob sich hinsichtlich der Konstrukte »State-Ärger«, »Trait-Ärger« sowie der Ärgerausdrucksdimensionen »Anger In«, »Anger Out« und »Anger Control« Unterschiede zwischen Frauen und Männern (Variable sex), zwischen den Studienrichtungen (Variable studium) oder zwischen Alterskategorien (Variable alterkat; 19 bis 20, 21 bis 25, 26 bis 30, 31 Jahre und älter) zeigen.

d) Erstellen Sie eine Kreuztabelle mit der Spaltenvariablen »sex« und der Zeilenvariablen »studium«. Lassen Sie in der Kreuztabelle auch die prozentualen Werte bezüglich der Studienrichtungen anzeigen. Gehen Sie auch folgender Untersuchungsfrage nach: Unterscheiden sich die Studienrichtungen hinsichtlich der Geschlechtsverteilungen? Falls ja, beschreiben Sie bitte, welche Studienrichtungen in welche Richtung abweichen.

Menü:
ANALYSIEREN → DESKRIPTIVE STATISTIKEN → KREUZTABELLEN; Zeilen: studium, Spalten: sex; Zellen: Prozentwerte Zeilenweise; Statistiken: Chi-Quadrat

Syntax:
```
CROSSTABS
  /TABLES=studium BY sex
  /FORMAT=AVALUE TABLES
  /STATISTICS=CHISQ
  /CELLS=COUNT ROW
  /COUNT ROUND CELL.
```

Ausgabe:

Kreuztabelle Studium*Geschlecht

			Geschlecht		
			männlich	weiblich	Gesamtsumme
Studium	Medizin	Anzahl	294	435	729
		% in Studium	40,3%	59,7%	100,0%
	Soziale Arbeit	Anzahl	34	49	83
		% in Studium	41,0%	59,0%	100,0%
	Psychologie	Anzahl	24	76	100
		% in Studium	24,0%	76,0%	100,0%
Gesamtsumme		Anzahl	352	560	912
		% in Studium	38,6%	61,4%	100,0%

Abbildung 12.50 Ausgabe Kreuztabelle Studium*Geschlecht

Chi-Quadrat-Tests

	Wert	df	Asymp. Sig. (zweiseitig)
Pearson-Chi-Quadrat	10,110[a]	2	,006
Likelihood-Quotient	10,725	2	,005
Zusammenhang linear-mit-linear	7,907	1	,005
Anzahl der gültigen Fälle	912		

a. 0 Zellen (0,0%) haben die erwartete Anzahl von weniger als 5. Die erwartete Mindestanzahl ist 32,04.

Abbildung 12.51 Ausgabe Chi-Quadrat-Test

Betrachtet man das Geschlechterverhältnis nach Studienrichtung, so ist das Verhältnis für die Studienrichtungen »Medizin« und »Soziale Arbeit« nahezu identisch, während für den Studiengang »Psychologie« der Frauenanteil deutlich größer ist.

e) Erstellen Sie eine neue Variable »Alterkat«.
In dieser Variablen soll immer dann eine »1« stehen, wenn das Alter der untersuchten Person 19 oder 20 Jahre war, eine »2«, wenn das Alter der untersuchten Person 21 bis 25 Jahre betrug, eine »3«, wenn das Alter der untersuchten Person 26 bis 30 Jahre betrug, und eine »4«, wenn die untersuchte Person 31 Jahre oder älter war.

Syntax:
```
COMPUTE alterkat=0.
IF (alter=19 OR alter=20) alterkat=1.
IF (alter GE 21 AND alter LE 25) alterkat=2.
IF (alter GE 26 AND alter LE 30) alterkat=3.
IF (alter GE 31) alterkat=4.
EXECUTE.
MISSING VALUE alterkat (0).
VARIABLE LABELS alterkat "Alterskategorien".
VALUE LABELS alterkat 1 "19-20 Jahre" 2 "21-25 Jahre" 3
"26-30 Jahre" 4 "31 Jahre und älter".
EXECUTE.
```

f) Erstellen Sie eine Kreuztabelle mit der Spaltenvariablen »sex« und der Zeilenvariablen »alterkat«. Lassen Sie in der Kreuztabelle auch die Prozentwerte bezüglich der Alterskategorien anzeigen (Variable alterkat). Gehen Sie auch folgender Untersuchungsfrage nach: Unterscheiden sich die Frauen und Männer hinsichtlich der Verteilung auf die Alterskategorien? Falls ja, beschreiben Sie bitte, welche Alterskategorien in welche Richtung abweichen.

Menü:
ANALYSIEREN → DESKRIPTIVE STATISTIKEN → KREUZTABELLEN; Zeilen: alterkat, Spalten: sex; Zellen: Prozentwerte Spaltenweise; Statistiken: Chi-Quadrat

Syntax:
```
CROSSTABS
  /TABLES=alterkat BY sex
  /FORMAT=AVALUE TABLES
  /STATISTICS=CHISQ
  /CELLS=COUNT COLUMN
  /COUNT ROUND CELL.
```

Ausgabe:

Kreuztabelle Alterskategorien*Geschlecht

			Geschlecht		Gesamt-summe
			männ-lich	weiblich	
Alterskatego-rien	19-20 Jahre	Anzahl	80	256	336
		% in Ge-schlecht	24,7%	47,9%	39,1%
	21-25 Jahre	Anzahl	192	231	423
		% in Ge-schlecht	59,3%	43,2%	49,2%
	26-30 Jahre	Anzahl	40	41	81
		% in Ge-schlecht	12,3%	7,7%	9,4%
	31 Jahre und älter	Anzahl	12	7	19
		% in Ge-schlecht	3,7%	1,3%	2,2%
Gesamtsumme		Anzahl	324	535	859
		% in Ge-schlecht	100,0%	100,0%	100,0%

Abbildung 12.52 Ausgabe Kreuztabelle Alterskategorien*Geschlecht

Chi-Quadrat-Tests

	Wert	df	Asymp. Sig. (zwei-seitig)
Pearson-Chi-Quadrat	48,193[a]	3	,000
Likelihood-Quotient	49,533	3	,000
Zusammenhang linear-mit-linear	42,075	1	,000
Anzahl der gültigen Fälle	859		

a. 0 Zellen (0,0%) haben die erwartete Anzahl von weniger als 5. Die erwartete Mindestanzahl ist 7,17.

Abbildung 12.53 Chi-Quadrat-Tests

g) Für die nachfolgenden Berechnungen gehen Sie bitte davon aus, dass die Variab-len »Trait-Ärger«, »Anger In«, »Anger Out« und »Anger Control« intervallska-liert sind.

Gehen Sie folgender Untersuchungsfrage nach: Unterscheiden sich die Studienrich-tungen sowie Frauen und Männer bezüglich des »Trait-Ärgers«?

Führen Sie eine Varianzanalyse mit der AV »Trait-Ärger« und den UV's (Feste Faktoren) »sex« und »studium« durch. Lassen Sie sich Deskriptive Statistiken anzeigen und eine geschlechtsspezifische Grafik der Mittelwerte, wobei die Ausprägungen der Variablen »Studium« die horizontale Achse bilden.

Menü:
ANALYSIEREN → ALLGEMEINES LINEARES MODELL → UNIVARIAT; Abhängige Variable: Staxi-Trait; Feste Faktoren: sex, studium; Diagramme: Horizontale Achse studium, Separate Linien sex, Hinzufügen; Optionen: Deskriptive Statistiken, Schätzungen der Effektgröße

Syntax:
```
UNIANOVA staxi_trait BY sex studium
  /METHOD=SSTYPE(3)
  /INTERCEPT=INCLUDE
  /PLOT=PROFILE(studium*sex)
  /PRINT=ETASQ DESCRIPTIVE
  /CRITERIA=ALPHA(.05)
  /DESIGN=sex studium sex*studium.
```

Ausgabe:

Deskriptive Statistiken

Abhängige Variable: STAXI: Trait Anger

Geschlecht	Studium	Mittelwert	Standardabwei-chung	H
männlich	Medizin	19,31	4,137	294
	Soziale Arbeit	17,47	3,603	34
	Psychologie	17,75	4,336	24
	Gesamtsumme	19,03	4,142	352
weiblich	Medizin	19,84	4,079	435
	Soziale Arbeit	19,18	3,951	49
	Psychologie	16,07	3,991	76
	Gesamtsumme	19,27	4,248	560
Gesamtsumme	Medizin	19,63	4,108	729
	Soziale Arbeit	18,48	3,884	83
	Psychologie	16,47	4,118	100
	Gesamtsumme	19,18	4,207	912

Abbildung 12.54 Ausgabe deskriptivstatistische Auswertung STAXI Trait Anger

Tests der Zwischensubjekteffekte

Abhängige Variable: STAXI: Trait Anger

Quelle	Typ III Quadrat- summe	df	Quadrati- scher Mit- telwert	F	Sig.	Partielles Eta hoch zwei
Korrigiertes Modell	1080,701ᵃ	5	216,140	13,020	,000	,067
Konstanter Term	108901,955	1	108901,955	6560,238	,000	,879
sex	2,849	1	2,849	,172	,679	,000
studium	542,604	2	271,302	16,343	,000	,035
sex * studium	116,276	2	58,138	3,502	,031	,008
Fehler	15039,877	906	16,600			
Gesamtsumme	351499,000	912				
Korrigierter Ge- samtwert	16120,578	911				

a. R-Quadrat = ,067 (Angepasstes R-Quadrat = ,062)

Abbildung 12.55 Ausgabe Varianzanalyse STAXI Trait Anger

g1) Unterscheiden sich die Zellenmittelwerte insgesamt (determinierte Quadrat-summe/korrigiertes Modell)?
Ja (F = 13,02; df = 5; p < 0,01).

g2) Unterscheiden sich die Zellenmittelwerte von Frauen und Männern (sex)?
Nein (F = 2,85; df = 1; p = 0,68).

g3) Unterscheiden sich die Zellenmittelwerte der verschiedenen Studienrichtungen (studium)?
Ja (F = 16,34; df = 2; p < 0,01).

g4) Gibt es eine Wechselwirkung zwischen Geschlecht und Studienrichtung (sex*studium)?
Ja (F = 3,50; df = 2; p = 0,03).

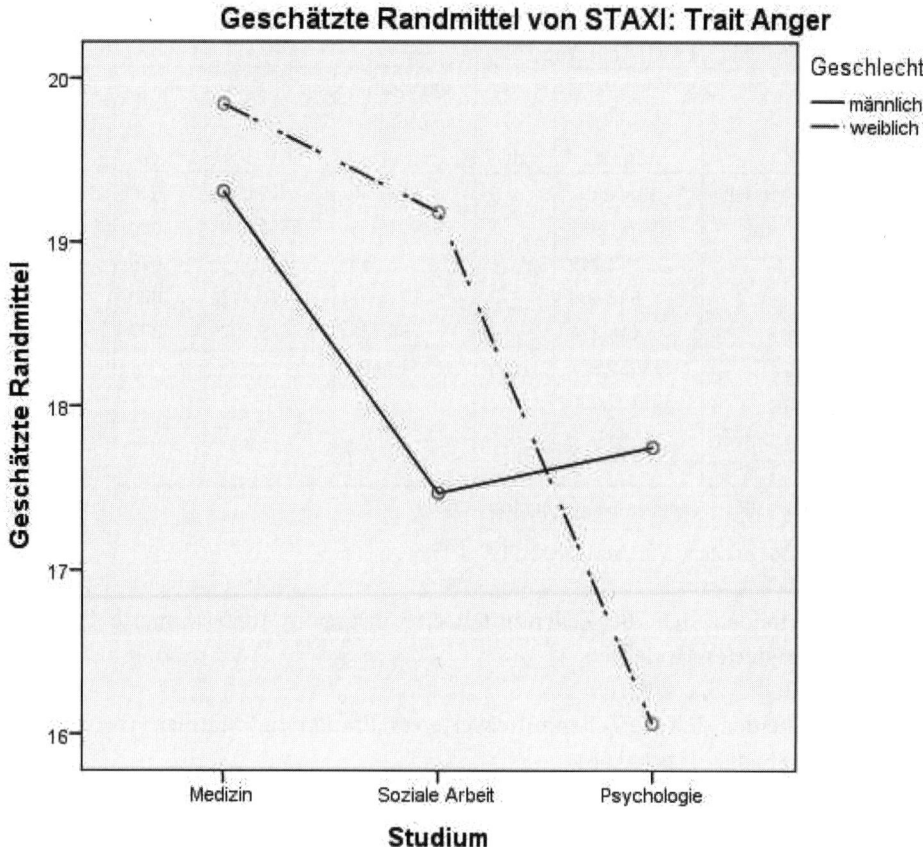

Abbildung 12.56 Liniendiagramm der Variablen Geschlecht & Studium STAXI Trait Anger

Führen Sie die Berechnungen für die Aufgaben h) bis j) analog zu g) durch!

h) Unterscheiden sich die Studienrichtungen sowie Frauen und Männer bezüglich
»Anger In«?

Menü:

ANALYSIEREN → ALLGEMEINES LINEARES MODELL → UNIVARIAT; Abhängige Variab-
le: Staxi-AI; Feste Faktoren: sex, studium; Diagramme: Horizontale Achse studium,
Separate Linien sex, Hinzufügen; Optionen: Deskriptive Statistiken, Schätzungen der
Effektgröße

Syntax:

```
UNIANOVA staxi_ai BY sex studium
    /METHOD=SSTYPE(3)
    /INTERCEPT=INCLUDE
    /PLOT=PROFILE(studium*sex)
    /PRINT=ETASQ DESCRIPTIVE
```

```
/CRITERIA=ALPHA(.05)
/DESIGN=sex studium sex*studium.
```

Ausgabe:

Deskriptive Statistiken

Abhängige Variable: STAXI: Anger In

Geschlecht	Studium	Mittelwert	Standardabwei-chung	H
männlich	Medizin	16,60	4,508	294
	Soziale Arbeit	15,47	4,002	34
	Psychologie	15,96	4,832	24
	Gesamtsumme	16,44	4,486	352
weiblich	Medizin	15,79	4,663	435
	Soziale Arbeit	14,94	4,785	49
	Psychologie	15,05	3,864	76
	Gesamtsumme	15,61	4,578	560
Gesamtsumme	Medizin	16,11	4,615	729
	Soziale Arbeit	15,16	4,463	83
	Psychologie	15,27	4,109	100
	Gesamtsumme	15,93	4,558	912

Abbildung 12.57 Ausgabe deskriptivstatistische Auswertung der Variable Geschlecht STAXI Anger In

Tests der Zwischensubjekteffekte

Abhängige Variable: STAXI: Anger In

Quelle	Typ III Quadrat-summe	df	Quadrati-scher Mittelwert	F	Sig.	Partielles Eta hoch zwei
Korrigiertes Modell	252,935[a]	5	50,587	2,454	,032	,013
Konstanter Term	79738,970	1	79738,970	3868,257	,000	,810
sex	45,738	1	45,738	2,219	,137	,002
studium	92,809	2	46,404	2,251	,106	,005
sex * studium	1,645	2	,823	,040	,961	,000
Fehler	18675,985	906	20,614			
Gesamtsumme	250453,000	912				
Korrigierter Gesamtwert	18928,920	911				

a. R-Quadrat = ,013 (Angepasstes R-Quadrat = ,008)

Abbildung 12.58 Ausgabe Varianzanalyse STAXI Anger In

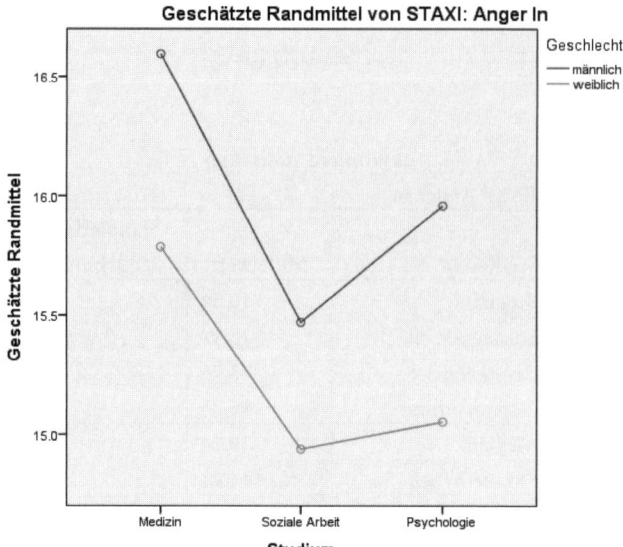

Abbildung 12.59 Liniendiagramm der Variablen Geschlecht & Studium STAXI Anger In

i) Unterscheiden sich die Studienrichtungen sowie Frauen und Männer bezüglich »Anger Out«?

Menü:
ANALYSIEREN → ALLGEMEINES LINEARES MODELL → UNIVARIAT; Abhängige Variable: Staxi-AO; Feste Faktoren: sex, studium; Diagramme: Horizontale Achse studium, Separate Linien sex, Hinzufügen; Optionen: Deskriptive Statistiken, Schätzungen der Effektgröße

Syntax:
```
UNIANOVA staxi_ao BY sex studium
   /METHOD=SSTYPE(3)
   /INTERCEPT=INCLUDE
   /PLOT=PROFILE(studium*sex)
   /PRINT=ETASQ DESCRIPTIVE
   /CRITERIA=ALPHA(.05)
   /DESIGN=sex studium sex*studium.
```

Ausgabe:

Deskriptive Statistiken

Abhängige Variable: STAXI: Anger Out

Geschlecht	Studium	Mittelwert	Standardabwei-chung	H
männlich	Medizin	12,38	3,344	294
	Soziale Arbeit	12,47	2,799	34
	Psychologie	11,79	2,340	24
	Gesamtsumme	12,35	3,233	352
weiblich	Medizin	12,77	3,531	435
	Soziale Arbeit	13,35	3,977	49
	Psychologie	12,95	2,912	76
	Gesamtsumme	12,85	3,493	560
Gesamtsumme	Medizin	12,62	3,460	729
	Soziale Arbeit	12,99	3,549	83
	Psychologie	12,67	2,818	100
	Gesamtsumme	12,66	3,402	912

Abbildung 12.60 Ausgabe deskriptivstatistische Auswertung der Variable STAXI Anger out

Tests der Zwischensubjekteffekte

Abhängige Variable: STAXI: Anger Out

Quelle	Typ III Quadrat-summe	df	Quadrati-scher Mittelwert	F	Sig.	Partielles Eta hoch zwei
Korrigiertes Mo-dell	76,768[a]	5	15,354	1,329	,250	,007
Konstanter Term	51954,071	1	51954,071	4497,109	,000	,832
sex	53,180	1	53,180	4,603	,032	,005
studium	11,776	2	5,888	,510	,601	,001
sex * studium	12,794	2	6,397	,554	,575	,001
Fehler	10466,810	906	11,553			
Gesamtsumme	156641,000	912				
Korrigierter Ge-samtwert	10543,578	911				

a. R-Quadrat = ,007 (Angepasstes R-Quadrat = ,002)

Abbildung 12.61 Ausgabe Varianzanalyse STAXI Anger out

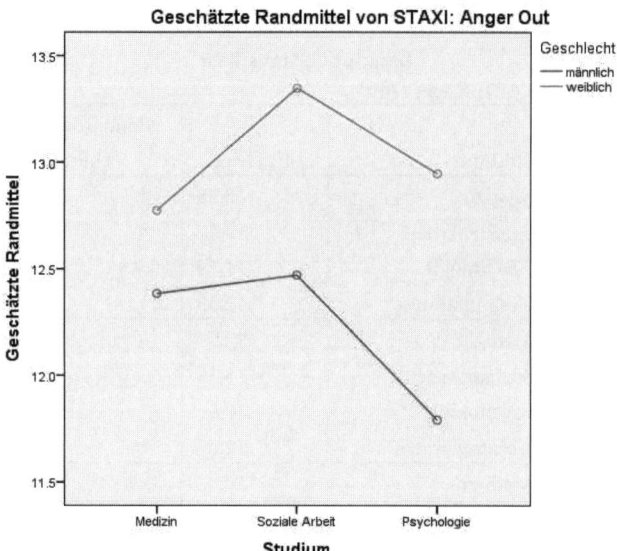

Abbildung 12.62 Liniendiagramm der Variablen Geschlecht & Studium STAXI Anger Out

j) Unterscheiden sich die Studienrichtungen sowie Frauen und Männer bezüglich »Anger Control«?

Menü:

ANALYSIEREN → ALLGEMEINES LINEARES MODELL → UNIVARIAT; Abhängige Variable: Staxi-AC; Feste Faktoren: sex, studium; Diagramme: Horizontale Achse studium, Separate Linien sex, Hinzufügen; Optionen: Deskriptive Statistiken, Schätzungen der Effektgröße

Syntax:

```
UNIANOVA staxi_ac BY sex studium
   /METHOD=SSTYPE(3)
   /INTERCEPT=INCLUDE
   /PLOT=PROFILE(studium*sex)
   /PRINT=ETASQ DESCRIPTIVE
   /CRITERIA=ALPHA(.05)
   /DESIGN=sex studium sex*studium.
```

Ausgabe:

Deskriptive Statistiken

Abhängige Variable: STAXI: Anger Control

Geschlecht	Studium	Mittelwert	Standardabwei-chung	H
männlich	Medizin	24,52	3,982	294
	Soziale Arbeit	23,26	4,202	34
	Psychologie	24,75	3,326	24
	Gesamtsumme	24,41	3,970	352
weiblich	Medizin	23,06	4,005	435
	Soziale Arbeit	22,69	3,726	49
	Psychologie	22,37	3,946	76
	Gesamtsumme	22,93	3,974	560
Gesamtsumme	Medizin	23,64	4,057	729
	Soziale Arbeit	22,93	3,913	83
	Psychologie	22,94	3,926	100
	Gesamtsumme	23,50	4,036	912

Abbildung 12.63 Ausgabe deskriptivstatistische Auswertung der Variable Geschlecht STAXI Anger Control

Tests der Zwischensubjekteffekte

Abhängige Variable: STAXI: Anger Control

Quelle	Typ III Quadrat-summe	df	Quadrati-scher Mittelwert	F	Sig.	Partielles Eta hoch zwei
Korrigiertes Modell	558,695[a]	5	111,739	7,090	,000	,038
Konstanter Term	179276,329	1	179276,329	11374,811	,000	,926
sex	176,588	1	176,588	11,204	,001	,012
studium	48,281	2	24,141	1,532	,217	,003
sex * studium	31,359	2	15,680	,995	,370	,002
Fehler	14279,301	906	15,761			
Gesamtsumme	518584,000	912				
Korrigierter Gesamtwert	14837,996	911				

a. R-Quadrat = ,038 (Angepasstes R-Quadrat = ,032)

Abbildung 12.64 Ausgabe Varianzanalyse STAXI Anger Control

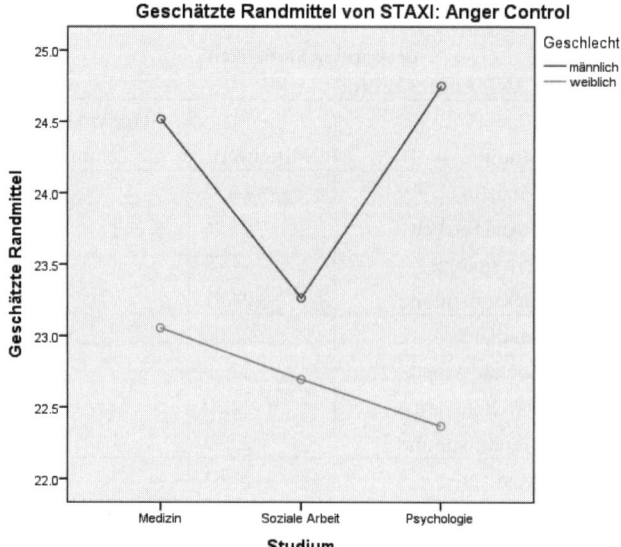

Abbildung 12.65 Liniendiagramm der Variablen Geschlecht & Studium STAXI Anger Control

k) Gibt es Unterschiede zwischen den Alterskategorien bezüglich »Staxi-Trait«?

Menü:

ANALYSIEREN → ALLGEMEINES LINEARES MODELL → UNIVARIAT; Abhängige Variable: Staxi-Trait; Feste Faktoren: alterkat; Diagramme: Horizontale Achse alterkat, Hinzufügen; Optionen: Deskriptive Statistiken, Schätzungen der Effektgröße

Syntax:

```
UNIANOVA staxi_trait BY alterkat
  /METHOD=SSTYPE(3)
  /INTERCEPT=INCLUDE
  /PLOT=PROFILE(alterkat)
  /PRINT=ETASQ DESCRIPTIVE
  /CRITERIA=ALPHA(.05)
  /DESIGN=alterkat.
```

Ausgabe:

Deskriptive Statistiken

Abhängige Variable: STAXI: Trait Anger

Alterskategorien	Mittelwert	Standardabweichung	H
19-20 Jahre	19,71	3,935	339
21-25 Jahre	18,98	4,448	427
26-30 Jahre	18,49	3,948	82
31 Jahre und älter	17,30	3,729	20
Gesamtsumme	19,18	4,216	868

Abbildung 12.66 Ausgabe deskriptivstatistische Auswertung der Variable STAXI Trait Anger

Tests der Zwischensubjekteffekte

Abhängige Variable: STAXI: Trait Anger

Quelle	Typ III Quadrat- summe	df	Quadrati- scher Mittelwert	F	Sig.	Partielles Eta hoch zwei
Korrigiertes Mo- dell	221,076[a]	3	73,692	4,192	,006	,014
Konstanter Term	82174,348	1	82174,348	4674,360	,000	,844
alterkat	221,076	3	73,692	4,192	,006	,014
Fehler	15188,955	864	17,580			
Gesamtsumme	334599,000	868				
Korrigierter Ge- samtwert	15410,031	867				

a. R-Quadrat = ,014 (Angepasstes R-Quadrat = ,011)

Abbildung 12.67 Ausgabe Varianzanalyse STAXI Trait Anger

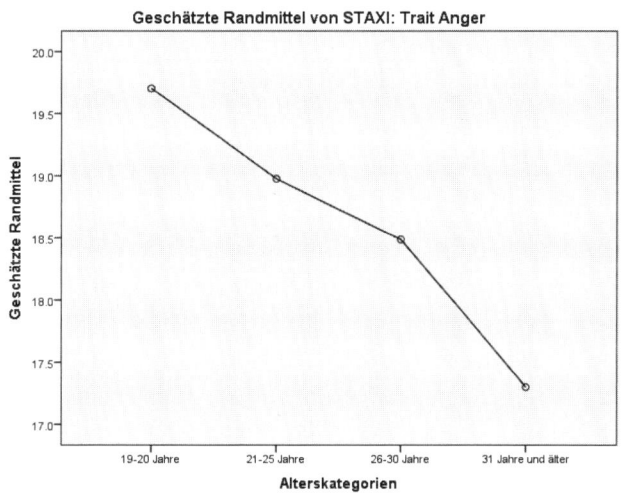

Abbildung 12.68 Liniendiagramm der Variable Alterskategorien

l) Gibt es Unterschiede zwischen den Alterskategorien bezüglich »Anger In«?

Menü:

ANALYSIEREN → ALLGEMEINES LINEARES MODELL → UNIVARIAT; Abhängige Variable: Staxi-AI; Feste Faktoren: alterkat; Diagramme: Horizontale Achse alterkat, Hinzufügen; Optionen: Deskriptive Statistiken, Schätzungen der Effektgröße

Syntax:

```
UNIANOVA staxi_ai BY alterkat
  /METHOD=SSTYPE(3)
  /INTERCEPT=INCLUDE
  /PLOT=PROFILE(alterkat)
  /PRINT=ETASQ DESCRIPTIVE
  /CRITERIA=ALPHA(.05)
  /DESIGN=alterkat.
```

Ausgabe:

Deskriptive Statistiken

Abhängige Variable: STAXI: Anger In

Alterskategorien	Mittelwert	Standardabweichung	H
19-20 Jahre	15,46	4,437	339
21-25 Jahre	16,13	4,524	427
26-30 Jahre	16,27	4,074	82
31 Jahre und älter	15,80	5,327	20
Gesamtsumme	15,88	4,474	868

Abbildung 12.69 Ausgabe deskriptivstatistische Auswertung der Variable Alter STAXI Anger In

Tests der Zwischensubjekteffekte

Abhängige Variable: STAXI: Anger In

Quelle	Typ III Quadratsumme	df	Quadratischer Mittelwert	F	Sig.	Partielles Eta hoch zwei
Korrigiertes Modell	98,832[a]	3	32,944	1,650	,176	,006
Konstanter Term	60059,374	1	60059,374	3007,323	,000	,777
alterkat	98,832	3	32,944	1,650	,176	,006
Fehler	17254,978	864	19,971			
Gesamtsumme	236151,000	868				
Korrigierter Gesamtwert	17353,810	867				

a. R-Quadrat = ,006 (Angepasstes R-Quadrat = ,002)

Abbildung 12.70 Ausgabe Varianzanalyse STAXI Anger In

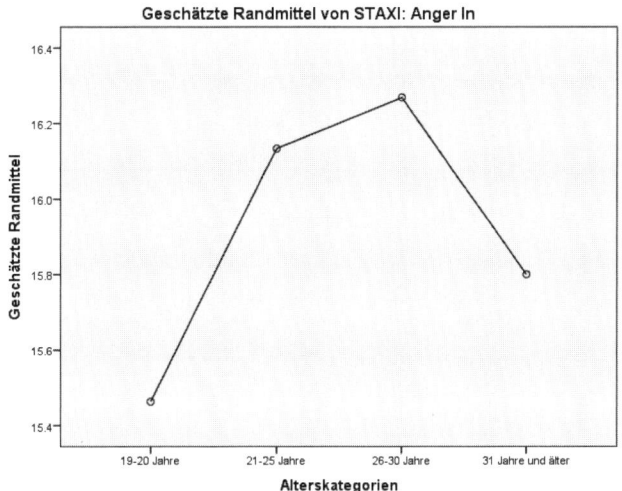

Abbildung 12.71 Liniendiagramm der Variable Alterskategorien STAXI Anger In

m) Gibt es Unterschiede zwischen den Alterskategorien bezüglich »Anger Out«?

Menü:

ANALYSIEREN → ALLGEMEINES LINEARES MODELL → UNIVARIAT; Abhängige Variable: Staxi-AO; Feste Faktoren: alterkat; Diagramme: Horizontale Achse alterkat, Hinzufügen; Optionen: Deskriptive Statistiken, Schätzungen der Effektgröße

Syntax:

```
UNIANOVA staxi_ao BY alterkat
  /METHOD=SSTYPE(3)
  /INTERCEPT=INCLUDE
  /PLOT=PROFILE(alterkat)
  /PRINT=ETASQ DESCRIPTIVE
  /CRITERIA=ALPHA(.05)
  /DESIGN=alterkat.
```

Ausgabe:

Deskriptive Statistiken

Abhängige Variable: STAXI: Anger Out

Alterskategorien	Mittelwert	Standardabweichung	H
19-20 Jahre	12,96	3,582	339
21-25 Jahre	12,64	3,339	427
26-30 Jahre	12,06	3,237	82
31 Jahre und älter	11,65	3,422	20
Gesamtsumme	12,69	3,436	868

Abbildung 12.72 Ausgabe deskriptivstatistische Auswertung der Variable Alterskategorien STAXI Anger Out

Tests der Zwischensubjekteffekte

Abhängige Variable: STAXI: Anger Out

Quelle	Typ III Quadrat-summe	df	Quadrati-scher Mittelwert	F	Sig.	Partielles Eta hoch zwei
Korrigiertes Modell	80,089ᵃ	3	26,696	2,271	,079	,008
Konstanter Term	36035,167	1	36035,167	3065,034	,000	,780
alterkat	80,089	3	26,696	2,271	,079	,008
Fehler	10157,925	864	11,757			
Gesamtsumme	149994,000	868				
Korrigierter Gesamtwert	10238,014	867				

a. R-Quadrat = ,008 (Angepasstes R-Quadrat = ,004)

Abbildung 12.73 Ausgabe Varianzanalyse STAXI Anger Out

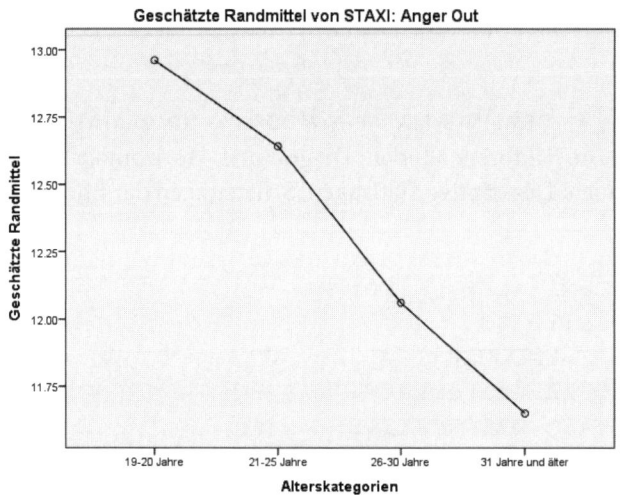

Abbildung 12.74 Liniendiagramm der Variable Alterskategorien STAXI Anger Out

n) Gibt es Unterschiede zwischen den Alterskategorien bezüglich »Anger Control«?

Menü:
ANALYSIEREN → ALLGEMEINES LINEARES MODELL → UNIVARIAT; Abhängige Variable: Staxi-AC; Feste Faktoren: alterkat; Diagramme: Horizontale Achse alterkat, Hinzufügen; Optionen: Deskriptive Statistiken, Schätzungen der Effektgröße

Syntax:
```
UNIANOVA staxi_ac BY alterkat
  /METHOD=SSTYPE(3)
```

```
/INTERCEPT=INCLUDE
/PLOT=PROFILE(alterkat)
/PRINT=ETASQ DESCRIPTIVE
/CRITERIA=ALPHA(.05)
/DESIGN=alterkat.
```

Ausgabe:

Deskriptive Statistiken

Abhängige Variable: STAXI: Anger Control

Alterskategorien	Mittelwert	Standardabweichung	H
19-20 Jahre	23,02	4,007	339
21-25 Jahre	23,74	4,009	427
26-30 Jahre	24,16	4,221	82
31 Jahre und älter	23,35	5,373	20
Gesamtsumme	23,49	4,076	868

Abbildung 12.75 Ausgabe deskriptivstatistische Auswertung der Variable Geschlecht STAXI Anger Control

Tests der Zwischensubjekteffekte

Abhängige Variable: STAXI: Anger Control

Quelle	Typ III Quadrat-summe	df	Quadrati-scher Mittelwert	F	Sig.	Partielles Eta hoch zwei
Korrigiertes Modell	138,417[a]	3	46,139	2,795	,039	,010
Konstanter Term	131680,205	1	131680,205	7975,869	,000	,902
alterkat	138,417	3	46,139	2,795	,039	,010
Fehler	14264,490	864	16,510			
Gesamtsumme	493333,000	868				
Korrigierter Gesamtwert	14402,907	867				

a. R-Quadrat = ,010 (Angepasstes R-Quadrat = ,006)

Abbildung 12.76 Ausgabe Varianzanalyse STAXI Anger Control

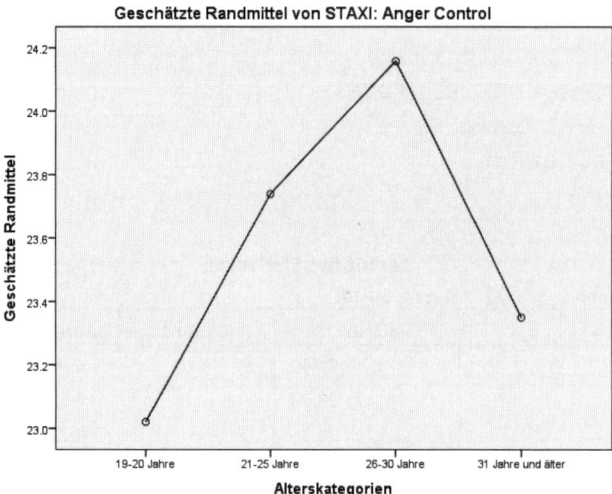

Abbildung 12.77 Liniendiagramm der Variable Alterskategorien STAXI Anger Control

o) Überlegen Sie, warum eventuelle Unterschiede zwischen den Alterskategorien eher mit Vorsicht zu interpretieren sind!

Die Häufigkeiten der einzelnen Alterskategorien unterscheiden sich sehr stark! Insbesondere die letzte Alterskategorie »31 Jahre und älter« ist mit n = 20 sehr schwach besetzt.

p) Rechnen Sie eine Clusteranalyse mit den Variablen AI, AO und AC. Verwenden Sie euklidische Distanzen und die Ward-Methode. Bitte lassen Sie drei Cluster bilden und speichern Sie dann diese Gruppenzugehörigkeiten ab. Versuchen Sie eine inhaltliche Interpretation der drei Gruppen!

Die Interpretation erfolgt über deskriptivstatistische Kennwerte für die drei Gruppen (Cluster).

Ausgabe:

Bericht

Ward Method		STAXI: Anger In	STAXI: Anger Out	STAXI: Anger Control
1	Mittelwert	19,78	12,32	24,33
	H	434	434	434
	Standardabweichung	3,442	2,689	3,374
2	Mittelwert	13,66	11,28	26,41
	H	303	303	303
	Standardabweichung	2,387	2,449	2,324
3	Mittelwert	12,60	14,50	19,31
	H	310	310	310
	Standardabweichung	2,985	4,107	3,038
Gesamtsumme	Mittelwert	15,88	12,67	23,45
	H	1047	1047	1047
	Standardabweichung	4,484	3,362	4,116

Abbildung 12.78 Deskriptivstatistische Kennwerte (Mittelwerte und Standardabweichungen) für die mit der Ward Methode gebildeten Cluster

12.5 Zur Lebensqualität von Krebspatienten

a) Beschreiben Sie die Stichprobe

Menü:
ANALYSIEREN → DESKRIPTIVE STATISTIKEN → HÄUFIGKEITEN; Variable: sex

Syntax:
```
FREQUENCIES VARIABLES=sex /ORDER=ANALYSIS.
```

Ausgabe:

Geschlecht

		Häufigkeit	Prozent	Gültige Prozent	Kumulative Prozente
Gültig	männlich	53	31,0	31,0	31,0
	weiblich	118	69,0	69,0	100,0
	Gesamtsumme	171	100,0	100,0	

Abbildung 12.79 Ausgabe Häufigkeiten der Variable Geschlecht

Menü:
ANALYSIEREN → DESKRIPTIVE STATISTIKEN → HÄUFIGKEITEN; Variable: alter; Statistiken: Mittelwert, Standardabweichung

Syntax:

```
FREQUENCIES VARIABLES=alter
  /STATISTICS=STDDEV MINIMUM MAXIMUM MEAN
  /ORDER=ANALYSIS.
```

Ausgabe:

Statistiken

Alter in Jahren

N	Gültig	171
	Fehlend	0
Mittelwert		55,29
Standardabweichung		12,518
Minimum		14
Maximum		83

Abbildung 12.80 Ausgabe deskriptivstatistische Auswertung der Variable Alter

Menü:

ANALYSIEREN → DESKRIPTIVE STATISTIKEN → KREUZTABELLEN; Zeilen: diagcode, Spalten: sex

Syntax:

```
CROSSTABS
  /TABLES=diagcode BY sex
  /FORMAT=AVALUE TABLES
  /CELLS=COUNT
  /COUNT ROUND CELL.
```

Ausgabe:

Kreuztabelle Codierung Diagnose*Geschlecht

Anzahl

		Geschlecht		Gesamtsumme
		männlich	weiblich	
Codierung Diagnose	Mamma-Ca	1	90	91
	Kopf-Hals-Ca	14	4	18
	Bronchial-Ca	6	1	7
	Gastrointestinal	5	1	6
	Genital Frau	0	11	11
	Genital/Uro Mann	11	0	11
	maligne Lymphome	6	6	12
	andere	8	5	13
	Hirntumore	2	0	2
Gesamtsumme		53	118	171

Abbildung 12.81 Ausgabe Kreuztabelle der Variablen Codierung Diagnose*Geschlecht

Menü:
ANALYSIEREN → DESKRIPTIVE STATISTIKEN → HÄUFIGKEITEN; Variable: visit1, visit2, visit3

Syntax:
```
FREQUENCIES VARIABLES=visit1 visit2 visit3
/ORDER=ANALYSIS.
```

Ausgabe:

Fragebogen zu MZP1

		Häufigkeit	Prozent	Gültige Prozent	Kumulative Prozente
Gültig	nein	1	,6	,6	,6
	ja	170	99,4	99,4	100,0
	Gesamtsumme	171	100,0	100,0	

Abbildung 12.82 Ausgabe deskriptivstatistische Auswertung des Fragebogens MZP1

Fragebogen zu MZP2

		Häufigkeit	Prozent	Gültige Prozent	Kumulative Prozente
Gültig	nein	35	20,5	20,5	20,5
	ja	136	79,5	79,5	100,0
	Gesamtsumme	171	100,0	100,0	

Abbildung 12.83 Ausgabe deskriptivstatistische Auswertung des Fragebogens MZP2

Fragebogen zu MZP3

		Häufigkeit	Prozent	Gültige Prozent	Kumulative Prozente
Gültig	nein	58	33,9	33,9	33,9
	ja	113	66,1	66,1	100,0
	Gesamtsumme	171	100,0	100,0	

Abbildung 12.84 Ausgabe deskriptivstatistische Auswertung des Fragebogens MZP3

Menü:
ANALYSIEREN → DESKRIPTIVE STATISTIKEN → KREUZTABELLEN; Zeilen: visit1, Spalten: visit2, Schicht: visit3

Syntax:
```
CROSSTABS
  /TABLES=visit1 BY visit2 BY visit3
  /FORMAT=AVALUE TABLES
```

```
/CELLS=COUNT
/COUNT ROUND CELL.
```

Ausgabe:

Kreuztabelle Fragebogen zu MZP1*Fragebogen zu MZP2*Fragebogen zu MZP3

Anzahl

			Fragebogen zu MZP2		Gesamtsumme
Fragebogen zu MZP3			nein	ja	me
nein	Fragebogen zu MZP1	ja	33	25	58
	Gesamtsumme		33	25	58
ja	Fragebogen zu MZP1	nein	0	1	1
		ja	2	110	112
	Gesamtsumme		2	111	113
Gesamtsumme	Fragebogen zu MZP1	nein	0	1	1
		ja	35	135	170
	Gesamtsumme		35	136	171

Abbildung 12.85 Ausgabe Kreuztabelle Fragebogens MZP1*Fragebogen MZP2*MZP3

Ergebnisse:

An der Studie haben insgesamt 171 Patienten teilgenommen. Hiervon waren 118 weiblich (69 %) und 53 männlich (31 %).

Das Durchschnittsalter der Patienten betrug M = 55,29 Jahre (S = 12,52). Die jüngste Person war 14 Jahre alt, die älteste Person 83 Jahre.

Zum ersten Messzeitpunkt (Variable visit1 »Fragebogen zu MZP 1«) wurden 170 Patienten befragt, zum zweiten Messzeitpunkt (Variable visit2 »Fragebogen zu MZP 2«) 136 Patienten und zum dritten Messzeitpunkt (Variable visit3 »Fragebogen zu MZP 3«) 113 Patienten. Insgesamt liegen von 110 Patienten vollständige Datensätze vor.

c) BMI und Geschlecht

Menü:

ANALYSIEREN → MITTELWERTE VERGLEICHEN → T-TEST BEI UNABHÄNGIGEN STICH-PROBEN; Testvariable: BMI; Gruppierungsvariable: sex

Syntax:
```
T-TEST GROUPS=sex(1 2)  /MISSING=ANALYSIS
   /VARIABLES=bmi  /CRITERIA=CI(.95).
```

Ausgabe:

Gruppenstatistik

	Geschlecht	H	Mittelwert	Standardabwei-chung	Standardfehler Mittelwert
BMI	männlich	48	25,2139	3,56401	,51442
	weiblich	113	25,3619	5,20845	,48997

Abbildung 12.86 Ausgabe deskriptivstatistische Auswertung BMI

Test bei unabhängigen Stichproben

		Levene-Test der Varianz-gleichheit		T-Test für die Mittelwertgleich-heit		
		F	Sig.	t	df	Sig. (2-seitig)
BMI	Varianzgleichheit angenommen	3,639	,058	-,180	159	,858
	Varianzgleichheit nicht angenommen			-,208	127,071	,835

Abbildung 12.87 Ausgabe Tests bei unabhängigen Stichproben BMI

Bezüglich des BMI zeigten sich (keine) statistisch bedeutsamen Geschlechtsunter-schiede ($t = -0,21$; $df = 127,07$; $p = ,84$).

d) BMI nach primärer Behandlungssituation (stationär vs. ambulant)

Menü:
ANALYSIEREN → MITTELWERTE VERGLEICHEN → T-TEST BEI UNABHÄNGIGEN STICH-PROBEN; Testvariable: BMI; Gruppierungsvariable: behandlg

Syntax:
```
T-TEST GROUPS=behandlg(1 2)   /MISSING=ANALYSIS
  /VARIABLES=bmi   /CRITERIA=CI(.95).
```

Ausgabe:

Test bei unabhängigen Stichproben

		Levene-Test der Varianz-gleichheit		T-Test für die Mittelwertgleich-heit		
		F	Sig.	t	df	Sig. (2-seitig)
BMI	Varianzgleichheit angenommen	,375	,541	-,357	159	,721
	Varianzgleichheit nicht angenommen			-,399	49,781	,692

Abbildung 12.88 Ausgabe Tests bei unabhängigen Stichproben BMI primäre Behandlungssituation

Bezüglich der primären Behandlungssituation (Variable behandlg; stationär vs. ambulant) zeigten sich keine statistisch bedeutsamen Unterschiede im BMI (t = -0,36; df = 159; p = 0,72).

e) Lebensqualität – Deskriptive Kennwerte

Menü:

ANALYSIEREN → DESKRIPTIVE STATISTIKEN → HÄUFIGKEITEN; Variable: pf_mzp1 bis gqol_mzp3; Statistiken: Mittelwert, Standardabweichung.

Syntax:

```
FREQUENCIES VARIABLES=pf_mzp1 rf_mzp1 ef_mzp1 cf_mzp1
sf_mzp1 gqol_mzp1
  /STATISTICS=STDDEV MEAN  /ORDER=ANALYSIS.
FREQUENCIES VARIABLES=pf_mzp2 rf_mzp2 ef_mzp2 cf_mzp2
sf_mzp2 gqol_mzp2
  /STATISTICS=STDDEV MEAN  /ORDER=ANALYSIS.
FREQUENCIES VARIABLES=pf_mzp3 rf_mzp3 ef_mzp3 cf_mzp3
sf_mzp3 gqol_mzp3
  /STATISTICS=STDDEV MEAN  /ORDER=ANALYSIS.
```

Ausgabe:

Statistiken

		MZP1: Physical Functioning	MZP1: Role Functioning	MZP1: Emotional Functioning	MZP1: Cognitive Functioning	MZP1: Social Functioning	MZP1: Global QoL
N	Gültig	162	158	162	164	164	168
	Fehlend	9	13	9	7	7	3
Mittelwert		1.7901	2,5063	2,1821	1,5518	1,9726	4,4435
Standardabweichung		.64714	1,03903	,74872	,73187	,92054	1,23621

Abbildung 12.89 Ausgabe deskriptivstatistische Auswertung MZP1 Physical/ Role/ Emotional/ Cognitive/ Social Functioning & Global

Statistiken						
		MZP2: Physical Functioning	MZP2: Role Functioning	MZP2: Emotional Functioning	MZP2: Cognitive Functioning	MZP2: Social Functioning	MZP2: Global QoL
N	Gültig	132	133	132	134	134	135
	Fehlend	39	38	39	37	37	36
Mittelwert		1,8076	2,3571	2,0492	1,7052	2,0037	4,4185
Standardabweichung		,63937	,98198	,71678	,79758	,92683	1,22354

Abbildung 12.90 Ausgabe deskriptivstatistische Auswertung MZP2 Physical/ Role/ Emotional/ Cognitive/ Social Functioning & Global

Statistiken						
		MZP3: Physical Functioning	MZP3: Role Functioning	MZP3: Emotional Functioning	MZP3: Cognitive Functioning	MZP3: Social Functioning	MZP3: Global QoL
N	Gültig	111	111	107	110	107	109
	Fehlend	60	60	64	61	64	62
Mittelwert		1,8072	2,3649	2,0981	1,6955	1,8832	4,5321
Standardabweichung		,62838	,98845	,79113	,76953	,89701	1,19852

Abbildung 12.91 Ausgabe deskriptivstatistische Auswertung MZP3 Physical/ Role/ Emotional/ Cognitive/ Social Functioning & Global

f) Lebensqualitätsparameter und BMI

Menü:
ANALYSIEREN → KORRELATION → BIVARIAT; Variablen: pf_mzp1 bis gqol_mzp3, BMI

Syntax:
```
CORRELATIONS
/VARIABLES=pf_mzp1 rf_mzp1 ef_mzp1 cf_mzp1 sf_mzp1
gqol_mzp1 with bmi
/PRINT=TWOTAIL NOSIG
/MISSING=PAIRWISE.
```

Ausgabe:

Korrelationen

		BMI
MZP1: Physical Functioning	Pearson-Korrelation	,119
	Sig. (2-seitig)	,146
	N	152
MZP1: Role Functioning	Pearson-Korrelation	-,015
	Sig. (2-seitig)	,859
	N	148
MZP1: Emotional Functioning	Pearson-Korrelation	,068
	Sig. (2-seitig)	,407
	N	152

Abbildung 12.92 Ausgabe Pearson-Korrelation MZP1 Physical/ Role/ Emotional/ Cognitive/ Social Functioning & Global mit der Variable BMI

Korrelationen

		BMI
MZP1: Cognitive Functioning	Pearson-Korrelation	-,035
	Sig. (2-seitig)	,671
	N	154
MZP1: Social Functioning	Pearson-Korrelation	-,015
	Sig. (2-seitig)	,854
	N	154
MZP1: Global QoL	Pearson-Korrelation	,045
	Sig. (2-seitig)	,573
	N	158

Abbildung 12.93 Ausgabe Pearson-Korrelation MZP1 Physical/ Role/ Emotional/ Cognitive/ Social Functioning & Global mit der Variable BMI (Fortsetzung)

g) Veränderungen der Lebensqualität

Führen Sie zur Überprüfung auf statistisch bedeutsame Veränderungen der Lebensqualität im Verlauf der Strahlentherapie eine Varianzanalyse mit Messwiederholung (Messwiederholungsfaktor MZP mit drei Stufen) durch.

Syntax:

```
GLM pf_mzp1 pf_mzp2 pf_mzp3
   /WSFACTOR=MZP 3 Polynomial
   /METHOD=SSTYPE(3)
   /PLOT=PROFILE(MZP)
   /PRINT=DESCRIPTIVE ETASQ
   /CRITERIA=ALPHA(.05)
   /WSDESIGN=MZP.
```

Ausgabe:

Deskriptive Statistiken

	Mittelwert	Standardabwei-chung	H
MZP1: Physical Functioning	1,7294	,57928	102
MZP2: Physical Functioning	1,7510	,60783	102
MZP3: Physical Functioning	1,7647	,58048	102

Abbildung 12.94 Ausgabe deskriptivstatistische Auswertung MZP1/ MZP2/MZP3 Physical Functioning

Multivariate Tests

Effekt		Wert	F	Hypo-thesen-df	Fehler df	Sig.	Partielles Eta hoch zwei
MZP	Pillai-Spur	,006	,301	2,000	100,000	,741	,006
	Wilks-Lambda	,994	,301	2,000	100,000	,741	,006
	Hotelling-Spur	,006	,301	2,000	100,000	,741	,006
	Größte charakte-ristische Wurzel nach Roy	,006	,301	2,000	100,000	,741	,006

Abbildung 12.95 Ausgabe multivariate Tests MZP

Mauchly-Test auf Sphärizität

Maß: MEASURE_1

Innersub-jekteffekt	Mauchl y-W	Nähe-rungsweis e Chi-Quadrat	df	Sig.	Epsilon		
					Greenhou se-Geisser	Huynh-Feldt (HF)	Unter-grenze
MZP	,993	,673	2	,714	,993	1,000	,500

Abbildung 12.96 Ausgabe Mauchly-Test auf Sphärizität

Tests der Innersubjekteffekte

Maß: MEASURE_1

Quelle		Typ III Quadrat-summe	df	Quadrati-scher Mittelwert	F	Sig.	Partielles Eta hoch zwei
MZP	Angenommene Sphärizität	,065	2	,032	,306	,737	,003
	Greenhouse-Geisser	,065	1,987	,033	,306	,735	,003
	Huynh-Feldt (HF)	,065	2,000	,032	,306	,737	,003
	Untergrenze	,065	1,000	,065	,306	,581	,003
Fehler (MZP)	Angenommene Sphärizität	21,295	202,000	,105			
	Greenhouse-Geisser	21,295	200,653	,106			
	Huynh-Feldt (HF)	21,295	202,000	,105			
	Untergrenze	21,295	101,000	,211			

Abbildung 12.97 Ausgabe Tests auf Innersubjekteffekte MZP (Teil 1)

Tests der Innersubjektkontraste

Maß: MEASURE_1

Quelle	MZP	Typ III Quadrat-summe	df	Quadrati-scher Mittelwert	F	Sig.	Partielles Eta hoch zwei
MZP	Linear	,064	1	,064	,607	,438	,006
	Quadra-tisch	,001	1	,001	,010	,921	,000
Fehler (MZP)	Linear	10,576	101	,105			
	Quadra-tisch	10,719	101	,106			

Abbildung 12.98 Ausgabe Tests auf Innersubjekteffekte MZP (Teil 2)

Tests der Zwischensubjekteffekte

Maß: MEASURE_1
Transformierte Variable: Durchschnitt

Quelle	Typ III Quadrat-summe	df	Quadrati-scher Mit-telwert	F	Sig.	Partielles Eta hoch zwei
Konstanter Term	935,376	1	935,376	1125,426	,000	,918
Fehler	83,944	101	,831			

Abbildung 12.98 Ausgabe Tests auf Innersubjekteffekte MZP (Teil 3)

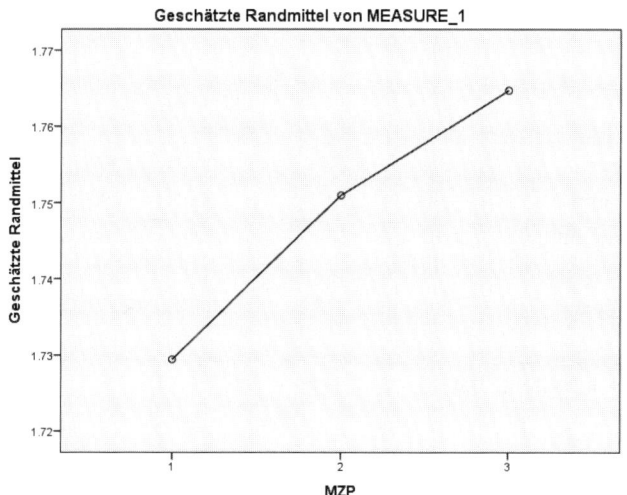

Abbildung 12.100 Liniendiagramm der Variable MZP

Role Functioning, RF

Syntax:
```
GLM rf_mzp1 rf_mzp2 rf_mzp3
  /WSFACTOR=MZP 3 Polynomial
  /METHOD=SSTYPE(3)
  /PLOT=PROFILE(MZP)
  /PRINT=DESCRIPTIVE ETASQ
  /CRITERIA=ALPHA(.05)
  /WSDESIGN=MZP.
```

Ausgabe:

Deskriptive Statistiken

	Mittelwert	Standardabweichung	H
MZP1: Role Functioning	2,6100	,98108	100
MZP2: Role Functioning	2,3050	,97415	100
MZP3: Role Functioning	2,3500	,99367	100

Abbildung 12.101 Ausgabe deskriptivstatistische Auswertung MZP1/ MZP2/MZP3 Role Functioning

Multivariate Tests

Effekt		Wert	F	Hypothe-sen-df	Fehler df	Sig.	Partielles Eta hoch zwei
MZ	Pillai-Spur	,096	5,207	2,000	98,000	,007	,096
P	Wilks-Lambda	,904	5,207	2,000	98,000	,007	,096
	Hotelling-Spur	,106	5,207	2,000	98,000	,007	,096
	Größte charakteristische Wurzel nach Roy	,106	5,207	2,000	98,000	,007	,096

Abbildung 12.102 Ausgabe multivariate Tests MZP

Mauchly-Test auf Sphärizität

Maß: MEASURE_1

Innersub-jekteffekt	Mauchly-W	Näherungsweise Chi-Quadrat	df	Sig.	Greenhouse-Geisser	Huynh-Feldt (HF)	Untergrenze
MZP	,908	9,408	2	,009	,916	,933	,500

Abbildung 12.103 Ausgabe Mauchly-Test auf Sphärizität MZP

Tests der Innersubjekteffekte

Maß: MEASURE_1

Quelle		Typ III Quadratsumme	df	Quadratischer Mittelwert	F	Sig.	Partielles Eta hoch zwei
MZP	Angenommene Sphärizität	5,422	2	2,711	6,845	,001	,065
	Greenhouse-Geisser	5,422	1,832	2,959	6,845	,002	,065
	Huynh-Feldt (HF)	5,422	1,865	2,907	6,845	,002	,065
	Untergrenze	5,422	1,000	5,422	6,845	,010	,065
Fehler (MZP)	Angenommene Sphärizität	78,412	198	,396			
	Greenhouse-Geisser	78,412	181,396	,432			
	Huynh-Feldt (HF)	78,412	184,646	,425			
	Untergrenze	78,412	99,000	,792			

Abbildung 12.104 Ausgabe Tests auf Innersubjekteffekte MZP

Tests der Innersubjektkontraste

Maß: MEASURE_1

Quelle	MZP	Typ III Quadrat- summe	df	Quadrati- scher Mittelwert	F	Sig.	Partielles Eta hoch zwei
MZP	Linear	3,380	1	3,380	8,088	,005	,076
	Quadra- tisch	2,042	1	2,042	5,457	,022	,052
Fehler (MZP)	Linear	41,370	99	,418			
	Quadra- tisch	37,042	99	,374			

Abbildung 12.105 Ausgabe Tests der Innersubjektkontraste MZP

Tests der Zwischensubjekteffekte

Maß: MEASURE_1
Transformierte Variable: Durchschnitt

Quelle	Typ III Quadrat- summe	df	Quadrati- scher Mit- telwert	F	Sig.	Partielles Eta hoch zwei
Konstanter Term	1759,341	1	1759,341	835,067	,000	,894
Fehler	208,576	99	2,107			

Abbildung 12.106 Ausgabe Tests der Zwischensubjekteffekte

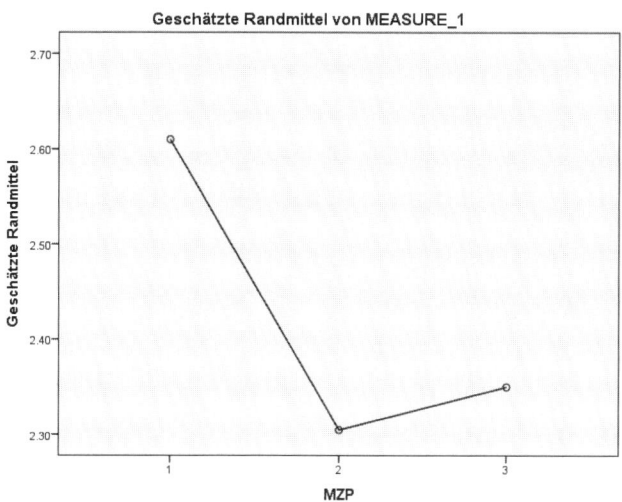

Abbildung 12.107 Liniendiagramm der Variable MZP

13 Tipps und Tricks

Oft sind es nur Kleinigkeiten, bei denen man bei der Arbeit mit IBM SPSS Statistics software – besonders zu Beginn einer Auswertung – ins Stocken gerät. Zu guter Letzt wollen wir Ihnen noch ein paar hilfreiche Tipps und Tricks zukommen lassen, die Ihnen das statistische Leben ein bisschen leichter machen sollen.

13.1   Datei aufteilen

Relativ oft passiert es, dass man für mehrere unterschiedliche Gruppen die gleichen Auswertungen machen muss bzw. möchte. SPSS bietet einen einfachen Weg, dies zu bewerkstelligen.

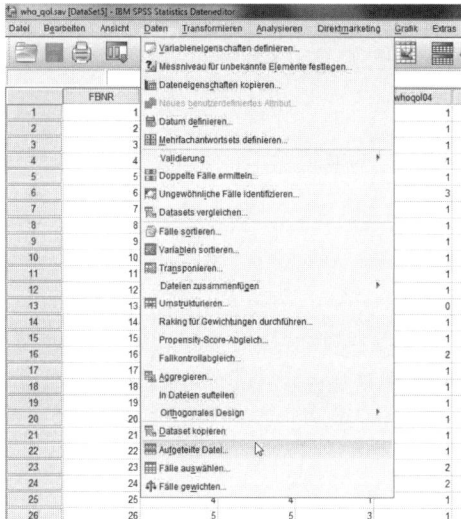

Abbildung 13.1 Menü: Datei aufteilen

Starten Sie bitte das Menü DATEN → AUFGETEILTE DATEI. Es öffnet sich der Hauptdialog (Abb. 13.2). Klicken Sie hier zuerst die Alternative »Ausgabe nach Gruppen aufteilen« an. Wählen Sie dann aus der Variablenliste jene Variable aus, in der die Gruppenzugehörigkeit kodiert ist, z. B. »Geschlecht«, und fügen Sie sie in das Feld »Gruppen basierend auf« ein. Durch einen Klick auf OK wird SPSS angewiesen, jede folgende Analyse getrennt für die in der Variable »Geschlecht« definierten Gruppen durchzuführen.

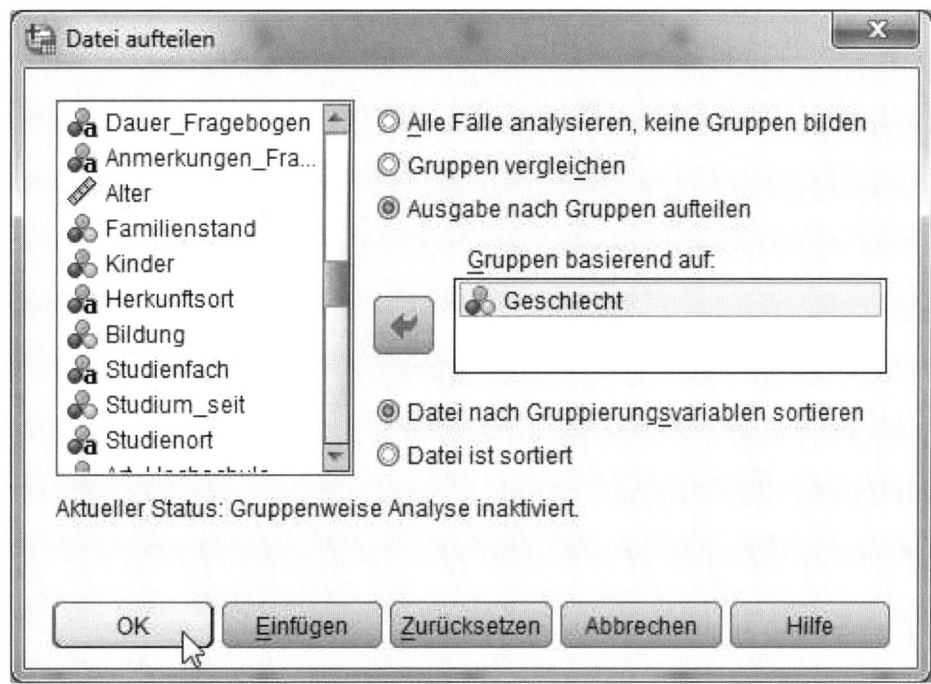

Abbildung 13.2 Datei aufteilen, Hauptfenster: Schritt 1

Diese Einstellung bleibt erhalten, bis sie wieder rückgängig gemacht wird (Abb. 13.3). Dies geschieht durch einen erneuten Aufruf des Hauptdialogs und die Wahl der Alternative »Alle Fälle analysieren, keine Gruppen bilden«.

Achtung: Es passiert immer wieder einmal, dass eine solche Aufteilung noch nicht rückgängig gemacht wurde und wir ein Testverfahren durchführen wollen, für welches die Variable »Geschlecht« als Gruppierungsvariable eingegeben werden soll (z. B. t-Test). Dies funktioniert dann natürlich nicht. Falls bei Ihnen plötzlich einige Analysen nicht mehr durchführbar scheinen, schauen Sie bitte nach, ob Sie (noch) eine Aufteilung der Ausgabe aktiviert haben.

Eine solche Aufteilung kann auch über die Syntax aufgerufen werden:

```
SORT CASES  BY Geschlecht.
SPLIT FILE SEPARATE BY Geschlecht.
```

Die Aufhebung der Aufteilung geschieht dann über die Syntax:
```
SPLIT FILE OFF.
```

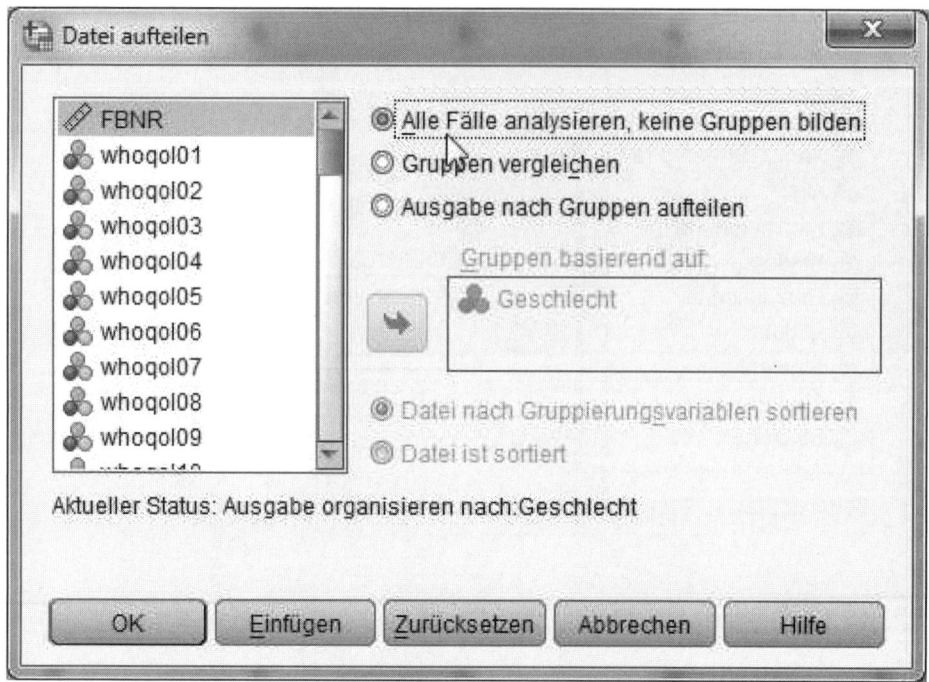

Abbildung 13.3 Datei aufteilen, Hauptfenster: Schritt 2

13.2 Dateien zusammenfügen

Vielleicht geben Sie die Daten Ihrer Studie nicht alleine ein; vielleicht arbeiten Sie in einem Forschungsverbund an einem größeren Projekt. In solchen Situationen stellt sich immer einmal wieder die Frage, wer wann die Daten eingibt. Prinzipiell besteht die Möglichkeit, dass mehrere Personen ihre eigene Datendatei aufbauen und diese Datendateien später zusammengefügt werden.

Für das Zusammenfügen von Dateien sind zwei Wege denkbar:

a) Die verschiedenen Personen geben die *gleichen* Variablen für *unterschiedliche* Versuchspersonen ein (Fälle hinzufügen).

oder

b) Die verschiedenen Personen geben *unterschiedliche* Variablen für *dieselben* Versuchspersonen ein (Variablen hinzufügen).

In SPSS stehen im Menü DATEN → DATEIEN ZUSAMMENFÜGEN genau diese beiden Optionen zur Auswahl.

13.2.1 Fälle hinzufügen

Um dieses Menü verwenden zu können, müssen die Variablendefinitionen der verschiedenen Dateien völlig identisch sein. Ist dies der Fall, empfiehlt es sich, die Datendatei mit den meisten Datensätzen zu öffnen und nun nach und nach die anderen Dateien hinzuzufügen (Abb. 13.4).

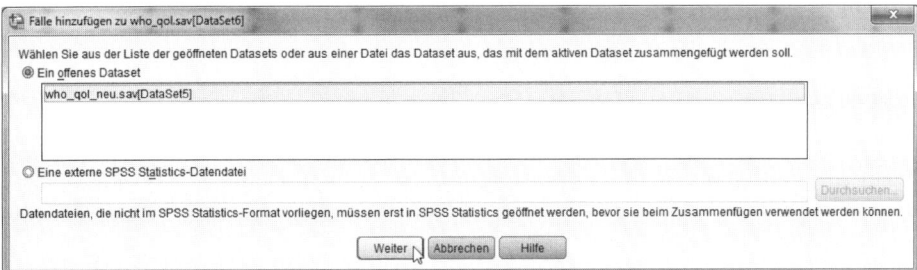

Abbildung 13.4 Fälle hinzufügen: Schritt 1

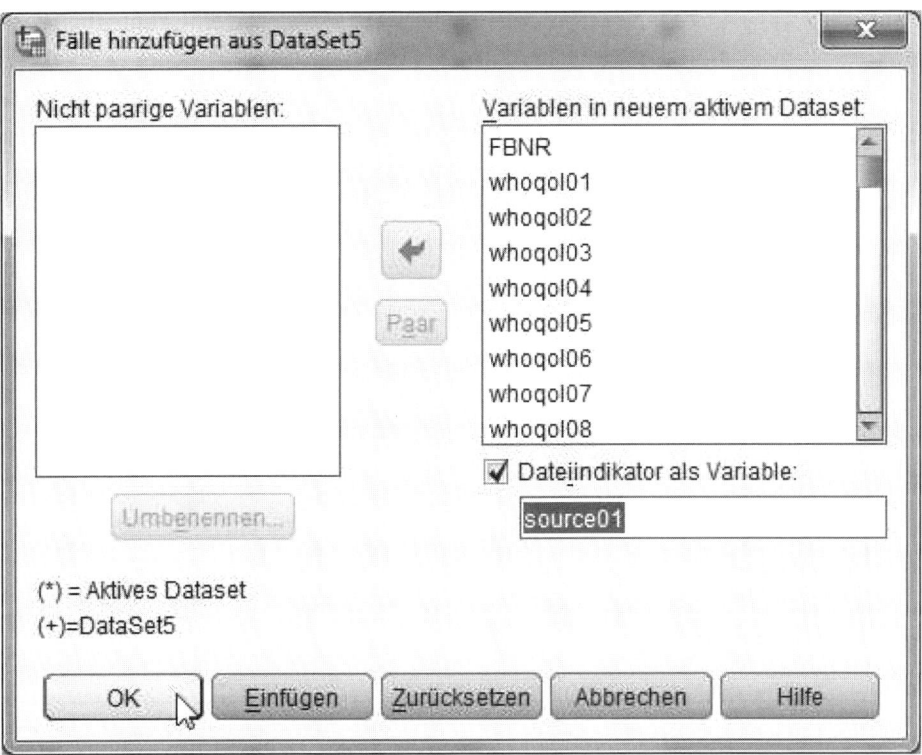

Abbildung 13.5 Fälle hinzufügen: Schritt 2

Wird eine Datei zum Hinzufügen ausgewählt, öffnet sich ein Dialogfenster (Abb. 13.5), welches darüber informiert, ob es zwischen den Dateien Unterschiede in den Variablendefinitionen gibt (»Nicht paarige Variablen«). Sollten hier »Nicht paarige Variablen« auftauchen, sollten die Unterschiede in den Datendefinitionen erst beseitigt werden, bevor das Zusammenfügen ausgeführt wird.

In diesem Dialog besteht auch die Möglichkeit, eine neue Variable anzufordern, welche die Herkunft der Datensätze dokumentiert (Option: »Dateiindikator als Variable«).

13.2.2 Variablen hinzufügen

Eventuell werden in einem Forschungsprojekt zwei Fragebögen verwendet. Jede Versuchsperson soll beide Fragebögen ausfüllen. In einem solchen Fall ist es sinnvoll, wenn eine Person die Eingabe des einen Fragebogens, die andere Person die Eingabe des anderen Fragebogens übernimmt. Das heißt, es werden für jede Versuchsperson zwei Datensätze angelegt. Um diese Datensätze anschließend zuordnen zu können, ist es unbedingt erforderlich, jeder Versuchsperson eine eindeutige Kennung zu geben. Diese Kennung muss in jedem Datensatz zusätzlich zu den Daten der Fragebögen eingegeben werden. Diese Kennung (hier: FBNR) dient dann als Schlüsselvariable für das Zusammenfügen der Dateien (Abb. 13.6).

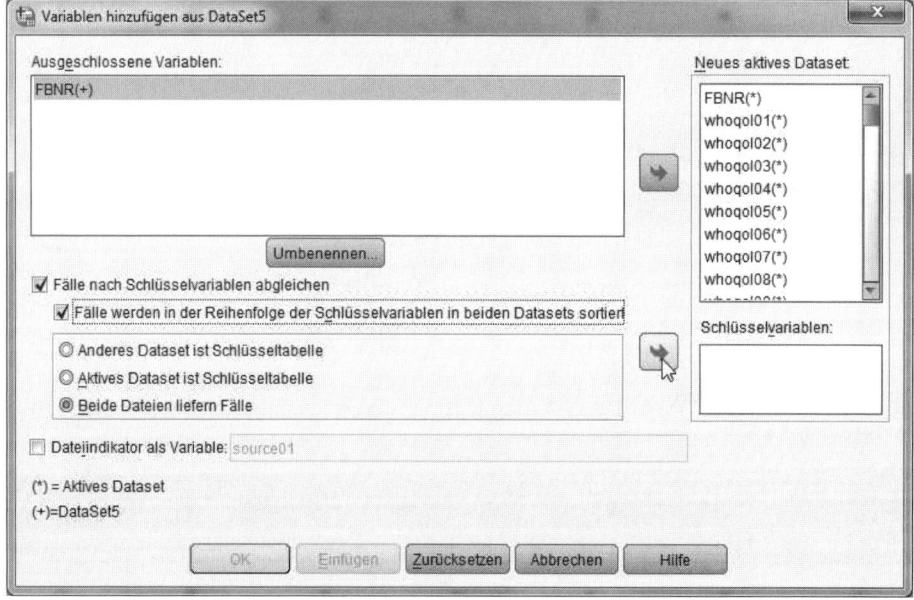

Abbildung 13.6 Variablen hinzufügen

Damit dies problemlos funktioniert, müssen die beiden Dateien bereits vorher nach der Schlüsselvariablen sortiert worden sein. Standardmäßig zeigt SPSS auch eine entsprechende Warnung (Abb. 13.7).

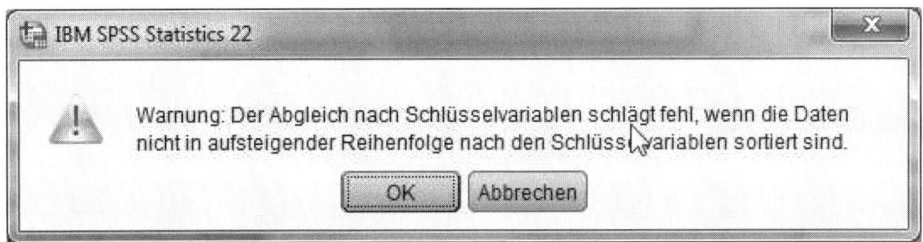

Abbildung 13.7 Variablen hinzufügen: Warnung

Glossar

Alpha-Fehler (α-Fehler): Der Alpha-Fehler meint die Wahrscheinlichkeit dafür, sich für ein statistisch bedeutsames (signifikantes) Ergebnis zu entscheiden, obwohl bezogen auf die Population/Grundgesamtheit kein signifikantes Ergebnis vorliegt. Der alpha-Fehler wird in der Regel bei 5 % festgelegt (p = 0,05).

Alternativhypothese: Die Alternativhypothese ist das Gegenstück zur Nullhypothese und behauptet immer, dass ein Unterschied besteht. Sie wird mit H_1 abgekürzt.

Ausgabefenster: Im Ausgabefenster befinden sich die eigentlichen Ergebnisse der zuvor in Auftrag gegebenen Rechenbefehle. Links befindet sich zudem noch ein Navigationsfenster, das dabei hilft, bereits abgeschlossene Rechnungen direkt aufzurufen, anstatt hochzuscrollen.

Boxplot: ein Diagrammtyp, der die Verteilung einer Variablen visualisiert. Es ist sowohl möglich, sich die Verteilung einer vollständigen Variablen als auch nur bestimmte Fälle anzuschauen.

Datendefinition: Das Datendefinitionsfenster dient der Festlegung von Details eines → Items. Man kann u. a. einen Namen für das Item wählen, den Fragetypus definieren (Numerisches, Textform etc.), die Dezimalstellen festlegen, sowie → Variablenlabels und → Wertelabels eintragen.

Datentabelle: In dieses Fenster werden die Daten der einzelnen Versuchspersonen eingetragen. Auf der X-Achse findet man den Namen der einzelnen Variablen/Items, die man vorher bei der → Datendefinition definiert hat. Auf der y-Achse sind die Versuchspersonen durchnummeriert abgetragen.

Histogramm: grafische Darstellung einer Häufigkeitsverteilung, wird zur Überprüfung auf Normalverteilung herangezogen.

Hypothesen: aus einer Fragestellung entwickelte Aussagen, die alle möglichen Ergebnisse abdecken. Zur Überprüfung von Hypothesen werden inferenzstatistische Verfahren herangezogen. Es werden stets eine → Nullhypothese und eine → Alternativhypothese formuliert.

Irrtumswahrscheinlichkeit: siehe Alpha-Fehler.

Item: psychologische Bezeichnung für eine zu beantwortende Frage oder eine Aussage in einem Fragebogen. Ein Item ist meistens ein Element einer → Skala.

Itemschwierigkeit: Die Itemschwierigkeit gibt den Anteil der Personen an, die das → Item richtig lösen bzw. bejahen. Eine mittlere Itemschwie-rigkeit wird angestrebt. Items, die von allen Probanden richtig oder von allen falsch beantwortet werden, sollten vermieden werden.

Itemtrennschärfe: Die Trennschärfe eines Items ist definiert als die Korrelation des Items mit der Skala, der das Item angehört. Es wird also überprüft, inwiefern das Item das gleiche wie der Test bzw. die Skala misst. Trennschärfen sollten sich meistens in einem mittleren Bereich bewegen und unter gar keinen Umständen negativ sein.

Normalverteilung: Eine Normalverteilung ist dadurch gekennzeichnet, dass die Extremwerte relativ selten auftreten, die mittleren Werte dafür am häufigsten. So entsteht die typische Glockenform.

Nullhypothese: Die Nullhypothese behauptet, dass kein Unterschied besteht. Sie wird mit H_0 abgekürzt.

Reliabilität: Zuverlässigkeit; eines der drei Hauptgütekriterien von psychologischen Messverfahren. Sie ist definiert als der Anteil der wahren Varianz an der Gesamtvarianz.

Skala: Zusammenfassung mehrerer Items zu einer Skala, die auf einem Faktor/einem Konstrukt laden. Beispiel: Vier verschiedene Items erfassen das Konstrukt »Gelassenheit«.

Skalenniveau: In der Statistik werden vier verschiedene Datentypen voneinander unterschieden. Jedem Skalenniveau werden mathematische Operatoren zugeordnet. Die Skalenniveaus bauen aufeinander auf. Das Berechnungsverfahren ist von dem Skalenniveau der Daten abhängig.

Skalenniveau, nominal: Nominales Datenniveau ist das niedrigste Skalenniveau. Nominale Daten sind entweder gleich oder ungleich (= oder ≠); Beispiel: weiblich oder männlich.

Skalenniveau, ordinal: Das ordinale Skalenniveau baut auf dem nominalen Datenniveau auf. Ordinale Daten sind gleich oder ungleich sowie größer oder kleiner (= oder ≠, > oder <). Beispiel: Schulabschlüsse: Hauptschulabschluss < Abitur.

Skalenniveau, Skala/ intervall/ metrisch: Intervallskalierte Daten werden bei SPSS »Skala« genannt. Sie bauen auf dem ordinalen Datenniveau auf. Die Daten unterscheiden sich nach gleich, ungleich, größer, kleiner, plus und minus (= oder ≠, > oder <, + oder -). Beispiel: Items, die auf einer Skala von »Stimme voll zu« bis »Stimme überhaupt nicht zu« beantwortet werden.

Stichprobe, abhängig: Stichproben sind abhängig, wenn aus der einen Stichprobe die andere hervorgeht, z. B. Zwillingsuntersuchungen, Ehepartner. Befragt man eine Person zu verschiedenen Zeitpunkten, so handelt es sich auch um eine abhängige Stichprobe.

Stichprobe, unabhängig: Stichproben werden als unabhängig bezeichnet, wenn von der einen Stichprobe keine Rückschlüsse auf die andere Stichprobe gezogen werden können. Das ist z. B. der Fall, wenn die Versuchspersonen per Zufall ausgewählt werden.

Syntax: Mit Hilfe des Syntax-Fensters können Sie Ihre SPSS-Rechenbefehle programmieren.

Validität: Gültigkeit. Die Validität gibt an, ob eine Messmethode tatsächlich das Konstrukt misst, das es messen soll. Beispiel: So kann überprüft werden, ob tatsächlich das Konstrukt Gelassenheit mit der Skala gemessen wird oder stattdessen eher Resilienz.

Variable, abhängig (AV): Es wird untersucht, wie sich eine Veränderung der unabhängigen Variable auf die abhängige Variable auswirkt. Wie der Name schon sagt, hängt die abhängige Variable von einer Veränderung der unabhängigen Variablen ab.

Variable, unabhängig (UV): Die unabhängige Variable wird vom Versuchsleiter verändert. Bei der Regressionsanalyse wird die unabhängige Variable heran gezogen, um auf die → abhängige Variable zu schätzen.

Variablenlabel: Variablenbenennung. Das Variablenlabel finden Sie bei der → Datendefinition. Während Sie unter »Name« i. d. R. eine Abkürzung des Items verwenden, lohnt es sich bei größeren Auswertungen oder wenn Sie einen Fragebogen mehrfach in verschiedenen Erhebungen verwenden wollen, den gesamten Fragetext unter Variablenlabel einzutragen.

Wertelabel: Mit einem Wertelabel teilt man SPSS die Bedeutung einer Zahl mit. Das ist hilfreich, sobald eine Variable keine selbsterklärenden Zahlen als Antwort beinhaltet (wie z. B. Berufserfahrung in Jahren). Wertelabels erleichtern durch die Codierung der Variablenausprägung die Dateneingabe. Beispiel: 1 = *weiblich*, 2 = *männlich*.

Literaturverzeichnis

Alpers, G. W. & Eisenbarth, H. (2008). PPI-R Psychopathic Personality Inventory-Revised. Deutsche Version. Göttingen: Hogrefe.

Angermeyer, M. C., Kilian, R. & Matschinger, H. (2000). WHOQOL-100 und WHOQOL-BREF. Handbuch für die deutschsprachigen Versionen der WHO – Instrumente zur Erfassung von Lebensqualität. Göttingen: Hogrefe.

Asch, S. E. (1946). Forming Impressions of Personality. Journal of Abnormal and Social Psychology, 41(3), 258–290.

Backhaus, K., Erichson, B., Plinke, W. & Weiber, R. (2008). Multivariate Analysemethoden. Eine anwendungsorientierte Einführung (12. Aufl.). Heidelberg: Springer.

Borkenau, P. & Ostendorf, F. (2008). NEO-FFI – Das NEO-Fünf-Faktoren-Inventar nach Costa und McCrae. Göttingen: Hogrefe.

BZgA – Bundeszentrale für gesundheitliche Aufklärung (2001). Forschung und Praxis der Gesundheitsförderung, Band 6: Was erhält Menschen gesund? Antonovskys Modell der Salutogenese – Diskussionsstand und Stellenwert. Köln: BZgA.

Eid, M., Gollwitzer, M. & Schmitt, M. (2013). Statistik und Forschungsmethoden (3. Aufl.). Weinheim: Beltz.

Goldhammer, F. & Hartig, J. (2012). Interpretation von Testresultaten und Testeichung. In: H. Moosbrugger & A. Kelava (Hrsg.): Testtheorie und Testkonstruktion. (2. Aufl.) Heidelberg: Springer.

Green, D. M. & Swets, J. A. (1966). Signal detection theory and psychophysics. New York: John Wiley and Sons.

Klages, U. (1989). FIE – Fragebogen irrationaler Einstellungen. Göttingen: Hogrefe.

Lamnek, S. (2010). Qualitative Sozialforschung (5. Aufl.). Weinheim: Beltz

Lienert, G. A. & Raatz, U. (1994). Testaufbau und Testanalyse (5. Aufl.). Weinheim: Beltz.

Mayring, P. (2010). Qualitative Inhaltsanalyse: Grundlagen und Techniken (11. Aufl.). Weinheim: Beltz.

Mould, R. F. (1995). Introductory medical statistics (3rd ed.). Bristol and Philadelphia: Institute of Physics Publishing.

Shapiro, S. S. & Wilk, M. B. (1965). An analysis of variance test for normality (complete samples). Biometrica, 52 (3–4), 591–611.

Valla, J. M., Ceci, S. J. & Williams, W. M. (2011). The accuracy of inferences about criminality based on facial appearance. Journal of Social, Evolutionary, and Cultural Psychology, 5(1), 66–91.

Hinweise zum Online-Material

Sie können alle im Buch erwähnten Datensätze über unsere Internetseite (http://www.beltz.de) herunterladen. Sie kommen zu den Materialien, indem Sie auf die Seite des Titels gehen und den Link zu den Materialien anklicken.

Da die Online-Materialien nur so lange zur Verfügung stehen, wie das Buch lieferbar ist, empfehlen wir Ihnen, sich die gesamten Materialien herunterzuladen und auf dem eigenen Rechner abzuspeichern.

Datensätze

daten_peter.sav	Konstruierter Datensatz für den Abschnitt 3.1 Fragebogen: NEO-FFI und soziobiografische Angaben
daten_susi.sav	Konstruierter Datensatz für den Abschnitt 3.2
who_qol.sav	Echter Datensatz für den Lebensqualitätsfragebogen der Weltgesundheitsorganisation WHO; Kapitel 5 bis 7 Der Fragebogen erfasst das Konstrukt Lebensqualität als Gesamtwert sowie in vier Facetten: physisch, psychisch, sozial und umweltbezogen.
SOC_T1_T2.sav	Konstruierter Datensatz. Bei Teilnehmern eines Sozialtrainings wurde vorher (T1) und nachher (T2) das Kohärenzgefühl (Sense of coherence, SOC) gemessen.
klf.sav	Echter Datensatz für den »Kinderlieb sein-Fragebogen«, Abschnitt 7.7
survival01.sav	Konstruierter Datensatz für den Abschnitt 7.7, mit Angaben zum rezidivfreien Überleben nach einer OP
daten_beispiel_Cluster01.sav	Konstruierter Datensatz für den Abschnitt 7.9.1
facial_appearance.sav	Echter Datensatz für die Übung 11.2

Kohaerenzgefuehl.sav	Echter Datensatz für die Übung 11.3 Fragebogen: SOC, FIE, NEO-FFI und sozio-biografische Angaben
staxi.sav	Echter Datensatz für die Übung 11.4 Bei Studierenden wurde im Rahmen des Unterrichts der Zustandsärger, das Ärgeremp-finden sowie der Ärgerausdruck in den drei Formen: Ärger in sich »hineinfressen« (Anger In), Ärger herauslassen (Anger Out) und Köntrolle des Ärgers (Anger Control) erfasst.
qlq_t1t2t3.sav	Echter Datensatz für die Übung 11.5. Fragebogen: EORTC-QLQ-C30; Fragebogen zur gesundheitsbezogenen Lebensqualität

Sachwortverzeichnis